Susanne Garsoffky
Britta Sembach

Die Alles ist möglich-Lüge

Wieso Familie und Beruf
nicht zu vereinbaren sind

Pantheon

Viele Frauen und Männer haben uns für dieses Buch ihre Geschichten erzählt. Wir haben ihre Namen und Lebensumstände geändert. Ihre Geschichten sind aber alle wahr und die Zitate authentisch.

Verlagsgruppe Random House FSC® N001967
Das für dieses Buch verwendete FSC®-zertifizierte Papier
Lux Cream liefert Stora Enso, Finnland.

Der Pantheon Verlag ist ein Unternehmen der
Verlagsgruppe Random House GmbH

Zweite Auflage
September 2014

Copyright © 2014 by Pantheon Verlag, München,
in der Verlagsgruppe Random House GmbH

Umschlaggestaltung: Jorge Schmidt, München
Satz: Ditta Ahmadi, Berlin
Druck und Bindung: CPI – Clausen & Bosse, Leck
Printed in Germany
ISBN 978-3-570-55252-0

www.pantheon-verlag.de

Inhalt

Einleitung

Den Titel dieses Buches haben wir vorher immer wieder getestet. Vor allem an denen, die nach gängiger Lesart alles richtig machten, bei denen nach außen alles glatt lief. Familie, Beruf, Beziehung – alles tipptopp. Doch das schien nur so. »Alles-ist-möglich ist eine Lüge, genau!«, schrien sie auf. »Bei mir auch! Ich kann nicht mehr – ich dachte, es liegt an mir!« Aber passt bloß auf, warnten sie uns, so etwas darf man nicht laut sagen. Das klingt, als wolltet ihr alle zurück in die 50er verpflanzen. Und das will doch keiner. Wir wollen doch die Quote, wir müssen ehrgeizig, erfolgreich, mutig, unabhängig bleiben. Wir dürfen den jungen Familien nicht die Illusionen nehmen.

Wir haben das Buch trotzdem geschrieben und ihm diesen Titel gegeben – und greifen damit auch unseren eigenen Lebensentwurf der letzten zehn Jahre an. Als Journalistinnen, Redakteurinnen und Mütter von jeweils zwei Kindern gehören wir ebenfalls zu denjenigen, die von außen betrachtet (fast) alles richtig gemacht haben: Die Kinder brav nach einem halben Jahr in die Kita oder zumindest wochenweise an den Vater übergeben – nur nicht zu lange Ausfallzeiten im Job. Den richtigen Mann an der Seite, der Elternzeit genommen und konsequent auf Homeoffice bestanden hat. Auf dem Dreh, im Schnitt und in der Redaktion höchstens ein paar Anekdoten aus dem Familienalltag. Und erst auf dem Weg nach Hause die Angst, ob auch alles geklappt hat mit der neuen Kinderfrau, und die Trauer darüber, dass der Nachwuchs schon wieder schläft, wenn man endlich die Tür aufmacht.

Wir und unsere Familien haben am eigenen Leib erlebt: Die Vereinbarkeit von Beruf und Familie gibt es nicht! Allein das

Wort ist eine Beschönigung – und ab sofort wollen wir es am liebsten gar nicht mehr hören. Weil es die Wahrheit verschleiert. Weil es etwas vorgaukelt. Denn es gibt nur ein Nebeneinander zweier völlig unterschiedlicher Lebensbereiche, die sich, wenn man sie gleichzeitig ausübt, einfach nur addieren. Wer das nicht so sagt, belügt sich, uns und alle nachfolgenden Generationen. Diese Addition hat ihren Preis, den alle auf die eine oder andere Weise zahlen. Über diesen Preis redet aber keiner. Es hat letztlich nur mit den Lebensumständen, dem Umfeld und der individuellen Leidensfähigkeit eines jeden Einzelnen zu tun, wann der Preis zu hoch wird, wann das Fass überläuft.

Selbstverständlich kann man in Deutschland Kinder und einen Beruf haben. Ob man das »Vereinbarkeit« nennen kann, ist eine andere Frage. Denn um beides zufrieden stellend leben zu können, muss eine ganze Reihe von Voraussetzungen erfüllt sein:

Ein Job, von dem finanziell auch etwas übrig bleibt, den man im besten Fall sinnvoll findet und der einen vielleicht sogar erfüllt.

Die Anerkennung, dass Mütter und Väter zusätzlich zu den Anforderungen im Beruf auch noch an die aktuellen Lebensumstände und die Zukunft anderer Menschen denken müssen. Deshalb haben Eltern Bedürfnisse und Zwänge, die man ernst nehmen und auf die man Rücksicht nehmen muss.

Ein Partner, der mithilft in der Familie. Oder – wenn es den nicht gibt, was bei der wachsenden Zahl von Alleinerziehenden der Fall ist – eine entsprechende finanzielle und ideelle Unterstützung durch den Staat und die Gesellschaft.

Dazu gehört eine gute und umfassende, aber auch flexible und bezahlbare Betreuung für Kinder jeden Alters. Jedenfalls so lange, bis sie sich um sich selber kümmern können. Und das dauert bekanntermaßen eine sehr, sehr lange Zeit.

Mindestens an einem dieser Punkte hakt es fast immer, meistens eher an zwei, drei oder vier. Ab wann man das nicht mehr aushält, entscheidet jeder selber. Wer in seiner persönlichen Gewinn- und Verlustrechnung mehr als drei oder vier Punkte auf der Soll-Seite hat, der ist – bei allem Respekt – möglicherweise nicht emanzipierter, sondern einfach leidensfähiger als andere.

Bei den Vorzeigefrauen – und es sind ja nur Frauen, die als neue Rollenmodelle herhalten müssen, weil bei hart arbeitenden Vätern kaum jemand fragt, wie sie die Vereinbarkeit schaffen – sind sehr viele der oben genannten Bedingungen erfüllt. Sie verdienen gut, können sich Kinderbetreuung kaufen, sie haben Aufstiegschancen und oft genug einen Partner, der den Löwenanteil der Familienarbeit übernimmt. Dann, aber auch nur dann, ist alles möglich. Wie es dabei mit der persönlichen Zufriedenheit und der Lebensqualität von Eltern und Kindern aussieht, steht auf einem anderen Blatt. Etwa die Frage, wie es dem Hausmann oder nur Teilzeit arbeitenden Vater mit diesem Arrangement geht. Ist er zufrieden, oder macht auch er sich in stillen Stunden Sorgen um seine Rolle und seine Rente?

Für die meisten arbeitenden Eltern jedoch sind sehr viele Punkte auf dieser Liste alles andere als optimal. Sie kämpfen sich ab in ihrem Alltag, um dem Alles ist möglich-Ideal zu entsprechen.

Den Preis für die Gleichzeitigkeit der beiden Lebensbereiche Beruf und Familie zahlen alle. Männer, Frauen und Kinder. Die Unternehmen, die gut ausgebildete, erfahrene Mitarbeiter mit Kindern – vor allem Frauen – verlieren, weil sie den Spagat unter diesen Bedingungen einfach nicht mehr aushalten. Und die Gesellschaft, die dadurch auf Steuerzahler verzichten muss.

Natürlich gibt es auch diejenigen, die den Preis mehr oder weniger locker zahlen, andere sind sogar ein bisschen stolz darauf. Wie ein Soldat auf seine Tapferkeitsmedaille. Die Mehrheit aber verzweifelt an dem Hin-und-hergerissen-Sein zwischen zwei Welten. Darum fragen wir uns nach unserer eigenen Wegstrecke, ob es nicht doch anders geht. Ob es nicht für alle einfacher, befriedigender und erfolgreicher sein könnte, wenn man Familie und Beruf nicht gleichzeitig macht. Und – unerhörter

Gedanke – für ein solches Konzept der Ungleichzeitigkeit sogar noch politische, wirtschaftliche und gesellschaftliche Unterstützung fände.

Eine Frage, die wir uns am Anfang unserer Berufswege nie gestellt haben. Am Anfang stand: Alles ist möglich. Für wen, wenn nicht für uns? Die gut ausgebildete Mittelschicht-Generation der 60er/70er Jahre, aufgewachsen in Frieden und ständig wachsendem Wohlstand. Ein guter Job, klar. Eine Familie, später als unsere Eltern zwar, aber natürlich. Geht doch alles. Für alle.

Und immer hatten wir das gute Gefühl: Wir machen alles richtig. Bestätigung bekamen wir von Politik und Wissenschaft, Wirtschaft und Gesellschaft. Das neue Unterhaltsrecht, verabschiedet von einer Großen Koalition, fordert beide Ehepartner auf, unbedingt wirtschaftlich unabhängig voneinander zu bleiben. Die Wissenschaft warnt seit Jahren vor dem Armutsrisiko Familie und den löchrigen Erwerbsbiografien vor allem vieler Frauen. Die Wirtschaft beklagt den Fachkräftemangel und die Gesellschaft die niedrigen Geburtenraten. Die von allen gepriesene Lösung: die Gründung einer Familie, gepaart mit der eigenen wirtschaftlichen Unabhängigkeit.

Doch das hat Folgen:

- Das Müttergenesungswerk schlägt Alarm: Der Anteil der Mütter, die mit Erschöpfungssyndrom bis hin zum Burn-out in Kliniken kommen, hat sich zwischen 2002 und 2012 um mehr als 30 Prozent erhöht.

- Die Vorwerk-Familienstudie 2012 stellt fest, dass deutsche Familien unter Zeitnot leiden und Eltern sich zwischen Beruf und Privatleben aufreiben.

- Nach einer repräsentativen Umfrage von 2012 der mittlerweile eingestellten *Financial Times Deutschland* leiden sogar 58 Prozent der Eltern unter handfesten, stressbedingten gesundheitlichen Beschwerden.

- Die Geburtenrate in Deutschland ist auf einem historischen Tiefstand – vor allem Akademikerinnen bleiben kinderlos.

Etwas ungläubig schauen wir auf die Studien und Zahlen und müssen erkennen: Wir sind der Alles ist möglich-Lüge aufgesessen. Wir sind belogen worden und haben uns selber belogen. Das Perfide daran ist: In jeder Lüge steckt ein Körnchen Wahrheit. Deshalb haben wir so lange gebraucht, um sie zu entlarven. Und dann sitzen wir eines Abends vor dem Fernseher. Talkshow, Familiendebatte – wir wollen fast schon wieder umschalten, da sehen wir ihn: den Sozialromantiker der CDU, Norbert Blüm. Blüm – das ist doch der »Die Rente ist sicher«-Mann, der schon längst in derselben ist. Was macht der denn in einer solchen Sendung, und das im Jahr 2013? Und dann hören wir ihm zu, dem Dinosaurier der Kohl-Ära. Er spricht von der »Verwirtschaftlichung« der Familie, von fehlender Zeit füreinander und dass man die einzelnen Mitglieder der Familien nicht getrennt, sondern zusammen betrachten müsste. Als Team, nur so sei es zu schaffen. Und dass wir einen eindimensionalen Blick auf Arbeit als reine Erwerbsarbeit haben. Dass wir Familienarbeit nicht würdigen.

Die Vertreter von Wissenschaft und Politik, die neben Herrn Blüm im Fernsehen sitzen, feuern reflexartig zurück mit dem neuen Familienbild einer modernen Gesellschaft, der neuen Definition von Beziehungen, dem Armutsrisiko Familie und so weiter und so fort. Aber wir, wir ertappen uns das allererste Mal in unserem Leben dabei, dass wir Norbert Blüms (!) Analyse in Teilen nachvollziehen können. Mein Gott, sind wir wirklich so konservativ geworden? Familie, das macht man doch nebenbei. Das ist doch kein Lebensinhalt. Oder?

Lüge Nummer 1:
Ich arbeite, also bin ich
Die Gesellschaft stolpert über ihre Ökonomisierung

Als die Zusage vom Verlag kam, waren wir erleichtert. Wenn uns jetzt jemand fragt: Und? Was machst du so? Können wir sagen: Wir schreiben ein Buch. Das klingt gut und wichtig – und nach Arbeit. Nach richtiger, echter, bezahlter Arbeit.

Es klingt nicht mehr nach: Wir wecken die Kinder morgens, schauen, dass sie gewaschen, satt und einigermaßen zufrieden in die Schule kommen, und machen dann die Küche und die Wäsche. Also nach: Wir machen die doofe Hausarbeit, die eigentlich keiner machen will.

Ja, wir definieren uns über unseren Beruf. Haben wir immer getan. Und ja, beruflicher Erfolg ist toll. Das Gefühl, gewollt, gut, sogar besser zu sein als andere, ist überaus wohltuend. Beruflicher Erfolg steigert den Selbstwert, füllt das Konto – und verschafft einem gesellschaftliches Ansehen.

Natürlich haben auch wir all die Ratgeber gelesen, in denen gepredigt wird, dass Erfolg ach so flüchtig ist und deshalb nie zu wichtig werden darf. Ist er uns aber. Wir wollen gut sein in dem, was wir tun. Und wir wollen, dass andere das sehen und schätzen.

Wir wollen aber auch Zeit für die anderen Dinge, die uns wichtig sind: unsere Kinder, unseren Partner, unsere Familie, unsere Freunde und schließlich für uns selbst. Nach langer Zeit mussten wir in unseren alten Berufen feststellen: Beides zusammen geht nicht. Zumindest nicht in Deutschland. Hier ist beruflicher Erfolg immer noch in fast allen Branchen gekoppelt an

Vollzeitstellen, lange Anwesenheit und viel Verfügbarkeit. Das Leben außerhalb der Arbeit darf höchstens als lustige Anekdote in der Kaffeeküche oder beim Plausch im Büro stattfinden.

In keinem Fall aber darf man seinem Familienleben in gut dotierten, prestigeträchtigen Jobs zu viel Raum geben. »Ich kann heute nicht zum Meeting kommen, ich muss meine Kinder aus der Kita abholen«, ist ein Satz, den man nicht zu oft sagen sollte, wenn man seinen Ruf und die Karriere nicht ruinieren will. Und wer schon wieder wegen der kranken Kinder zu Hause bleiben muss, erntet im besten Fall ein genervtes Schulterzucken, im schlechtesten den Entzug wichtiger Projekte.

Ich arbeite, also bin ich

»Ich arbeite, also bin ich.« Dieser Satz ist das Motto unserer Generation. Und er war jahrelang auch unseres. Es war wohl kurz vor dem Abitur, als wir den Druck das erste Mal gespürt haben. Jetzt muss aber auch was kommen. Jetzt habt ihr es so weit geschafft, jetzt haut mal rein. Denn wer reinhaut, verdient auch viel. Viel Anerkennung, viel Respekt, viel Geld.

Absender dieser Botschaft waren unsere Eltern, unsere Lehrer und viele Unternehmen. Die Jobs waren rar für uns, die letzten geburtenstarken Jahrgänge Mitte bis Ende der 60er Jahre, da musste man sich schon etwas einfallen lassen, um in einen Beruf hinein- und später in ihm weiterzukommen.

Also haben wir reingehauen, studierten im Ausland, lernten Sprachen, absolvierten Praktika und arbeiteten während des Studiums schon mit Blick auf unseren künftigen Job. Der Übergang in die erste feste Anstellung klappte dank dieser Anstrengungen mühelos. Wir waren fleißig, ehrgeizig und ungebunden.

Ja, wir wollten auch erfolgreich sein. Gerade unserer Generation, den Frauen und Männern zwischen Mitte 30 und 50, sind laut einer großen Human-Resources-Studie ein hohes Gehalt, Karrieremöglichkeiten und ein prestigeträchtiger Jobtitel wichtig. Und zwar wichtiger als der Generation vor und der Generation nach ihr.

Männer und Frauen, die jetzt mit ihrer Ausbildung fertig sind, haben mehr Interesse an qualifizierter Aus- und Fortbildung und höhere Anforderungen an ihre Arbeitsbedingungen. Die Angestellten über 50 hingegen gelten als die genügsamste Generation. Sie agieren meist unauffällig und stellen eher keine Ansprüche an ihre Arbeitgeber.[1]

Aber wir, die schon so oft beschriebene Generation X, haben Ansprüche. Vor allem an uns selbst. Wir sind mit dem Gefühl groß geworden, alles schaffen zu können. Ein Gefühl, das vielen von uns quasi in die Wiege gelegt wurde. Wurden wir doch erzogen von Eltern, die in der industriellen Wirtschaftswunderzeit der 1950er bis 70er Jahre einen bis dahin kaum vorstellbaren wirtschaftlichen und sozialen Aufstieg erlebt hatten. Wer damals etwas leistete, konnte auch etwas erreichen. Der Aufstieg in sozial höhere Schichten durch Bildung, Fleiß und Leistungsbereitschaft war niemals zuvor und niemals danach so einfach.

Dazu kamen die Errungenschaften der feministischen Bewegung in den 1960er und 70er Jahren. Ihre Botschaft lautete: Es ist egal, ob du als Mann oder Frau geboren bist, wichtig ist, was du tust und was du willst. Und dass du, was du willst, auch einforderst. Während unsere Mütter noch eingeschränkt waren durch die Enge der 50er und 60er Jahre, konnten wir jeden Schulabschluss, jedes Studium und jeden Job bekommen, den wir haben wollten. Es kam nur auf uns und unseren Leistungswillen an.

Der war und ist enorm. Mit seiner Hilfe haben wir uns durchgeboxt in einer Zeit, in der in den großen Hörsälen vieler Universitäten bis zu 2000 Studenten in einer Vorlesung saßen. Die Firmen auf dem Campus buhlten noch nicht um die Führungskräfte von morgen, und selbst auf die Volontariate bei kleinen Regionalzeitungen bewarben sich mehrere Hundert Nachwuchsjournalisten. Es war die Zeit, in der junge Ärzte nach dem Ende des Studiums nur schwer in Krankenhäusern unterkamen.

Dieser Leistungswille macht die meisten von uns heute zu den idealen Mitarbeiterinnen und Mitarbeitern in einer sich ständig verändernden Arbeitswelt. Einer Arbeitswelt, in der der Arbeitsplatz – anders als noch in der Generation unserer Eltern – alles andere als lebenslang sicher ist. Weltweit agierende Firmen, die sich den veränderten Bedingungen ständig anpassen müssen, verlangen Flexibilität. Und wir sind bereit, uns anzupassen. Manchmal bis zur völligen Selbstaufgabe.

Vor allem, wenn wir den entsprechenden Ausgleich – Geld und Prestige – bekommen. Dann sind wir stolz auf unseren Erfolg. Und demonstrieren ihn und unseren Status gern durch entsprechende Symbole. Vergessen sind die Null-Bock-Stimmung und die Öko-Bewegung der 80er Jahre. Die heute 30- bis 50-Jährigen, die in der bürgerlichen Mitte angekommen sind, kurbeln selbstverständlich ihre stadtfeinen Geländewagen in die engen Lücken auf dem Biosupermarktparkplatz und investieren Unmengen in die Pflege ihrer Gärten und die Einrichtung ihrer Architektenhäuser oder Altbaulofts.

Am Abend plaudern sie dann angeregt mit Freunden an aufwendig gedeckten Tischen mit passendem Geschirr, Silberbesteck, Weinkelch und Stoffserviette über Privatschulen als Ausweg aus der Bildungsmisere, den beruflichen Werdegang des Nachbarn und anstehende Erfolgsprojekte. Die eigene Wichtigkeit demonstrieren sie dabei abwechselnd durch das diskret neben dem Teller abgelegte Luxus-Smartphone oder den mit Füller geführten Terminkalender. In dem der nächste Termin frühestens in drei Monaten frei ist. Man ist wer, man hat keine Zeit, aber dafür Stil und Geld. Und einen Beruf, der einen ausfüllt.

»Aber es gibt doch auch die Verzichtskultur, die Veganer unter uns und die Carsharer, die ganz selbstverständlich auf das Auto als Statussymbol verzichten«, wandte bei einer dieser abendlichen Diskussionen eine Freundin ein. Stimmt, die gibt es. Diese Art des Verzichts wird in Großstädten ebenfalls von der gehobenen Mittelschicht zelebriert, behaupten wir einmal. Da gehören dann das superteure vegane Bio-Sandwich am Mittag, das Yoga-Achtsamkeitswochenende auf Ibiza und die großartige Start-up-Idee zum Status.

Hauptsache, mir geht's gut

Egal, worüber, ob über den Soja-Chai-Tee to go für 4,50 Euro oder die Liebeskind-Handtasche – die Mittelschicht definiert sich in Deutschland zum großen Teil über den Beruf und das Einkommen, gepaart mit einer faszinierenden Egozentrik. »Ich bin privat versichert, meine Kinder gehen auf eine Privatschule, ich sorge privat vor, und in meiner Firma mache ich schon lange, was ich will«, erklärte uns ungerührt ein Bekannter, Inhaber eines kleinen Unternehmens mit sechs Angestellten. »Ich erwarte von diesem Staat nichts mehr und habe auch nicht vor, noch viel in ihn zu investieren.«

Hoffnungsvoll hielten wir ihn für eine Ausnahme – und mussten nach einigen Recherchen feststellen: »Erst komm ich, dann die anderen« ist zu einer salonfähigen Haltung geworden. Wer kann, lässt sich völlig selbstverständlich und ohne einen Hauch von schlechtem Gewissen das Haus »schwarz« renovieren und kennt alle legalen und illegalen Steuertricks, um das »sauer verdiente« Geld aus dem letzten Anlagecoup vor dem Zugriff des Staates zu retten. Damit befindet er sich durchaus in prominenter Gesellschaft, wie die jüngsten Steueraffären von Uli Hoeneß bis Alice Schwarzer zeigen. Steuerhinterziehung ist das Delikt der Ober- und Mittelschicht. Mehr noch: Die Art, wie jemand Steuern hinterzieht, zeigt, wie clever er ist.

In Mode gekommen ist diese »Erst komme ich, dann die anderen«-Mentalität in den 80er Jahren. Wir hatten ihn fast vergessen, aber nach kurzer Recherche war er uns wieder präsent: der sogenannte Flick-Skandal 1981. Diese die Parteien- und Politikerlandschaft erschütternde Affäre zeigt deutlich, welche Werte und welche Interessen damals schon für wen im Vordergrund standen. In diesem Parteispendenskandal rollte die Steuerfahndung auf, dass der Flick-Konzern zwischen 1969 und 1980 Politiker aller damals im Bundestag vertretenen Parteien (CDU/CSU, SPD und FDP) mit mehr als 25 Millionen DM aus schwarzen Kassen bestochen hatte.

Illegale »Spenden« erhielten damals die Parteivorsitzenden Franz Josef Strauß (CSU) und Helmut Kohl (CDU) sowie die FDP-Politiker Hans Friedrichs, Otto Graf Lambsdorff und Walter Scheel. Dazu passen auch die CDU-Schwarzgeldaffäre zwischen 1999 und 2002 und der Parteispendenskandal der hessischen CDU.

Für viele Politiker bis in den Ministerrang endeten diese Skandale mit einer Verurteilung. Abgeordnete, Minister, Parteivorsitzende, die maßgeblich an Gesetzgebungsverfahren und Debatten über die politische Kultur in Deutschland beteiligt waren. »Staatsverächter« nennt sie der Sozialexperte Jürgen Borchert, vorsitzender Richter am Hessischen Sozialgericht.[2]

In seinem Buch *Sozialstaatsdämmerung* macht Borchert vor allem diese Politikerriege verantwortlich für die schleichende Aushöhlung unseres Solidaritätsgedankens. Und liefert dafür ein interessantes Beispiel: 1982 veröffentlichte der damalige Wirtschaftsminister und FDP-Parteivorsitzende Otto Graf Lambsdorff seine Schrift: »Konzept für eine Politik zur Überwindung der Wachstumsschwäche und zur Bekämpfung der Arbeitslosigkeit«.[3] Darin machte Lambsdorff – einer der ersten ausgewiesenen »Wirtschaftsliberalen« – schon damals den Sozialstaat für Konjunktur- und Wachstumsschwäche verantwortlich und forderte unter anderem eine drastische Kürzung oder Abschaffung von Sozialleistungen wie den bezahlten »Mutterschaftsurlaub« in den ersten acht Wochen nach der Entbindung.

Das Papier war einer der Gründe für das Scheitern der sozialliberalen Koalition 1982. Und auch wenn Lambsdorff teilweise nur bei Ronald Reagan in den USA und Margaret Thatcher in Großbritannien abgekupfert hatte, die ihm den neuen Kurs der Deregulierung der Finanz- und Arbeitsmärkte sowie des

Abbaus des Sozialstaates vorgemacht haben: Er schuf mit dieser Schrift das Fundament eines gnadenlosen Neoliberalismus in Deutschland.[4]

Die liberale Parole »Privat vor Staat« lieferte also schon in den 80er Jahren den Nährboden: Mein Projekt ist das wichtigste, zuerst komme ich, dann alle anderen und alles andere. Vielleicht liegt es daran, dass in unserer Generation die soziale Durchlässigkeit wieder schwieriger geworden ist. Vielleicht auch daran, dass sich vor Job- und Statusverlust fürchtet, wer es nach oben geschafft hat und darum alles tut, um sich nach unten abzugrenzen. Fakt ist: Wir sind uns vor allem selbst die Nächsten.

Dieser Egoismus, der sich immer mehr in die Mitte der Gesellschaft frisst, hat sich in den Führungseliten schon lange breitgemacht. Waren Unternehmer und Konzernlenker früher Vorbilder für soziale Verantwortung und gesellschaftliches Engagement, sind sie heute vor allem ihren Aktionären und sich selbst verpflichtet. Sie greifen in Krisen Millionenabfindungen ab und sind dann schneller weg, als man gucken kann. Eine Studie des Wissenschaftszentrums Berlin (WZB), der Personalberatung Egon Zehnder und der Stiftung Neue Verantwortung attestiert nach Dutzenden von Tiefeninterviews Managern quer durch alle Branchen eine schwer erträgliche »Selbstverliebtheit« und ein bestenfalls »begrenztes Interesse am Gemeinwohl«. Hauptsache, die eigene Kasse stimmt.[5]

Dazu passt eine Langzeitanalyse der US-Psychologin Sara Konrath. Seit über 30 Jahren führt ihr Institut Interviews – mittlerweile mit mehr als 13 000 Collegestudenten – zum Thema Mitgefühl und Empathie. Das Ergebnis: Die Fähigkeit, sich in andere hineinzuversetzen, nimmt bei jungen Erwachsenen seit 1979 kontinuierlich ab.[6] Die Studenten zeigen immer weniger Anteilnahme für Menschen, denen es nicht so gut geht wie ihnen. In einem Interview ergänzt der britische Psychologe Kevin Dutton diese Aussage noch um den Punkt, dass »gleichzeitig der Narzissmus in dieser Zeit zugenommen (hat), mit dem stärksten Anstieg in den vergangenen 10 Jahren«.[7]

Wir wollen es einmal polemisch auf den Punkt bringen: In den vergangenen 30 Jahren ist eine Generation um sich selbst kreisender Männer und Frauen herangewachsen, für die es vor allem ein Ziel gibt: den eigenen Vorteil zu sichern. Ich arbeite, also bin ich.

Arbeit ohne Grenzen

Wer heute einen guten Job, eine Führungsposition in einem Unternehmen hat oder erfolgreich selbstständig ist, der ist in der Regel überzeugt davon, dass es ohne Selbstausbeutung nicht geht. Nach dem Motto: Klar gebe ich alles, aber dafür bekomme ich auch viel. Ein gutes Gehalt, einen Dienstwagen, Prestige – und immer öfter auch die Idee von Arbeitsplätzen als einem zweiten Zuhause. Aus mehr und mehr Firmen werden Wohlfühloasen mit Kuschelsofas und Hängematten wie bei Google oder Facebook, in denen man neben der Massage auch den Fitnesskurs in der Mittagspause und das Yogaseminar am Abend besuchen kann. Und in Krisenzeiten selbstverständlich auch das »Wer bin ich und wenn ja, wie viele«-Coaching, um sich wieder besser zu fühlen.

Dazu kommt eine moderne Managementtechnik, die der Mediziner Ulrich Renz in einem Interview so beschreibt: Sie ziele darauf ab, Menschen bei ihren Emotionen zu packen, ihre Arbeit mit Sinn aufzuladen. Und mit dem Gefühl, einer Gemeinschaft anzugehören. »Die Mitarbeiter sind die Seele von Apple und unser größtes Kapital« ist genauso eine verlogene Floskel wie die von der »großen Familie«, als die Mitarbeiter gerne bezeichnet werden.[8] Ulrich Renz nennt dieses neue Phänomen die »Tyrannei der Arbeit«.[9] Eine seiner Thesen lautet: Die Arbeit ergreift immer mehr Besitz von unserem Leben, sie ist vor allem in qualifizierten Berufen nicht mehr an einen Platz, sondern an ein technisches Gerät gebunden, das wir überallhin mitnehmen können. Und es auch tun.

Welche Folgen diese »emotionalisierende« Management-technik haben kann, hat die amerikanische Soziologin Arlie Russell Hochschild schon Ende der 90er Jahre analysiert. Ihr Buch trägt den bemerkenswerten Untertitel: »Wenn die Firma zum Zuhause wird und zu Hause nur Arbeit wartet«. Hochschild hat einige Monate in einem vermeintlich familienfreundlichen amerikanischen Großunternehmen verbracht und dort Väter und Mütter beobachtet. Wie gehen sie mit ihrer Zeit um? Wo setzen sie Prioritäten? Wie fühlen sie sich dabei?

Ihr Fazit: Die Unternehmen arbeiten gezielt daran, ihre Fachkräfte emotional zu binden und ihnen ein Gefühl von Ge-meinschaft zu geben. Und sie damit Stück für Stück aus ihren anderen sozialen Zusammenhängen herauszuholen. »In diesem neuen Modell von Familie und Arbeitsleben flieht der müde Vater oder die müde Mutter aus der Welt der ungelösten Kon-flikte und ungewaschenen Wäsche in die verlässliche Ordnung, Harmonie und gute Laune der Arbeitswelt. Die emotionalen Magnete des Zuhauses einerseits und des Arbeitsplatzes ande-rerseits werden langsam, aber sicher umgepolt.«[10]

Wir wissen ganz genau, was Arlie Hochschild beschreibt – wir haben es am eigenen Leib erlebt! Wie angenehm es war, mit einem Becher Kaffee ins Büro zu kommen und erst einmal Luft zu holen. Diese Ruhe, dieser Frieden! Schließlich waren wir seit sechs Uhr morgens auf den Beinen: Kinder wecken, Frühstück machen, Stullen schmieren, Kinder anziehen und in die Schule und den Kindergarten bringen. Währenddessen hatten diese alles, aber auch wirklich alles getan, um den hektischen mor-gendlichen Aufbruch irgendwie aufzuschieben. Dabei waren »Ich muss noch mal Pipi« und »Der Bär muss aber unbedingt mit« noch die harmlosesten Varianten.

Hätte uns in diesem Moment jemand gefragt, ob wir lieber zu Hause die Wäsche in die Maschine stopfen oder im Büro die Zuschauerpost beantworten, wir hätten keine Sekunde gezögert und gesagt: »Wir bleiben hier im Büro (am liebsten für immer).« Und der Weg am Abend zurück in das Haus mit der unausgeräumten Spülmaschine und zu den Kindern mit den wahrscheinlich nur halb fertigen Hausaufgaben fiel oft genug verdammt schwer.

In ihrer umfassenden soziologischen Studie beschreibt Arlie Hochschild sehr genau, wie Firmen vor allem ihren hochqualifizierten Mitarbeitern ein Weggefährte sein wollen und ihnen bei Problemen am Arbeitsplatz und auch zu Hause zur Seite stehen: »Die Abteilung für Aus- und Weiterbildung bietet kostenlose Kurse zu Themen wie ›Mit Ärger umgehen‹, ›Kritik üben, Kritik annehmen‹, (...) und ›Stressmanagement‹ (an und es) gibt Workshops zu ›Work-Life-Balance für berufstätige Ehepaare‹.«[11] Und zwar während der Arbeitszeit. Das Unternehmen wird zum Problemlöser. Und bietet vor allem seinen High-Potentials, aber oft auch allen anderen Mitarbeitern die Möglichkeit, sich noch mehr zu optimieren, um noch besser hineinzupassen in diese schöne, bunte Unternehmenswelt.

Zu Hause gibt es das nicht. Keinen Kurs zum Thema: »Umgang mit Kindern, die wütend sind, weil niemand Zeit für sie hat«, zu Hause stolpern übermüdete Eltern über aufgekratzte Kinder, die endlich einen Hauch ungeteilter Aufmerksamkeit haben wollen, während in der Waschmaschine noch nasse Wäsche wartet und der Einkauf in den Kühlschrank muss.

Da ist es sehr verlockend, unsere Arbeit als Lebenssinn, unsere Kollegen als Freunde und die ganze Welt um uns herum als Arbeitsplatz zu begreifen. Eins aber muss klar sein: In einer Firma ist man nur so lange »einer von uns«, ein Mitglied der »großen Familie«, solange man ihr von Nutzen ist und reibungslos funktioniert. Ist man das nicht mehr, ist man raus. Oft schneller, als einem lieb ist.

Arbeit und Fürsorge passen nicht zusammen

Trotzdem haben auch wir den Primat der Arbeit lange Zeit akzeptiert – und tun es irgendwie immer noch. Wir akzeptierten auch, dass wir diesem vieles, sehr vieles unterordnen mussten. Unsere Beziehungen, unsere Familie, unsere Kinder. Konsequenterweise verzichten viele gut ausgebildete Frauen und Männer unserer Generation deshalb gleich ganz darauf. In Deutschland sogar häufiger als im europäischen Durchschnitt: Jeder vierte Mann und jede siebte Frau haben hierzulande bewusst keinen Nachwuchs.[12] Tendenz steigend.

Denn »Kinder sind noch immer das Karrierehindernis schlechthin«, befindet Raimund Wildner, Geschäftsführer des GfK-Vereins und Professor für BWL und Statistik, in einer umfassenden repräsentativen Studie, die er 2012 für die mittlerweile eingestellte Tageszeitung *Financial Times Deutschland* erstellt hat.

In seiner Studie wurden für Deutschland vier verschiedene Milieus identifiziert, die sich in Bezug auf ihre Einstellungen und Ansichten zum Verhältnis von Berufs- und Privatleben zum Teil stark unterscheiden.

– Die Berufsorientierten, deren Anteil bei rund 23 Prozent von 2655 Befragten im Alter von 20 bis 59 Jahren liegt. Für sie bilden »*Beruf und Karriere die Achse des Lebens, die durch Geld und Status angetrieben wird. Partnerschaft, Familie, Freunde und Hobbys müssen dahinter zurücktreten, Kinder gelten als Karrierehindernis«.*[13]
– Die Familienorientierten, ebenfalls rund 23 Prozent. Bei ihnen stehen »*Kinder und Partnerschaft (...) im Vordergrund. Der Beruf muss sich dem unterordnen, denn Familie und Karriere vertragen sich nicht«.*[14]
– Die Vereinbarer mit einem Anteil von rund 30 Prozent. Für sie sind »*Beruf und Karriere (...) genauso wichtig wie Kinder und Familie«.* Und sie glauben fest daran, dass sie das auch hinbekommen.

– Die Unabhängigen mit 24 Prozent. Für sie besitzen »*Beruf und Karriere (...) einen ähnlich hohen Stellenwert wie Freunde, Freizeit und Hobbys. Beides lässt sich gut vereinbaren, weil Familie und Kinder nur eine untergeordnete Rolle spielen*«.

Besonders spannend ist die Gruppe der Vereinbarer: 22 Prozent von ihnen sind jünger als 30 Jahre alt, wahrscheinlich haben viele von ihnen noch gar keine Kinder und stellen mit neun Prozent den größten Anteil der Berufsanfänger. Sie sind jung, in der Mehrzahl gut ausgebildet, und sie sind wenige. Es ist eine Generation, die schon jetzt das Zusammenspiel von Beruf und Privatleben anders regeln möchte. Die leistungsbereit ist – aber nicht mehr um jeden Preis. Eine Generation, die noch nicht so viel Interesse an Status hat und im Durchschnitt zwei Stunden weniger arbeitet als der Rest.

Was mit ihnen allerdings passiert, wenn Kinder da sind und der berufliche Aufstieg gelungen ist, wird sich zeigen. Wünschen wir ihnen, dass sie in Zukunft den Ton angeben können.

Noch aber wird der Ton von denen gesetzt, die allzeit bereit sind. Und die deshalb die Mitarbeiter und Kollegen unter Druck setzen, die Familie haben und versuchen, irgendwie alles unter einen Hut zu bekommen. Diese Männer und Frauen arbeiten gerne und haben deshalb nicht eine Sekunde lang daran gedacht, ihren Beruf für die Familie über Bord zu werfen. Allerdings sind es in dieser Gruppe vor allem die Frauen, die versuchen, beidem gerecht zu werden. Rund 70 Prozent aller Frauen wollen heutzutage Beruf, Haushalt und Familie aufeinander beziehen.[15] Sie wagen den Spagat zwischen den verschiedenen Lebensbereichen – und renken sich dabei oft genug mindestens ein Bein aus.

Denn viele dieser Frauen sind erschöpft, oft bis zum Umfallen. Den Grund fasst die Leiterin des Müttergenesungswerkes Anne Schilling in einem Interview in einem Satz zusammen: »Das Rollenbild der Frau hat sich stark verändert, aber die gesellschaftlichen Rahmenbedingungen nicht.«[16]

Das hat auch Constanze Fischer erlebt: Die junge Ärztin ist mit ihrer Familie auf den Kanaren. Endlich. Noch bis Freitagabend hatte sie Dienst im Krankenhaus, dann wurden schnell die Taschen gepackt und Samstag früh ging es in den Flieger. Ein schönes Hotel, ein Pool, Vollpension, Kinderprogramm – ein Traum für das viel beschäftigte Ärztepaar, das hier zwei ruhige Wochen verbringen will. Doch der Traum verwandelt sich schnell in einen Albtraum.

Bei der ersten Wanderung kann Constanze plötzlich nicht mehr weitergehen. Ihr wird schwindelig, schwarz vor Augen – und eine unerklärliche Angst überfällt sie auf dem breiten Weg. Das Ziel ist noch weit. Diszipliniert, wie sie ist, will sie sich zwingen weiterzugehen – sie wird doch der Familie nicht den schönen Ausflug verderben! Aber schnell merkt sie: Es geht gar nichts mehr. Mühsam kämpft sie sich bis zum Parkplatz zurück. Und liegt während des restlichen Urlaubs meistens müde und erschöpft in ihrem Zimmer.

Die Diagnose zu Hause: Burn-out. Und so richtig wundern tut sich darüber keiner ihrer behandelnden Ärzte, nachdem sie ihren Alltag geschildert hat: Oberärztin in einer großen Klinik am anderen Ende der Stadt. Sie betont, dass sie gar nicht voll arbeitet, sondern »nur« 35 Stunden. Ihr Mann hat ebenfalls eine Führungsposition. Die Hausarbeit teilen sie sich. Und das sieht so aus:

Er saugt noch, wenn er spätabends nach Hause kommt, da hat sie schon den Frühstückstisch für den nächsten Morgen gedeckt, Wäsche gewaschen, Hausaufgaben kontrolliert. Beide stehen um 5:30 Uhr auf, die Kinder etwas später. Dann gemeinsames Frühstück und Aufbruch der ganzen Bagage. Die Nachmittage übernimmt mittlerweile eine Kinderfrau, weil Constanze gemerkt hat, dass sie das nicht auch noch schafft. Abends wird aus frischen Zutaten gekocht, den Einkauf hat Constanze auf dem Nachhauseweg erledigt. Dann möglichst früh ins Bett, denn der nächste Tag wird wieder anstrengend. Ihr Chef unterstützt sie zwar, lässt aber auch immer wieder durchblicken, dass

er es besser fände, wenn auch sie für 42 Wochenstunden käme –
wie alle anderen in der Abteilung.

Im Moment ist das noch unmöglich, es ist auch so schon
alles fast zu viel. In all den Jahren hat sich Constanze Fischer
kein einziges Mal gefragt, wie es ihr dabei geht. Wie sie sich
fühlt, was sie braucht. Sie hat einfach immer funktioniert. Weil
das eben so sein muss: ein ordentlicher Beruf, die Karriere und
ganz selbstverständlich Kinder. Ihre Eltern haben das so gemacht – es geht also, davon war sie überzeugt. Sie hat fest daran
geglaubt, dass man mit Disziplin alles schaffen kann. Zehn Jahre
lang hat das auch geklappt.

Bis zu diesem furchtbaren Tag auf Teneriffa und einer
Zwangspause von einem halben Jahr. Mühsam hat sich Constanze seitdem ihre Energie zurückerobert. Anfangs war sie so
erschöpft, dass sie nicht mal eine halbe Stunde durch den Park
laufen konnte. Langsam hat sie sich dann wieder an ihren Job
rangetastet, erst mit ein paar Stunden, mittlerweile ist sie wieder
voll dabei. Sie hat gelernt, dass sie auch auf sich achten muss und
nicht immer nur auf die anderen. Dass sie Freiräume braucht für
sich und Zeit zum Erholen. Sie hat das alles nicht unbedingt wegen des Geldes getan. Sondern aus der tiefen Überzeugung heraus, dass alles möglich ist, ein hoch qualifizierter Beruf und eine
Familie. Und dass das heutzutage auch möglich sein muss. Alles
andere hätte ihr Weltbild erschüttert. Dass es überhaupt nicht
selbstverständlich ist, hat sie auf sehr schmerzhafte Weise erfahren müssen.

»Kulturelle Kontradiktion« ist der wissenschaftliche Ausdruck dafür.[17] Er bedeutet: Frauen sollen selbstständig und
möglichst beruflich unabhängig, gleichzeitig aber auch eine lie-
bevolle Mutter, eine leidenschaftliche Ehefrau und eine umsich-
tige »Haushälterin« sein, die lecker kocht und abends noch mal
rasch den Müll rausbringt.

Auf diese Quadratur des Kreises kann man auf verschiedene
Arten reagieren. Zumindest von außen besonders einfach haben
es diejenigen, die es sich, ohne mit der Wimper zu zucken, leis-

ten können, alles wegzuschieben, was ihnen bei der Ausübung ihres Jobs im Wege steht. Gut ausgebildete Männer und Frauen in hochdotierten Jobs etwa, die, um das perfekte Bild abzurunden, gerne Familie haben möchten, aber mit so wenig Einschränkungen wie möglich. Sie haben oft sogar überdurchschnittlich viele Kinder – drei bis vier –, aber mindestens ein Au-pair-Mädchen und eine Nanny, die ihnen den Rücken auch für Abendveranstaltungen freihalten.

Dann gibt es die, die rackern. Sie haben ein mittleres Einkommen, einen guten Job und sind wegen der Kinder in Teilzeit gegangen. Sie sitzen oft morgens schon vor den Kollegen im Büro und haben so gut wie keine Krankheitstage. Trotzdem wollen sie noch unbedingt den Geburtstagskuchen für den Kindergarten selber backen, rennen in der Mittagspause in den Supermarkt und radeln mindestens einmal die Woche zum Eltern-Kind-Turnen. Aber egal, wie sie es auch anstellen, sie leiden ständig unter dem Gefühl, dem allem nicht gewachsen zu sein. Und sind irgendwann frustriert und ausgebrannt.

Und dann sind da natürlich noch die, die arbeiten müssen, weil ein Gehalt nicht reicht. Die kein Geld für die staatliche, geschweige denn private Kinderbetreuung haben und an der mangelnden Unterstützung verzweifeln. Die Alleinerziehende, die an der Supermarktkasse sitzt, ständig mit den Arbeitszeiten kämpft, weil der Kindergarten schon um 16 Uhr zumacht, und die trotz ihres Gehalts kaum über Hartz-IV-Niveau liegt. Die Dazuverdienerin, deren Gehalt aus der Teilzeitstelle gerade mal ausreicht, damit sie und ihr Mann die Raten für die Eigentumswohnung abbezahlen können. Oder die Hauptverdienerin, deren Mann arbeitsunfähig geworden ist und deren Gehalt als Altenpflegerin noch vom Staat aufgestockt werden muss, da die Zeitarbeitsfirma, bei der sie beschäftigt ist, keinen Tariflohn zahlt.

Ungefähr in diesem Spannungsverhältnis bewegt sich die Familie 2.0. Und gerät unter die Räder. Allen Bekundungen zum Trotz, Familienpolitik stehe ganz oben auf der Agenda von Politik und Wirtschaft. 82 (!!) Prozent der berufstätigen Mütter fühlen sich überfordert, und mehr als die Hälfte beklagt, zu wenig Zeit für die Familie und den Partner zu haben.[18] Zeit für sich selber fordern diese Frauen schon gar nicht mehr. Der Grund dafür ist immer der gleiche: die Anforderungen im Beruf, denen sie unbedingt gerecht werden wollen und müssen.[19]

Die Fürsorge-Krise

Unsere Generation hat den Satz »Erst die Arbeit, dann die Familie« als richtig verinnerlicht. Damit hören die Menschen nicht plötzlich auf, ihre Kinder, Eltern, Freunde und Partner zu lieben. Aber ihren eigenen Wert, ihr Ansehen, messen sie vor allem an ihrem Job. Weil nur bezahlte Arbeit einen bezifferbaren Wert hat. Oder wie ein Vater aus unserem Freundeskreis letztens zu seiner Frau, die zu Hause ist, sagte: »Du arbeitest zwar viel, verdienst aber nichts.« Die Soziologin Arlie Hochschild fasst diese Entwicklung in einem Satz zusammen: »Je mehr Frauen und Männer das, was sie tun, im Austausch gegen Geld tun und je höher ihre Arbeit im öffentlichen Bereich geschätzt und anerkannt wird, desto mehr wird (...) das Privatleben entwertet und desto mehr schrumpft sein Einflussbereich.«[20]

Markantes Signal dafür ist die Entwicklung der geleisteten Arbeitszeit. Zwar hat sich die tarifvertraglich vereinbarte Wochenarbeitszeit angestellter Vollzeitbeschäftigter in den letzten zehn Jahren nicht verändert, die tatsächliche geleistete Wochenarbeitszeit liegt aber deutlich höher – und zwar bei Männern und bei Frauen. So arbeiteten Männer statt der in den meisten Branchen üblichen 37,5 Stunden im Durchschnitt 41, Frauen 39,8 Stunden in der Woche.[21] Und je mehr Verantwortung sie haben, je mehr sie sich mit dem Beruf identifizieren, umso selbstverständlicher arbeiten sie mehr.

Denn den Anforderungen in qualifizierten Berufen kann man nur gerecht werden, wenn man bereit ist, sich den Aufgaben nicht nur in der offiziellen Arbeitszeit, sondern auch in der freien Zeit zu widmen. Wer zum Beispiel für eine Promotion forscht, einen Film vorbereitet, Patienten versorgt oder juristische Fälle löst, nimmt das mit nach Hause. Da ist nicht um 17 Uhr Schluss im Kopf.

Das Problem ist nur: Da der Tag nur 24 Stunden hat und man davon vielleicht gern noch sechs bis acht Stunden schlafen möchte, ist die Kraft, die man für andere aufwenden kann, begrenzt. Wer es schafft, kümmert sich natürlich nebenbei noch um andere. Aber eben nebenbei. Denn wer sich dauerhaft uneigennützig um andere kümmert, ohne ein Gehalt und ohne direkte Gegenleistung, macht sich in unserer Generation schon ein bisschen verdächtig. Entweder ist er oder sie Idealist, kreuzkonservativ – oder hat beruflich einfach nichts auf die Beine gestellt. Dass jemand so etwas freiwillig machen könnte, auf diese Idee kommen wir gar nicht. Und es erscheint uns auch zunehmend sinnlos. Denn wir, wir haben leider viel zu wenig Zeit für die Pflege von Beziehungen zu Kindern, Eltern, Freunden. Echt schade, aber es geht grad nicht anders. Vielleicht ist es in ein paar Jahren ruhiger.

Dabei ist es diese uneigennützige Form von Fürsorge, die Gesellschaften in ihrem Innern zusammenhält. »Care« ist hier das soziologische Zauberwort. Es bedeutet aber noch viel mehr, als nur sich um andere zu kümmern, in diesem Begriff sind auch »Liebe« und »Wertschätzung« enthalten.[22] Care beschreibt, dass Eltern, die sich um ihre Kinder kümmern, nicht erwarten, dass die Kinder später im Alter für sie sorgen. Im Gegenteil: Es ist die Bereitschaft, für jemanden, den man liebt, Verantwortung zu übernehmen. Care ist bedingungsloses Geben. Einfach so. Weil der andere einen braucht. Und weil man für ihn da sein will.

Dafür benötigt man aber vor allem eins: Zeit. Und Zeit ist mehr als kostbar. Da helfen auch die so hochgelobten flexiblen Arbeitszeiten, längere Ladenöffnungszeiten, gleitende Arbeitszeit, Rufbereitschaft etc. nicht. Im Gegenteil: Sie gehen oft genug auf Kosten der Familienzeit. Mal eben noch schnell diese E-Mail beantworten, dann bin ich auch wirklich für dich da, Schatz. Ach je, jetzt klingelt mein Handy, fangt doch schon mal ohne mich an mit dem Essen, geht auch ganz schnell.

Viele Unternehmen versuchen jetzt, diesen »Erreichbarkeitswahn« in einigermaßen vernünftige Bahnen zu lenken. So rechnet BMW Dienstmails von zu Hause auf das Arbeitszeitkonto an, VW schaltet den Mailserver abends ab – allerdings nicht für Führungskräfte. Und Henkel-Vorstandschef Kasper Rorstedt hat den Samstag zu einem E-Mail-freien Tag erklärt – sogar für sich selbst.

Das klingt toll, löst aber nicht das Problem. Denn wenn der Vorgesetzte am Sonntag oder nachts um elf eine Mail verschickt, kann man das natürlich mit dem Hinweis auf die neuen Vereinbarungen im Unternehmen aussitzen, weiter kommt so aber in der Regel keiner. So sagt der Arbeitsrechtler Jobst-Hubertus Bauer dem *Spiegel*: Grundsätzlich kann zwar kein Chef von seinen Mitarbeitern verlangen, nach Feierabend erreichbar zu sein. »In vielen Unternehmen wird das aber gerade im gehobenen Management vorausgesetzt, vor allem, wenn man Karriere machen will.«[23]

Je mehr die Arbeit aber als Zeitfresser im Privaten ihr Unwesen treibt, umso mehr wird Care, die uneigennützige Fürsorge für andere, irgendwohin abgegeben oder erst gar nicht übernommen.[24] Wissenschaftler verschiedener Fachrichtungen schlagen mittlerweile regelrecht Alarm: Sie warnen vor einer »Care-Krise« in unserer Gesellschaft. In einem Manifest fassen sie das Problem zusammen: »Die Sorge für andere wird für die Betroffenen oft zur Zerreißprobe und die hieraus entstehenden Folgen und Dilemmata sind individuell kaum mehr lösbar.«[25]

Wer sich noch umfassend um Kinder oder Alte kümmert, steht unter einem enormen Druck. Einem Druck, der so groß ist, dass bisweilen jegliche Lebensfreude verloren gehen kann und auch genau die Freude über das Zusammensein mit den Kindern oder den alten Eltern. Frauen, die diese Arbeit machen, sind nicht selten deprimiert und genauso gestresst wir ihre erwerbstätigen Geschlechtsgenossinnen. Denn im Hinterkopf lauert immer der kleine Teufel, der ruft:»Du darfst das eigentlich nicht tun, du vergeudest dein Talent, du brauchst einen richtigen Job!« Auch Frauen, die Teilzeit arbeiten, kennen dieses Gefühl:»Eigentlich müsste ich aufstocken, von dem 20-Stunden-Job krieg ich nie 'ne ordentliche Rente.«

Als wir einer unserer Freundinnen von unserem Entschluss erzählten, weniger zu arbeiten, weil wir mehr Zeit für die Familie brauchen, hat uns das Überwindung gekostet. Wir waren gespannt auf die Reaktion, startete sie doch trotz zweier Kinder seit Jahren beruflich durch. Etwas betreten gaben wir zu, dass wir nicht gerade stolz darauf seien, dass es im Moment so sei:»Das einzig Gute daran ist: Wenigstens bleiben wir den Kindern nichts schuldig.« Als wir wieder hochschauten, liefen Tränen über ihr Gesicht.

Es geht in dieser ganzen Diskussion nicht nur um Zahlen, Erwerbsquoten, Arbeitsstunden und Rentenpunkte. Es geht in erster Linie um Gefühle. Und die haben es gegen die Macht der Zahlen unendlich schwer.

Als Konsequenz aus diesem »Ich arbeite, also bin ich«-Anspruch überlassen wir diejenigen, die uns am nächsten stehen, die uns am kostbarsten sind, oft Menschen, die dafür Niedrigstlöhne erhalten. Pflegekräfte, Kinderfrauen, Erzieherinnen – alles schlecht bezahlte Berufe, meist ausgeübt von Frauen, die hierzulande kaum davon leben können, geschweige denn Rentenansprüche erwerben. Häufig genug erhält der Fitnesstrainer, bei dem wir unseren Winterspeck wegtrainieren, einen höheren Stundenlohn als diejenige, die unserem Nachwuchs die Windeln wechselt. Eine klarere Missachtung des Werts, den diese Tätigkeiten für uns haben, gibt es kaum.

»Da Zeit immer auch ein Indikator für die Bedeutung ist, die bestimmten Bereichen zugemessen wird, bedeutet die Verlagerung eines Teils der Familienzeit in die Berufsarbeit auch eine Abwertung des familiären Bereichs«, bringt es der Soziologe und Familienexperte Bertram auf den Punkt.[26] Die Vorwerk-Familienstudie 2012 ist der beste Beweis dafür: Zwar beklagen die Deutschen schon seit Jahren, dass sie zu wenig Zeit mit ihren Liebsten verbringen. Hätten sie aber eine Stunde Zeit am Tag zusätzlich zur Verfügung, würden Männer und Frauen diese Stunde nicht mit der Familie verbringen, sondern für sich und ihre Freizeit nutzen.[27]

Kümmern bleibt ein Frauenjob

Wenn aber kein Raum mehr da ist für uneigennützige Fürsorge, wenn wir nicht mehr in Care investieren wollen und Menschen, die diese Aufgabe in der Familie übernehmen, nicht substantiell unterstützen, dann hat das Konsequenzen. Denn alle Gesellschaften sind darauf angewiesen, dass Solidarität, persönliche Hilfeleistung und Zuwendung unabhängig von bezahlter Arbeit und staatlichen Organisationen von Einzelnen geleistet werden.

Eine Freundin schrie an diesem Punkt auf: Genau! Diese Arbeit ist jahrhundertelang von Frauen gemacht worden. Unentgeltlich, selbstverständlich, ohne gesellschaftliches Ansehen. Es wurde ja wohl mehr als Zeit, dass damit endlich Schluss war. Wer wären wir – selber immer für die Sache der Frauen auf den Barrikaden –, gerade in diesem Punkt zu widersprechen?

Aber kann die einzige Antwort auf dieses Problem sein, dass in Zukunft diese Arbeiten nur noch außerhalb der Familien geleistet werden? Dass wir uns Fürsorge als Dienstleistung kaufen wie ein neues Paar Schuhe? Wenn das so ist, müssen wir uns da nicht fragen, ob dann nicht wieder an anderer Stelle etwas Wichtiges viel zu kurz kommt? Das Verhältnis von Sichkümmern und Erwerbsarbeit war für Frauen noch nie im Gleichgewicht. Wenn wir zugunsten des Berufs die Fürsorge aber ganz aufgeben beziehungsweise auslagern, schlägt das Pendel in die andere Richtung aus.

Klar ist: Wer sich kümmert, egal ob Mann oder Frau, bezahlt einen hohen Preis dafür. Rein ökonomisch betrachtet, sind die Nachteile von Care-Arbeit enorm. Und die Abhängigkeit von einem »Versorger« oder einer »Versorgerin« auch. Diese Abhängigkeit in den Beziehungen zwischen Männern und Frauen führt zu einem Machtgefälle. Ein Machtgefälle, bei dem Frauen oft genug den Kürzeren gezogen haben und immer noch ziehen. Und wogegen sich die Frauen zu Recht in den vergangenen Jahrzehnten zur Wehr gesetzt haben. Aufgehoben ist das Gefälle auch nicht im mittlerweile am weitesten verbreiteten »Zuverdiener-Modell«[28], in dem er voll und sie reduziert arbeitet. »Ich hatte trotzdem immer das Gefühl, dass mein Einkommen weniger wert war als seins«, hat das eine unserer Interviewpartnerinnen mit Teilzeitjob auf den Punkt gebracht.

Fürsorge ist unterschätzte Arbeit

Tatsache bleibt, dass irgendjemand die Fürsorgearbeit für andere machen muss. Irgendjemand muss sich um Kinder kümmern und die Eltern pflegen. Und es ist illusorisch anzunehmen, dass es ausreicht, die öffentliche Kinderbetreuung weiter auszubauen und noch mehr Pflegeheime einzurichten. Schon allein wegen der Kosten. Würden wir diesen Bereich komplett auslagern, wären sie nicht mehr zu kontrollieren.

Ein Bericht des Familienministeriums hat die Rechnung dafür 2003 einmal aufgemacht: So schätzte das Statistische Bundesamt damals zum ersten Mal das Zeitbudget der Deutschen für unbezahlte Haus- und Fürsorgearbeit auf rund 77 Milliarden Stunden jährlich. Müsste man diese Arbeit entlohnen, entspräche dies je nach zu Grunde gelegtem Stundenlohn einem volkswirtschaftlichen Wert von 1,0 bis 1,4 Billionen Euro.[29] Eine unfassbare Summe, die in den vergangenen zehn Jahren mit Sicherheit nicht kleiner geworden ist.

Zudem weisen Psychologen und Entwicklungsforscher darauf hin, dass Menschen, die eine Form selbstloser Hingabe erlebt und erfahren haben, später eher dazu bereit sind, selbstlos Verantwortung für andere zu übernehmen.[30] Im Umkehrschluss heißt das, dass es für diejenigen, die diese Selbstlosigkeit nicht erfahren haben, schwieriger werden kann, ihr Leben und ihre Bequemlichkeit zugunsten eines anderen Lebens einzuschränken. Die Folgen sind überall sichtbar: sinkende Geburtenraten, eine stetig wachsende Gruppe allein lebender Menschen in Städten – vor allem Männer[31] – und der oben schon beschriebene signifikante Rückgang der Empathiefähigkeit in den vergangenen 30 Jahren.

Nein, das ist kein Plädoyer für die Vollzeitelternschaft. Man muss nicht gleich alles über Bord werfen und Vollzeitmutter oder Vollzeitvater werden. Es gibt einen Haufen Studien, die belegen, dass glückliche Kinder bei Eltern aufwachsen, die arbeiten. Und zwar beide Elternteile. Denn das führt dazu, dass die Familie finanziell abgesicherter ist und im Idealfall beide zufrieden sind mit ihrer gesellschaftlichen Stellung und den Inhalten ihrer Arbeit.

Es ist aber ein Plädoyer dafür, diese Fürsorge für andere, dieses unentgeltliche Kümmern und die Rücksichtnahme auf die Bedürfnisse anderer, ernst zu nehmen. Denn es gibt auch viele Studien, die darauf hinweisen, dass die Fragen »Wer kümmert sich um Oma, wer um die Kinder?« nicht gelöst wurden und deshalb in unseren emanzipierten, wachstumsorientierten, arbeitgeberfreundlichen Zeiten zu einer stetigen Überforderung in den Familien führen. Und dort vor allem bei den Frauen. Denn die übernehmen nach wie vor den Löwenanteil an der Haus- und Pflegearbeit. Arbeiten, die keiner sieht.

»Das bisschen Haushalt«, die Hausfrauenhymne unserer Omas von Johanna von Koczian, findet sich heute sogar im Repertoire von Barbara Schöneberger wieder. Denn »das bisschen Haushalt« ist entgegen landläufiger Meinung nicht weniger geworden, sondern mehr. So sind die Effizienzsteigerungen vieler

Dienstleistungen, etwa bei der Pflege, den Banken und dem Handel, nur dadurch erreicht worden, dass bestimmte Leistungen zunehmend in die Privathaushalte verlagert wurden. »Ikea-Prinzip« nennt das der Familienforscher Bertram.[32] Oft werden nur noch halb fertige Produkte angeboten, die der »arbeitende Kunde« dann quasi als Angestellter des Möbelhauses oder der Bank zusammenschrauben beziehungsweise abschließen darf.

Die Arbeit im Haushalt ist nicht weniger, sie ist anders geworden. Während die Wäsche in der Maschine schleudert, werden am Computer Rechnungen bezahlt und danach die Kommode im Kinderzimmer zusammengeschraubt. Die Zunahme von Baumärkten und das Verschwinden von Bankfilialen sind dafür stumme Zeugen.

Dies lässt sich auch statistisch nachweisen: So hat sich trotz der Technisierung der Umfang der geleisteten Stunden im Haushalt in den vergangenen Jahrzehnten nicht verändert. Obwohl die Familien kleiner geworden sind und es mehr Haushaltsgeräte gibt, wenden Frauen heute durchschnittlich 37 Stunden in der Woche für Hausarbeit auf – genauso viel wie 1965! Zusätzlich verbringen auch die Männer mehr Zeit im Haushalt. Und zwar statt einer Stunde Mitte der 60er Jahre 16 Stunden die Woche.[33] Summa summarum verbringen Frauen und Männer, wenn sie nicht eine Armada an Angestellten beschäftigen, über 50 Wochenstunden mit Hausarbeit. Diese Zahl erschließt sich, wenn man nur einmal überlegt, wie lange es dauert, Nudeln mit Tomatensauce auf den Tisch zu bringen. Und zwar vom Einkaufen bis das saubere Geschirr wieder in den Schränken ist.

Dabei haben Mütter und Väter keinen tarifvertraglich zugesicherten Feierabend und kein Wochenende. Sie sind nicht nur Haushälter, Monteure, Banksachbearbeiter und Steuerfachgehilfen, sondern auch Englisch-, Mathe- und Physiklehrerinnen und -lehrer ihrer Kinder. Die Wirtschaft stellt immer höhere Erwartungen an eine immer bessere Ausbildung des kostbaren Nachwuchses, ohne dass die Politik auch nur annähernd genug in die dazugehörigen Rahmenbedingungen investiert.

So halten etwa die Städte und Gemeinden nach wie vor – und zwar vor allem aus Kostengründen – an der Vormittagsschule fest. Das Personal und den Raum für eine sinnvolle ganztägige Betreuung können oder wollen sie sich nicht leisten. Gleichzeitig wird aber die Schulzeit reduziert. Der gleiche Stoff bitte in kürzerer Zeit und mit besserem Ergebnis. Das muss doch zu Hause zu leisten sein.

Der Sohn einer Freundin bekam trotz einer Vier in Deutsch eine Gymnasialempfehlung mit dem Hinweis: »Wir wissen ja, dass sie das zu Hause gemeinsam hinbekommen.« Die Freundin war erschüttert. Denn ihr wurde sofort klar, dass das staatliche Schulsystem ganz selbstverständlich davon ausgeht, dass Eltern zu Hause den Stoff vertiefen. »Ohne diese Hilfe wäre das achtjährige Gymnasium gar nicht zu schaffen«, gibt eine Studienrätin zu. »Wenn die Eltern nicht mitziehen, sind die meisten Kinder hier verloren.«

Wenn die Fürsorgearbeit für andere aber kein Ansehen genießt und derart unterschätzt wird, dann macht das in einer gut ausgebildeten Gesellschaft, in der auch die Frauen berufstätig sein wollen und sollen, keinen Mut zur Familie. Das weckt nicht die Lust darauf, für andere mehr zu tun als für sich selbst. Im Gegenteil: »Das kann man doch andere machen lassen. Dafür ist mir meine Zeit zu kostbar« ist ein gängiger Satz. »Ich muss jetzt erst einmal an mich selbst denken, Familie ist für mich weit weg«, sagen mittlerweile die Anfang-30-Jährigen. Der demografische Wandel ist demnach kein Wunder, sondern eine logische Konsequenz.

Wer sorgt für den, der sorgt?

Eine anachronistische Frage in einer Zeit, in der doch völlig klar ist, dass am besten jeder für sich selber sorgen sollte. Ja, in Zeiten, in denen diese Haltung zur politischen Maxime erhoben wurde. Und zwar gezielt und mit voller gesetzgeberischer Kraft.

Dazu muss an dieser Stelle ein bisschen Geschichtsunterricht sein. Die Welt veränderte sich rasant nach dem Mauerfall 1989 und dem Zusammenbruch der Sowjetunion. Es begannen ein unglaublicher ökonomischer Wandel und die »Globalisierung der Märkte«. Die weltweite Verflechtung der Wirtschaft nahm Fahrt auf und war bald nicht mehr zu stoppen. Um mit diesem Wandel Schritt halten zu können, trafen sich im März 2000 die Staats- und Regierungschefs der EU in Lissabon zu einer Sondertagung – Überschrift: »Beschäftigung, Wirtschaftsreform und sozialer Zusammenhalt in einer wissensbasierten Wirtschaft«.[34] Klingt toll. Noch toller klingt das Ziel, auf das sich die Mitgliedstaaten festlegten: Die EU solle bis 2010 »zum wettbewerbsfähigsten und dynamischsten wissensbasierten Wirtschaftsraum der Welt werden«.[35]

Um dieses ehrgeizige Ziel zu erreichen, waren in den Mitgliedstaaten einige Maßnahmen notwendig. Unter anderem die »Modernisierung des europäischen Gesellschaftsmodells durch Investitionen in die Humanressourcen, eine aktive Arbeitsmarktpolitik, (... und ...) die Reform des Sozialschutzes«. Die sozialpolitischen Auswirkungen dieser EU-Anforderungen in Deutschland kennen wir: die Agenda 2010 und die Hartz-IV-Reform der rot-grünen Regierung. Der Schlachtruf »Fördern und Fordern« dröhnt uns heute noch in den Ohren.

Nach einem Jahrzehnt Hartz IV ist wohl auch dem Letzten klar, was diese »Modernisierung des europäischen Gesellschaftsmodells« bedeuten soll: raus aus der »sozialen Hängematte«, rein in den Arbeitsmarkt. Zur Not auch mittels Leiharbeitsfirmen, bei denen die gezahlten Löhne oft nicht einmal das Existenzminimum abdecken. »Trampolin statt Hängematte«, bringt es eine Sozialpolitikerin der amtierenden Großen Koalition uns gegenüber auf den Punkt.

Zu dieser »Modernisierung« gehörte auch eine neue Familienpolitik. Den Grundstein dazu legte in Deutschland 2003 ein Gutachten von Bert Rürup (der mit der Rente) und Sandra Gruescu für die Bundesregierung.[36] Es definierte für die Familienpolitik der folgenden Jahre vor allem zwei Ziele: die Erhöhung der Geburtenrate und den Anstieg der Frauenerwerbsquote. Das Ganze nannte sich »nachhaltige« Familienpolitik.[37] Rürup und Gruescu nahmen in ihrem Gutachten auch zum ersten Mal sehr explizit Bezug auf andere europäische Länder. Schweden, Dänemark und Frankreich wurden hier zu Bezugsgrößen und zu Belegen dafür, dass sich die Geburtenzahlen erhöhen, wenn man die Berufstätigkeit von Frauen unterstützt.[38] Seitdem spuken diese Länder übrigens als »Familie-Berufs-Vereinbarkeits-Musterländer« durch sämtliche Köpfe und Artikel zu diesem Thema.

Dass sich die Sozialstaaten allein aufgrund der europaweit zurückgehenden Geburtenrate neu finden mussten, ist unbestritten. Ebenso unbestritten ist, dass nach jahrzehntelangem gesellschaftspolitischem Stillstand in den 1980er und 90er Jahren endlich etwas passieren musste, damit die Realität – mit Patchworkfamilien, homo- und heterosexuellen unehelichen Lebensgemeinschaften – und die politische Ausrichtung nicht immer weiter auseinanderdrifteten.

Welche Wirkung diese neue Ausrichtung des Sozialstaates haben würde und was sie in einem arbeitgeberfreundlichen Land mit einer deutlich neoliberalen Haltung wie Deutschland bedeutet, wird allerdings erst jetzt langsam klar. »Fördern und Fordern« passt genau in das reine Leistungsdenken des Exporteuropameisters. Für alle, die mitkommen, gab es in den vergangenen zehn Jahren noch einmal einen richtigen Kick. Für all diejenigen aber, die – aus welchen Gründen auch immer – dieser Leistungsschau nicht standhalten konnten, wird es eng. Und so geht die Schere zwischen denen, die es schaffen, und denen, die es nicht schaffen, immer weiter auseinander.

Um möglichst viele aus der »sozialen Hängematte« heraus und in den ersten Arbeitsmarkt hineinzubringen, fing man europaweit also dort an, wo sich das meiste »ungenutzte Potenzial« und die Leistungsträger von morgen tummeln: in der Familie. Die Vertreter der nachhaltigen Familienpolitik, allen voran

Renate Schmidt und Ursula von der Leyen, schafften es rasend schnell, ein neues Familienleitbild in den Medien und damit in den Köpfen der Deutschen zu verankern: das der vollzeitnah arbeitenden Eltern mit Kindern in gut ausgestatteten Betreuungseinrichtungen, die mit ihren Steuern, ihren Sozialabgaben und ihrer Reproduktion unseren Sozialstaat und die Wirtschaft am Leben halten.

Bestes Beispiel dafür, mit welcher Vehemenz der Gesetzgeber dieses Leitbild vertritt, war die Neuregelung des Unterhaltsrechtes 2008. Seit dieser Reform hat im Trennungsfall derjenige, der zu Hause bleibt und die Kinder aufzieht, nur bis zum dritten Lebensjahr der Kinder Anrecht auf einen Basisunterhalt. Danach zählen sogenannte »Billigkeitsgesichtspunkte« – also vor allem die Frage: Wie war die praktizierte Rollenaufteilung innerhalb einer Beziehung? Diese Aufteilung muss genau und plausibel nachgewiesen werden. Und zwar von denen, die Unterhaltsansprüche geltend machen möchten, also denjenigen, die zu Hause geblieben sind und Kinder großgezogen haben. Zahlreiche Urteile und Prozesse zeigen, wie kompliziert das im Einzelfall sein kann.

Vorausgegangen war dieser neuen Gesetzgebung übrigens ein Urteil des Bundesverfassungsgerichtes von 2007. Darin stellte das Gericht fest, dass die unterschiedliche Dauer der Unterhaltsansprüche von ehelichen und nichtehelichen Kindern ungerecht und nicht mit dem Grundgesetz vereinbar sei. Mit diesem Urteilsspruch als Grundlage hätte der Gesetzgeber auch einfach die alten Unterhaltsansprüche nach der Geburt eines Kindes auf nicht verheiratete Paare ausweiten können. Tat er aber nicht. Im Gegenteil: Mit dem vor allem unter Juristen beliebten Spruch »Einmal Chefarztgattin, immer Chefarztgattin« wurde das früher geltende Recht auf eine längere Unterhaltszahlung an Mütter nach der Trennung geradezu diskreditiert.

Zudem wurden die Väter mitnichten dazu verpflichtet, sich auch nach der Trennung weiter um ihre Kinder zu kümmern. Etwa in Zeiten, in denen die im besten Fall wieder voll berufstätige Mutter in der Firma ist – was im Übrigen sehr unwahrscheinlich ist, betrachtet man die (Alters-)Diskriminierung von Frauen auf dem Arbeitsmarkt. Die Verantwortung für ihre finanzielle Existenz und die Sorge um die Kinder bleibt fortan allein den Frauen überlassen. Das grenzt an staatlich legitimierte Aufforderung an die Väter zur Verantwortungslosigkeit.

Natürlich gibt es die Beispiele der Frauen, die ihren Männern noch jahrzehntelang nach der Scheidung finanziell die Luft abschnürten. Das aber zum Regelfall zu erheben, vor dem der Hauptverdiener einer Familie geschützt werden muss, ist, gelinde gesagt, mindestens interessant, wenn nicht gar zynisch. Es zeigt, wie dirigistisch die Bundesregierung das neue Leitbild in der Gesellschaft durchsetzen möchte.

Wer sorgt für den, der sorgt? Wer sorgt für die, die für die Erziehung der Kinder oder die Pflege der Eltern auf eine Karriere verzichtet haben, in Teilzeit weniger Rentenbeiträge zahlen konnten oder – aus welchen Gründen auch immer – den Anschluss an den Beruf ganz verloren haben? Um es mal verkürzt zu sagen: bald niemand mehr. Denn sie passen nicht in das sozialpolitische Leitbild, das sich in Europa, das sich in Deutschland etabliert hat. Das Leitbild des autarken, arbeitenden Erwachsenen, der sich in erster Linie selbst versorgt – und zwar nahezu immer – und es sich deshalb eigentlich nicht leisten kann, auch noch für andere zu sorgen. Und der bei einer Trennung auch vom Partner nicht die Solidarität erwarten kann, die unsere Eltern noch erwarten konnten.

Die Unvollendete

Dieses Gefühl, allein auf weiter Flur zu stehen, keine Solidarität, keine gesellschaftliche Anerkennung, keine substantielle Unterstützung mehr zu erfahren, gleichzeitig aber den Druck zu spüren, jetzt endlich mal in die Puschen und damit auf den Arbeitsmarkt zu kommen, ist genau das, was Familien in Deutschland verzweifeln lässt. Magazine und Zeitungen sind voll von Artikeln, Essays und Dossiers: über die erschöpfte Familie (*Brigitte*), die überforderten Mütter (*Eltern*), die überforderten Väter (*Die Zeit*), die überforderten Frauen (*FAS*). Die Wissenschaft spricht sogar gleich von einer »überforderten Generation«.[39]

Ihnen folgt eine ebensolche Flut von Erwiderungen in ebendiesen Zeitungen und Magazinen, die den Autorinnen und Autoren einen Jammerton unterstellen und ohnehin das ganze Thema nicht mehr hören können. »Es kann doch nicht mein Problem sein, wenn ein Angestellter zwei Kinder hat.« Dieser Satz, ausgesprochen von einem erfolgreichen Arbeitgeber aus der Medienbranche, ist der Leitsatz zum neuen Leitbild.

Dabei wäre das Gegenteil schon ein Teil der Lösung: Denn den »sorgenfreien« Arbeitnehmer, der der Firma uneingeschränkt und von privaten Verpflichtungen unbelastet zur Verfügung steht, gibt es heute – angesichts der hohen Erwerbstätigkeit von Eltern – fast nicht mehr, warnen Arbeitsmarktexperten. Arbeitgeber sollten ihrer Meinung nach sogar ganz konkret und individuell auf die persönlichen Belange und Bedürfnisse ihrer Mitarbeiter eingehen und deren private Situation ernst nehmen. Die Wertschätzung von Vielfalt – und das heißt eben auch, dass Menschen mit Kindern unter anderen Bedingungen leben und arbeiten als die ohne – wäre in Unternehmen ein zentraler Erfolgsfaktor. Zumal sie in vielen Fällen sogar effizienter sind, weil sie strukturierter, besser organisiert und diszipliniert arbeiten.

Und die Politik? Die macht aus diesem Thema, das die Lebensgrundlage so vieler Menschen berührt, politische Spielmasse. Vor allem in der Familienpolitik wird mal diese, mal jene Sau durchs Dorf getrieben. Die Bundeswehr soll ein familienfreundlicher Arbeitgeber werden, jawoll! Die Wirtschaft soll Eltern 32 Wochenstunden Arbeitszeit verschaffen – klar. Ach, geht alles nicht? Egal, war ja immerhin für eine Schlagzeile gut, um sich ins Gespräch zu bringen.

Jetzt könnte man natürlich das schreiben, womit eine gute Freundin in einer der vielen Diskussionen zu diesem Thema herausplatzte: »Ach die Politiker, die sagen ja eh viel, wenn der Tag lang ist.« Wenn man nicht schon anhand der Sozialgesetzgebung der vergangenen zehn, zwölf Jahre sehen würde, wie viel Einfluss die Politik tatsächlich auf unsere Lebensbedingungen nehmen kann. Und wie fahrlässig sie damit umgeht.

Auf den Schreibtischen der Abgeordneten müssen sich die Analysen türmen, die punktgenau die Lebenswirklichkeit der Familien in Deutschland nachzeichnen. Familienberichte, Gleichstellungsberichte, Familienmonitore, Familienstudien – wir möchten gar nicht wissen, wie viel Geld Bundesregierungen ausgegeben haben, um das erforschen und belegen zu lassen, was wir alle tagtäglich erleben: dass Familien am Limit sind, dass ihnen die Zeit und die Rahmenbedingungen fehlen, um all das zu erfüllen, was unsere Wissensgesellschaft von Familien – vor allem aus der Mittelschicht – erwartet.

Getan wird aber so gut wie nichts. Wir haben mit einem der Verantwortlichen des siebten Familienberichtes für die Bundesregierung, Hans Bertram, ein langes Interview geführt. Der von uns hier schon zitierte Soziologe, Politikberater und Verfasser unzähliger Bücher zum Thema plädiert seit Langem für neue Lösungen, für den Umbau der Sozialsysteme und eine andere Arbeitskultur – und ist mittlerweile ratlos: »Sie können zurzeit nur ein Wutbuch schreiben, weil man weiß, wie man es lösen kann. Man könnte es lösen, aber es wird nicht gelöst.«[40]

Ja, wir sind wütend. Wütend darauf, dass die Politik nach der Hälfte der Strecke stehengeblieben ist, widersprüchliche Impulse gibt und nicht den Mut hat, das zu diskutieren, was wirklich diskutiert werden muss: Wie schafft man es, sich in einer Familien- und Gleichstellungspolitik zurechtzufinden, in der die steuerrechtliche Bevorzugung des Alleinverdiener-Modells durch das Ehegattensplitting neben dem neuen Unterhaltsrecht besteht? Muss man sich nicht für einen politischen Weg entscheiden, um glaubwürdig zu sein? Und wie schafft man dann trotz des neuen Leitbildes des arbeitenden, selbstständigen Erwachsenen eine gesellschaftliche Anerkennung für die

Betreuung von Kindern und die Pflege von älteren Familienmitgliedern? Und die Akzeptanz – auch in der Wirtschaft –, dass diese Betreuung Zeit und Geld kostet?

Die Soziologen Hans Bertram und Martin Bujard formulieren es noch vorsichtig: »Die deutsche Familienpolitik befindet sich gegenwärtig in einem Transformationsprozess, der nur vor dem Hintergrund der weitreichenden gesellschaftlichen, ökonomischen und demografischen Veränderungen der letzten Jahrzehnte zu verstehen ist.«[41] Man könnte auch sagen: Die deutsche Familienpolitik ist seit gut einem Jahrzehnt unvollendet, sie tritt auf der Stelle – und das hat seinen Grund.

Was Politikern hilft, hilft Familien noch lange nicht

Jetzt müssen wir doch einmal über die Rente reden. Obwohl wir das eigentlich gar nicht wollten. Aber wir versprechen: Der kurze Ausflug lohnt sich, weil dabei so herrlich klar wird, wie Politik eigentlich tickt.[42]

Die erste Rentenreform nach dem von Bismarck (!) eingeführten »Reichsgesetz betreffend die Invaliditäts- und Alterssicherung« von 1889[43] erfolgte 1957. Grundlage dieser Reform war der sogenannte »Schreiber-Plan«, entwickelt von dem Wirtschaftstheoretiker Wilfrid Schreiber. Sein Kern: die Einführung einer bruttolohnbezogenen Rente, die im sogenannten Umlageverfahren finanziert werden sollte. Das bedeutet: Die jeweils berufstätige Generation erwirtschaftet nicht durch Sparen die eigene Rente, sondern finanziert die Rente der Eltern und Großeltern. Das Gute daran: Die alte Generation profitiert von der aktuellen wirtschaftlichen Entwicklung. Die Schwäche: Das Ganze kann nur funktionieren, wenn das Verhältnis von alter und erwerbstätiger Generation einigermaßen stabil bleibt.

Diese Schwäche war Schreiber von Anfang an klar. Darum wollte er seinen Generationenvertrag auch nicht zwischen zwei, sondern zwischen drei Generationen schließen. Und darüber hinaus auch zwischen den Arbeitnehmern mit Kindern und denen ohne Kinder einer Generation. Zudem sollte nicht nur der alten Generation eine Rente gezahlt werden, sondern auch den Kindern und Jugendlichen. Diese Rente sollten ab dem 35. Lebensjahr alle Berufstätigen zurückzahlen – und zwar gestaffelt: Ein Arbeitnehmer mit zwei Kindern hätte genau den Betrag zurückgezahlt, den er selbst beziehungsweise seine Eltern erhalten haben, ein Arbeitnehmer ohne Kinder den doppelten, einer mit sechs Kindern wäre von der Rückzahlungspflicht entbunden gewesen.[44] Man stelle sich nur einmal ganz kurz vor, einen solchen Vorschlag würde ein Sozialpolitiker heute in die Diskussion werfen ...

Als sich nun die damalige Bundesregierung unter Konrad Adenauer entschlossen hatte, die deutsche Rentenversicherung nach diesem Generationenvertrag neu zu organisieren, tat sie etwas sehr Interessantes: Sie warf diese Jugendrente, die eigentlich Stabilität in das System bringen sollte, einfach aus dem Vertrag. Adenauers Begründung ist heute noch in aller Munde: »Kinder haben die Leute immer.« Und: Wähler seien vor allem die »Alten«, nicht die Kinder.

Es waren also wahltaktische Gründe, die Adenauer und die CDU dazu bewogen, die umlagefinanzierte Rente nur zwischen zwei statt drei Generationen zu schließen. Und tatsächlich: 1957 gewann die Union die absolute Mehrheit.

An den Folgen dieser Entscheidung krankt unser Rentensystem bis heute. Denn Kinder bekommen die Leute eben nicht immer. Und um die Ungerechtigkeit für Familien in diesem Generationenvertrag auszugleichen, haben alle Regierungen – vor allem seit dem Pillenknick – eine unübersichtliche Zahl von familienpolitischen Leistungen eingeführt. Und das Bundesverfassungsgericht hat in den 1990er Jahren begonnen, mit zahlreichen Urteilen den Ausgleich dieser Ungerechtigkeit des Rentensystems für diejenigen, die Beiträge einzahlen *und* Kinder haben, anzumahnen.

Die Wissenschaftler sprechen in so einem Fall von einer »Rationalitätenfalle« der Demokratie, bei der es zwei Bezugssysteme für Entscheidungen von Abgeordneten und Regierungsmitgliedern gibt, die sich widersprechen: die Verpflichtung gegenüber dem Gemeinwohl und die Abhängigkeit von Wahlen. Nicht nur, aber vor allem in der Familienpolitik scheinen die Amts- und Mandatsträger ständig in diese Rationalitätenfalle zu tappen.

Das wurde auch am Beispiel Ursula von der Leyens deutlich. Die von der SPD-Ministerin Renate Schmidt eingeführte »nachhaltige« Familienpolitik konnte von der CDU nur weiterverfolgt werden, weil an der Spitze des Ministeriums eine mit sieben Kindern mehr als tadellose Mutter saß, die schon allein mit ihrer Biografie – eine Tochter des hochgeschätzten Ministerpräsidenten Ernst Albrecht, mit moderatem Auftreten und seriöser Föhnfrisur – bei den Konservativen für ein gewisses Vertrauen sorgte. Und beim klassischen CDU-Wähler für die Wiederwahl.

Ansonsten hätte ihre Familienpolitik alles in Frage gestellt, wofür die Konservativen in Deutschland immer gestanden hatten. Schon deshalb musste sie beim Thema Elterngeld und Krippenausbau vor allem gegen ihre eigene Fraktion und die CSU kämpfen. Und doch schaffte sie es letztendlich nicht – genauso wenig wie ihre CDU-Nachfolgerin Kristina Schröder –, den Widerspruch aufzulösen, in dem sich die Familienpolitik seit Jahren befindet: den Widerspruch zwischen dem alten Wohlfahrtsstaat bismarckscher Prägun,[45] der sich am männlichen Hauptverdiener, an lückenlosen Erwerbsbiografien und ständig steigenden Verdienstchancen orientiert. Und der neuen sozialpolitischen Ausrichtung, die fordert, dass beide Elternteile kurz nach der Geburt wieder arbeiten und ihre Kinder früh außerhalb der Familie betreuen lassen. Vor allem die Frauen sollen nicht länger als unbedingt nötig zu Hause bleiben.

Die Auflösung dieses Widerspruchs ist aber die dringendste Aufgabe, der sich eine Familienministerin oder ein Familienminister stellen muss. Denn das Unbehagen, die Überforderung und das Gefühl von Zerrissenheit, das viele Familien in Deutschland mittlerweile haben, rühren genau daher. »Bei der Ausgestaltung des neuen Familienbildes ist auf ›Care‹, auf die Fürsorge, tatsächlich keine Rücksicht genommen worden. Das müssen wir ändern«, sagt auch die Professorin für Sozialpolitik und Politikberaterin Ute Klammer in einem Interview mit uns.[46]

Wie viel Einfluss hat Politik?

Noch größer aber scheint das Unbehagen zu sein, dass Politik tatsächlich Einfluss auf unser Leben und auf die Gestaltung unserer Arbeitswelt hat. Denn obwohl der Staat die Lebensverläufe seiner Bürger sehr wohl detailliert organisiert und strukturiert, gehen wir immer noch davon aus, unser Leben zum größten Teil selber zu gestalten. Doch schon das Alter der Einschulung ist vom Gesetzgeber vorgeschrieben, genauso wie die Länge einer Ausbildung, die Anzahl der Arbeitsjahre im Angestelltenverhältnis und die Absicherung im Alter. Mehr staatliche Einmischung geht kaum.

Allerdings regelt der Gesetzgeber unseren Lebensverlauf immer noch auf der Blaupause der arbeitsteiligen Gesellschaft des ausgehenden 19. Jahrhunderts, nämlich nach der Dreiteilung Ausbildung, Beruf und Rente. Innerhalb dieses Lebensverlaufs ist Fürsorge für andere nicht vorgesehen. Das war auch nicht nötig, wurde sie seit der Arbeitsteilung der Industriegesellschaft ja vor allem von den Frauen übernommen.

Damals wie heute sind diejenigen, die die unentgeltliche Fürsorgearbeit leisten, strukturell benachteiligt. Auffangen sollte diese strukturelle Benachteiligung die Ehe, also ein sehr privater, oft wenig stabiler Bund. Die Politik hat sich dafür bisher nicht zuständig gefühlt. Im Gegenteil: Heute werden die Benachteiligten sogar noch aufgefordert, bitte selber Sorge zu tragen, dass sie nicht mehr benachteiligt werden.

Und das alles in unserer wissensbasierten, mobilen Arbeitswelt, in der der Einstieg in den und die Etablierung im Beruf immer später gelingt. Eine Arbeitswelt, in der es auf der einen Seite eine ständig steigende »Verfügbarkeitskultur« in den Unternehmen gibt, wie es die Wissenschaftlerin Klammer, verantwortlich für den ersten Gleichstellungsbericht der Bundesregierung 2011, nennt. Eine Kultur, die vor allem Ansprüche an die zeitliche und räumliche Verfügbarkeit von Führungskräften stellt.

Bezeichnend dafür ist, dass selbst das Arbeiten im Homeoffice, das Mitte der 2000er Jahre als tolle Möglichkeit gefeiert wurde, Familie und Beruf unter einen Hut – oder zumindest unter ein Dach – zu bringen, immer weniger genutzt wird. Laut einer Erhebung des Deutschen Instituts für Wirtschaftsforschung (DIW) sinkt die Zahl derer, die von zu Hause arbeiten, seit 2008 kontinuierlich. Und zwar in fast allen Berufsgruppen im zweistelligen Bereich.[47]

Das wundert uns nicht. Und auch nicht den Arbeitsmarktexperten Karl Brenke, verantwortlich für diese Analyse. In einem Interview mit *Spiegel Online* erklärt er die Entwicklung so: »In deutschen Firmen herrscht Anwesenheitswahn, viele Chefs sind Kontrollfreaks. Sie wollen, dass ihre Mitarbeiter von neun bis fünf am Schreibtisch sitzen.«[48] Genau. Und zwar mindestens.

Auf die Solidarität von Kolleginnen oder Kollegen muss man bei solchen Diskussionen übrigens nicht hoffen. Haben sie keine Kinder oder sind die Kinder schon groß und die eigenen Nöte der Vergangenheit in Vergessenheit geraten, geben sie gern der körperlichen Anwesenheit den Vorzug. »Ich kann nicht brainstormen, wenn der andere nicht persönlich im Raum ist«, heißt es dann. Dass es Telefonkonferenzen, E-Mail, Skype gibt – für die Verfechter der Präsenzpflicht ist das egal. Am besten fühlen sich alle, wenn sie *sehen*, dass jemand arbeitet. Und nicht nur anhand von Ergebnissen, also beispielsweise abgearbeiteten Vorgängen, Konzepten oder Akten, nachvollziehen können, dass etwas getan worden ist.

Das macht die »parallele Verfolgung zweier Karrieren [von Mann und Frau, Anmerkung der Autorinnen] zumindest dann fast unmöglich, wenn Kinder (oder andere hilfsbedürftige Personen) zu versorgen sind«, so Klammer.[49]

Wir leben aber auch in einer Arbeitswelt, in der auf der anderen Seite prekäre Beschäftigungsverhältnisse mit ständig sinkenden Löhnen in niedrig qualifizierteren Berufen, befristete Verträge, Leiharbeitsfirmen oder Scheinselbständigkeiten weiter zunehmen. Bedingungen, unter denen sich die Frage, ob außer für die bloße Sicherung der Existenz noch Zeit für irgendetwas anderes da ist, gar nicht stellt.

Genug Gründe und Gelegenheiten also, um als Gesetzgeber einzugreifen und die Arbeitnehmer besser zu schützen. Und Alternativen zu gestalten, die in unsere neue Dienstleistungs- und Wissensgesellschaft passen. Die Ideen dafür sind schon lange gedacht, erforscht und aufgeschrieben. Sie heißen Wertguthaben, Arbeitszeitkonten, superflexible Arbeitszeiten, späte Karrieren, Kinderbetreuung, Anerkennung von Fürsorgezeiten, Familienzeit als Karrierebaustein und, und, und. Im Kapitel sechs mehr dazu. Aber schon die Diskussion über den Mindestlohn empfinden die Unternehmen in Deutschland als zu dirigistisch und als vom Staat angeordneten Wettbewerbsnachteil. Sie drohen postwendend mit der Auslagerung von Produktionsstätten und dem Abbau von Arbeitsplätzen und verbitten sich jegliche Einmischung in die Firmenpolitik.

Wie empfindlich Unternehmen auf Regulierungspläne reagieren, zeigte sich bei der Idee von Familienministerin Manuela Schwesig (SPD), die Wochenarbeitszeit für Eltern auf 32 Stunden zu kürzen. Familienarbeitszeit nennt die Ministerin das und schlägt vor, die Vollzeit für Familien neu zu definieren. Väter und Mütter könnten 32 Stunden arbeiten, um mehr Zeit für die Familie zu haben. Ein Teil des Lohnausfalls sollte aus Steuermitteln ausgeglichen werden.

Kaum war der Vorschlag kurz nach Amtsantritt auf dem Tisch, meldeten sämtliche Wirtschaftsverbände große Bedenken an: Das schaffe ein zu starres Raster, verhindere passende Lösungen in den Unternehmen und so fort. Man konnte gar nicht so schnell gucken, wie die Kanzlerin auf die Kritik reagierte und den Vorstoß ihrer Ministerin über ihren Sprecher als »persönlichen Debattenbeitrag« geißelte. Mehr Abwatschen geht nicht in der Politik.

Dennoch wird das Thema »Neue Arbeitszeitmodelle für Eltern« neuerdings diskutiert. Schützenhilfe bekam die Ministerin im Frühjahr 2014 sogar aus Unternehmerkreisen.[50] Allgemein durchgesetzt hat sich diese Offenheit aber noch lange nicht. Dabei wäre es für alle gut und wichtig, egal ob sie Kinder haben oder nicht, darüber nachzudenken, wie wir arbeiten, wie viel wir arbeiten und wie wir die Ergebnisse der Arbeit bewerten – ohne die Zeit im Büro oder die durchgängige Berufsbiografie in Vollzeit als alleinigen Maßstab zu nehmen. Denn auch ältere Kollegen ohne Kinder können in die Situation kommen, sich um Angehörige kümmern zu müssen und zu wollen.

Es ist immer wieder faszinierend, wie schnell wir uns bei der Diskussion über Alternativen oder neue Wege vom Argument »Das schränkt unsere unternehmerische Freiheit ein und verschafft uns Wettbewerbsnachteile« überzeugen beziehungsweise überrennen lassen. Und es gibt immer noch zu wenige, die diesen reflexhaften Antworten widersprechen.

Die eigentliche Frage müsste also lauten: Wie viel Einfluss hat die Wirtschaft auf die Politik? Zu viel, mahnt der schon zitierte und durchaus streitbare Sozialrichter Jürgen Borchert in seinem Buch *Sozialstaatsdämmerung*.[51] Die Verflechtung von Politik und Wirtschaft ist ihm zu eng, und vor allem die Sozialgesetzgebung nehme zu viel Rücksicht auf rein wirtschaftliche Interessen.

Dass große Unternehmen und Verbände ihre Standpunkte in der Politik vertreten, ist ihnen unbenommen. Wenn sie das offen tun und ihre Sachkompetenz in die Politik tragen, ist das bis zu einem gewissen Grad sogar hilfreich. So lange jedenfalls, wie Amts- und Mandatsträger damit ebenfalls offen und selbstbewusst umgehen und ihre Meinungen, Gesetze und Regelungen nicht plump nach der Schablone dieser »Politikberatung« entstehen oder eben nicht entstehen.

Die reduzierte »Elternvollzeit« auf 32 Stunden, finanziert auch aus Steuermitteln, wäre eine gute, eine längst überfällige Regelung gewesen. Denn sie hätte endlich anerkannt, was vielen Eltern unter den Nägeln brennt: dass ein 40-Stunden-Job der Väter und Mütter und eine Familie nicht zusammenpassen. Und sie hätte diese Anerkennung durch ein Gesetz auch in den Unternehmen erzwungen.

Andernfalls fallen die Interessen von Familien allzu leicht durchs Raster. Denn das System Familie entzieht sich konsequent jedem wirtschaftlichen Maßstab. Es ist im Gegenteil sogar höchst unwirtschaftlich: Eltern investieren in ihre Kinder, ohne zu wissen, wie ein »Return on Investment« aussehen könnte. Sie tun das, weil ihnen ihre Kinder etwas wert sind – jenseits von irgendwelchen Gewinnerwartungen.

Welche Werte haben wir?

Gewinnmaximierung scheint aber ein Wert an sich zu sein. Es stellt sich nur die Frage: Ist er auch der richtige? Haben wir wirklich Werte wie Leistung, Wachstum und Effizienz als allgemeingültige kulturelle Norm akzeptiert? Haben wir noch genügend Raum für die Werte, die unserer Gesellschaft traditionell wichtig waren und immer noch sind: Gemeinsinn, soziale Verantwortung, Zusammenhalt. Sehen wir Familie noch als Wert an sich?

Auch das Wertegerüst einer Gesellschaft ist dem Wandel der Zeit unterworfen: Waren vor noch gar nicht allzu langer Zeit Disziplin, Gehorsam, Strebsamkeit und Fleiß in Deutschland oberste Bürgerpflicht, so ist der Wertekanon in den vergangenen Jahrzehnten glücklicherweise vielstimmiger geworden.

Werte sind also wandelbar: Mal ist uns das eine, mal das andere wichtiger. Wandelbar heißt aber nicht verhandelbar.

Und vielstimmig ist nicht gleich beliebig. Dass man sich sicher und geborgen fühlt, ist essentiell für den Zusammenhalt einer Gesellschaft. Diese Werte können und dürfen selbstverständlich um materielle Werte wie Wohlstand und finanziellen Erfolg ergänzt, aber sollten nicht durch sie ersetzt werden. Wenn Leistung und Ehrgeiz immer stärker in den Vordergrund rücken, muss es zum Konflikt kommen. Neues zuzulassen, ohne Bewährtes zu verdrängen, das wird unsere Aufgabe sein.

Wer Leistung, Wachstum und Effizienz als einzige Kriterien für Erfolg sieht, wird Schwierigkeiten haben, anderes daneben zu akzeptieren. In der soziologischen Diskussion zum Thema Wertewandel ist man mittlerweile ebenfalls zu dem Schluss gekommen, dass sich Wertorientierungen, die in erster Linie auf finanzielle und materielle Sicherheit gerichtet sind, und sogenannte postmaterialistische Wertorientierungen – also Werte wie Selbstverwirklichung und Emanzipation – nicht notwendigerweise ausschließen müssen.[52] Im Gegenteil: Verschiedene Werte können für den Einzelnen einen gleich hohen Stellenwert haben.[53] Und selbstverständlich haben unterschiedliche Menschen unterschiedliche Werte. Das erklärt zumindest in Ansätzen die zuweilen erbitterten Auseinandersetzungen über das richtige Lebensmodell. Dabei ist der Streit schlicht sinnlos, denn Recht behalten kann in einer Wertedebatte keiner.

Und so ist auch die Generation Y, also die nach 1980 Geborenen, gespalten: Während den einen materielle Dinge zunehmend unwichtiger werden, streben die anderen weiterhin danach. Umfragen zufolge sind bestimmte Milieus durchaus zum Verzicht, etwa auf beruflichen Erfolg, bereit. Viele geben dann an, dass ihnen Familie, Freundschaft und Zeit zum Leben wichtiger sind als die große Karriere. Und dass sie auch bereit sind, dafür auf Einkommen, Status und Wohlstand zu verzichten. Natürlich wollen sie arbeiten – aber genauso selbstverständlich wollen sie auch Zeit für ein Leben jenseits des Jobs.

Eine neue Untersuchung zur Jugend im 21. Jahrhundert, »Generation Ego«, betont sogar, dass bei den heute unter 30-Jährigen der Wunsch nach familiärer Stabilität und Verlässlichkeit sehr groß sei.[54] Fast 70 Prozent der in dieser Untersuchung Befragten meinen, heute sei jeder so mit sich selbst beschäftigt, dass er nicht mehr an andere denke. Nur in der Familie finde man noch Verständnis und Solidarität. Allerdings beziehen sich diese Aussagen auf die eigenen Eltern. Selber eine Familie zu gründen ist damit nicht gemeint.

Denn laut der Jugendstudie haben die meisten Menschen unter 30 vor allem eine Prämisse verinnerlicht: »Der Erwerbsarbeit haben sich alle Lebensbereiche unterzuordnen. Gemeinschafts- und Familienverpflichtungen dürfen das Arbeitsleben der Menschen nicht stören.«[55]

Kann es wirklich sein, dass wir Bedürfnisse zurückdrängen, um allzeit funktionieren zu können? Und wenn ja – warum in aller Welt tun wir das? Was versprechen wir uns davon?

Oder ist es wie mit so vielen Umfragen? Wenn man die Menschen fragt, ob sie lieber Gemüse als Fleisch essen oder lieber lesen als fernsehen, kreuzen sie gerne die vermeintlich politisch korrekte Variante an. Hat die Familie gegen die Verlockungen der individualisierten Gesellschaft verloren? Möglicherweise scheint es vielen schlicht einfacher, nur an sich selbst zu denken, anstatt auch noch die Probleme anderer zu lösen. Ist der Wunsch nach mehr Familie vielleicht gar nicht mehr unserer, sondern nur noch die Hoffnung derer, die sich mit den Folgen des demografischen Wandels herumschlagen müssen?

Wir müssen uns den grundsätzlichen Fragen stellen: Wie wichtig ist uns die Familie und wie wichtig der Beruf? Und was sind wir bereit, wofür zu tun? Wenn wir alles in Einklang bringen wollen – reicht es dann aus, unser Leben einfach entsprechend zu organisieren?

Lüge Nummer 2:
Alles eine Frage der Organisation
Wenn zwei voll arbeiten, weint dann der Dritte?

Modern Times

Sonntagabend an einem Küchentisch in Hamburg-Eimsbüttel. Auf dem Tisch zwei Kalender, ein Laptop, der Familienplaner. »Morgen ist Elternabend in der Ballettschule, ich habe um sieben noch ein Treffen mit einem Kunden«, sagt sie. »Kein Problem«, sagt er und wirft einen Blick in seinen Computer. »Ich muss am Donnerstag für zwei Tage nach Madrid, bestellst du die Babysitterin? Du bist ja Freitagabend beim Schulverein.« – » Vergiss nicht, dass am Samstag Kita-Fest ist.« – »Oh Mann, wird das wieder eine Woche.«

Eine Szene, wie sie sich Sonntag für Sonntag in vielen Familien abspielt. Es wird gefeilscht und gestritten, verteilt und verhandelt wie sonst nur im Büro: Wer macht was wann? Von der Antwort auf diese zentrale Frage hängt das Wohlergehen einer ganzen Familie ab. Die Kinder erfahren beim Frühstück, wie die Woche läuft. Wann die Ersatzoma kommt, welche andere Mutter sie in die Schule bringt, welcher Nachbar sie zum Fußball mitnimmt und dass Mama und Papa die Aufführung beim Schulfest leider verpassen werden. Aber nächstes Mal ganz bestimmt kommen.

Der Alltag als ewiger Kraftakt. Für viele Paare ist das Normalität. Vor allem für solche, die gleichberechtigter leben wollen als die Generation ihrer Eltern. Bei denen beide im Beruf stehen und sich versprochen haben, die Familienaufgaben zu teilen. Die man gemeinhin als »moderne« Familie bezeichnet.

Aber was ist das eigentlich, eine »moderne« Familie? Ist es modern, wenn man nach getaner Arbeit, nach Abwasch und Abendbrot vor Erschöpfung kaum noch seinen Namen sagen kann? Wenn man schon ewig nicht mehr im Kino war und der Freundeskreis sich auf ein paar Kollegen und alte Kumpel reduziert hat? Wenn sich am Morgen alle vor dem Familienkalender versammeln, um den jeweiligen Tagesbefehl in Empfang zu nehmen?

Wir haben das eine Zeit lang auch so gemacht. Weil wir dachten, das müsse so sein. Dass er eines Tages mit Verdacht auf Herzinfarkt ins Krankenhaus eingeliefert wurde – ein bedauerlicher Störfall, der nichts mit unserem Lebensstil zu tun hatte. Dass sie ab früh um fünf schon oder nach zwei Uhr nachts noch im Fernsehstudio saß und Filme schnitt – mit der Kinderfrau, die zu (fast) jeder Tages- und Nachtzeit kam, ging das schon.

Auch wir haben lange geglaubt: Das ist alles nur eine Frage der Organisation. Wer will, der kann auch! Der einzige Haken war: Unvorhergesehenes durfte nicht passieren, denn wenn doch, dann führte das direkt in die Orga-Katastrophe. Das Kind den Arm gebrochen, die Kinderfrau krank, die Großeltern 500 Kilometer entfernt, sie auf Dienstreise, er in einer vermeintlich wichtigen Konferenz. Wenn das geschah, brach alles zusammen, war Schluss mit »modern«. Zum Glück passierte das nicht allzu häufig. Und irgendwie ging es dann am Ende ja doch immer. Ja, es ging. Aber es ging, ohne dass wir es merkten, auch immer ein klein wenig in uns kaputt.

Irgendwann kamen die ersten Zweifel. Ein gemeinsames Wochenende wäre schön. Zeit, in der alle vier zusammen sein können, und nicht wieder ein zerstückeltes, weil er am Samstag und sie am Sonntag arbeitet. Ein Nachmittag zum – man mochte es kaum denken – Vertrödeln. Zum Drachensteigenlassen, weil ein so herrlicher Wind weht. Zum Kastanienmännchen bauen. Zum Schwatzen im Café.

Wir verboten uns unsere Zweifel. Romantische Träumereien waren das, die in der modernen Arbeitswelt keinen Platz haben.

Hatten wir nicht eben noch gepredigt, dass jede Leistung bringen müsse, um genug Geld zum Leben zu verdienen, um unabhängig zu sein, auch vom Partner? Also weiter wie bisher: Eltern-Netzwerke schaffen, Freunde einspannen, die Oma in den Zug setzen.

Doch die Zweifel blieben, sie wuchsen sogar. Zum Beispiel an jenem Tag, als der Erstgeborene mit gut einem Jahr seinen ersten Fünf-Wort-Satz sagte. Er lautete: »Mama da. Papa auch da?« Es war der erstaunte Unterton, der aufhorchen ließ. Was sollte das, was wollte dieses Kind? Wuchs es nicht in einer »modernen« Familie auf? In einer, die beinahe perfekt organisiert war. So perfekt, dass zumindest in den ersten Lebensjahren des Kleinen oft einer der Eltern da war – und einer von ihnen weg. Perfekt eigentlich – wenn auch nicht für Mutter und Vater, die sich nur noch in der Garderobe trafen. Auch viele unserer Freunde lebten und leben so: Die zweijährige Greta verabschiedete sich an der Haustür immer mit den Worten: »Tschüss, ich geh arbeiten!« Es war der übliche Satz, den sie von zu Hause kannte.

Wir und die anderen Familien waren so gut organisiert, dass für die Kinder die Anwesenheit beider Elternteile eine sensationelle Sache war. Dennoch machten wir noch ein paar Jahre so weiter. Der eine ging früh, der andere spät, der eine montags, der andere dienstags, der eine samstags, der andere sonntags. Aber die Frage wurde unausweichlich: Wie lange wollen wir dieses Klinke-in-die-Hand-Leben noch betreiben? Wollen wir wirklich so leben? Oder wollen wir auch einmal zu dritt Zeit verbringen? Genauer gesagt: zu viert, denn zwischenzeitlich war noch Nachwuchs Nummer zwei dazugekommen.

Als wir uns auf das Abenteuer Familie einließen, war uns nichts fremder als der Gedanke, ein »klassisches Familienleben« zu führen. Heiraten war uns nicht wichtig, zumindest anfangs nicht. Familie, das war für uns wie das Leben ohne Kinder – nur mit Kindern halt. Und selbstverständlich mit einem Job. Die Arbeit war ja nicht nur wegen der Rente wichtig, sondern machte auch einen Teil unserer Identität aus. Sie brachte Ablenkung und Anerkennung, war Stütze und Statussymbol. Wir leben im 21. Jahrhundert, dachten wir. Wir haben alle Möglichkeiten. Das kriegen wir hin!

Das klassische Modell, bei dem er das Geld verdient und sie mit den Kindern zu Hause bleibt – wir fanden es nicht nur abwegig, sondern beinahe anstößig. Bis wir nach ein paar Jahren merkten, dass wir uns verrechnet hatten. Verkalkuliert. Unser modernes Familienbild kollidierte immer öfter und immer heftiger mit dem bismarckschen Gerüst. Denn wenn beide verdienen, wird es schnell teuer – und zwar für die Familie: Plötzlich müssen er und sie sich getrennt krankenversichern. Der Kindergarten verlangt den Höchstbeitrag. Die Kosten für die Kinderbetreuung steigen und steigen. Und die Steuerrückerstattung fällt aus, weil der Vorteil durch das Ehegattensplitting dahinschmilzt. Am Ende arbeitet der, der weniger verdient – meist ist es die Frau – nur gegen diese Kostenlawine an. Übrig bleibt fast nichts – außer Stress. Absurd.

Doch nicht nur der Staat schmeißt uns Knüppel zwischen die Beine: Auch die Chefs (und Chefinnen) reagierten anders, als wir gedacht hatten. Zwar rangen sie sich ein gequältes Lächeln und einen Glückwunsch ab, doch vom ersten Moment an war klar: Als Mütter sind wir als Mitarbeiterinnen für sie fortan nicht mehr dieselben.

Welches Bild von Familie haben wir eigentlich?

Fast alle Menschen in Deutschland, laut Familienreport 2012 des Bundesfamilienministeriums sagenhafte 97 Prozent der über 16-Jährigen, verstehen unter Familie immer noch ein verheiratetes Ehepaar mit Kindern. Eine erstaunliche Zahl für alle, die dachten, es sei mittlerweile Konsens, dass Familie jede erdenkliche Form des Zusammenlebens mit Kindern ist. Der Anteil derer, die unter Familie auch Alleinerziehende mit Kindern verstehen, hat sich zwischen 2000 und 2012 immerhin von 40 auf 58 Prozent erhöht, und für 71 Prozent gilt mittlerweile auch ein unverheiratet zusammenlebendes Paar mit Kindern als Familie. Der Familienbegriff wird also einerseits immer weiter gefasst und schließt immer mehr Lebensmodelle ein. Andererseits ist er auf eine Weise traditionell, wie es sich viele gar nicht mehr vorstellen können: Rund 70 Prozent aller Familien leben immer noch ganz »klassisch«, als Ehepaar mit Kindern.[1] Für eine angeblich aussterbende Art sind das doch einige zu viel.

Die Definition, was Familie überhaupt ist, ist also so unterschiedlich wie die Familie selbst: Das, was wir unter Familie verstehen, wie wir die Beziehungen zwischen den einzelnen Familienmitgliedern bewerten und gestalten, gilt immer nur für den jeweiligen Kulturkreis, die historische Situation und die gesellschaftlichen Rahmenbedingungen. Jedenfalls, so schreibt die Historikerin Ute Planert, ist die Beziehung zwischen Vater, Mutter, Kindern und Verwandten »weit davon entfernt, eine ›natürliche‹ biologische Tatsache zu sein«.[2] Trotzdem ist sie etwas ganz Besonderes.

Aber die Menschen wollen heute Familie so ausgestalten, wie sie das für richtig halten. Wie sie leben, das wollen sie schon selbst entscheiden. Und sie wollen eine ganz besondere Errungenschaft der Moderne, nämlich Nähe und Verbindung zum eigenen Nachwuchs, leben können.

Deshalb brauchen sie vordringlich eine Antwort auf die alles entscheidende Frage: Wie schaffen wir Rahmenbedingungen, von denen alle profitieren, egal ob Vater und Mutter verheiratet sind, unverheiratet zusammenleben oder allein sind? Rahmenbedingungen, die es erlauben, das eigene Überleben zu sichern, eine Liebe zu leben, sich im Beruf zu verwirklichen und glückliche Kinder großzuziehen?

Die politischen Parteien versuchen heute oft, die unterschiedlichen Familienformen gegeneinander auszuspielen und sie nach eigenem Gusto in »besser« und »schlechter« zu unterteilen. Das ist so absurd wie beschämend. Geht es nämlich um die Frage, wer was macht, stehen alle Familien vor dem gleichen Problem. Egal, wie modern die Paare starten – der Streit um den Großeinkauf, wer den Tisch deckt und den Urlaub bucht, kommt so sicher wie die erste Magen-Darm-Epidemie im Kindergarten. Das Bestürzende ist: Selbst wenn die Mutter rasch wieder in den Job einsteigt, wird sie es sein, die sich verantwortlich fühlt. Kein Wunder also, dass sich manche »moderne« Frau in ganz schwachen Momenten nach der guten alten Zeit sehnt, als die Arbeitsteilung noch klar war: Er geht raus und verdient das Geld, sie macht den Rest. Das ist schrecklich unmodern, finanziell gefährlich und der emanzipatorische Super-GAU. Allerdings: Aus Familiensicht waren die guten alten Zeiten, wie manche Soziologen sagen, sogar »goldene Zeiten«. Es gab geregelte Strukturen, feste Mahlzeiten und viele Freiräume für die Kinder. Und: Zeit für die Familie war kein so rares Gut wie heute. Obwohl dieses Modell inzwischen als furchtbar veraltet gilt, lebt fast jede dritte Familie in Deutschland in einer solchen, mehr oder weniger traditionellen Arbeitsteilung.

Wobei der Begriff »traditionell« relativ ist, denn so traditionell, wie wir manchmal tun, ist diese Arbeitsteilung gar nicht. Es gibt sie erst seit Mitte des 19. Jahrhunderts. In der vorangegangenen Agrargesellschaft mussten Männer und Frauen als Arbeitskräfte aufs Feld oder in den Handwerksbetrieb. Die Kinder waren Eigentum des Großgrundbesitzers und arbeiteten mit oder wurden von den Alten versorgt. Oder – wenn es gesellschaftliche Schicht und Stand zuließen – von Ammen. Die Distanz zwischen Eltern und Kindern war groß. In den unteren Schichten aus Zeit- und Geldmangel, in den oberen aus Prinzip. Es wurden zwar viele Kinder geboren, viele starben aber auch früh.

Hatte man das lange Zeit noch als unvermeidbar hingenommen, gab es mit dem Heraufziehen des Kapitalismus eine neue Erkenntnis: Der Mensch und vor allem das Kind wurden für die Produktion gebraucht, die hohe Säuglingssterblichkeit erschien plötzlich in einem anderen Licht – nämlich als dem Staat entgangener Gewinn.[3] Nun galt es, das Überleben der zahlreich geborenen Kleinkinder zu sichern. Und dafür brauchte man wichtige Verbündete: die Mütter. Plötzlich wurde das hohe Lied der Mutterschaft gesungen. Mit Hinweisen auf die Natur wurden bei Frauen Anlagen zu Hingabe und Empfindsamkeit identifiziert und letztlich glorifiziert.

Hatte also in früheren Epochen die Frau noch als »fleißige Arbeitsgenossin des Ehemannes als Vorbild gegolten, deren Rechte und Pflichten sich nach dem jeweiligen Stand bemaßen«, wie Planert schreibt, entwarfen nun, an der Schwelle zum 19. Jahrhundert, Denker wie Rousseau ein neues Ideal: Der Mann wurde als tapfer und willenskräftig gezeichnet, die Frau galt fortan als schwach und ergeben und für den häuslichen Bereich zuständig. Dieses neue Ideal bereitete den Boden für eine neue Form der Arbeitsteilung. Sie entstand also erst, als die Männer in die Fabrik oder ins Kontor gingen, um dort das Geld zu verdienen, und die Frauen die Hausarbeit übernahmen. Es ist demzufolge noch gar nicht so lange her, dass das als praktische Lösung für die Alltagsorganisation erkannt und – zwangsläufig – angenommen wurde.

Das Familienbild als Produkt seiner Zeit. Und als Ergebnis von Zuschreibungen. Zuschreibungen, die dem jeweiligen Zeitgeist entsprechen und einem höheren Ziel dienen. Früher wie heute.

In den 50er Jahren des vergangenen Jahrhunderts wurde diese Arbeitsteilung weiter verklärt, und das Idyll vom trauten Heim, in dem sich die Frau und Mutter um alles kümmert, entstand. Erst seitdem gibt es eigentlich auch den Beruf der »Hausfrau«, der durchaus ein Vollzeitjob war. Frauen besuchten Hauswirtschaftsschulen, lernten kochen, backen und nähen. Sie wurden für die Aufgaben zu Hause ausgebildet. Die Erwartungen an sie waren hoch: Sie sollten dem Mann ein schönes und sauberes Heim bieten, für schmackhafte Mahlzeiten sorgen und nebenbei bitte noch adrett aussehen und recht lieb zu ihm sein, damit er sich von den Härten des Arbeitslebens erholen könne.

Zu vielen Frauen, die sich heute eine Zeit lang um ihre Familien kümmern und die wir fast schon abschätzig »Hausfrau« nennen, passt diese Berufsbezeichnung so gut wie ein Angora-Pullover in die Kochwäsche – nämlich überhaupt nicht! Denn diese Frauen haben mitnichten eine Hauswirtschaftslehre absolviert, sondern ein Studium. Sie sind Juristinnen, Ärztinnen, Ingenieurinnen. Kochen und Putzen mussten sie mühsam lernen, die besten Rezepte haben sie von ihren Auslandsaufenthalten mitgebracht oder aus Zeitschriften ausgerissen.

Die Hausfrau der 50er hat mit der »Hausfrau« von heute etwa so viel gemeinsam wie ein Eishockeyspieler mit einer Eiskunstläuferin: Sie bewegen sich auf demselben Terrain, das ist aber auch schon alles. Deshalb sind Fragestellungen wie »Darf man heute überhaupt noch Hausfrau sein?« überflüssig. Denn die wenigsten Frauen, nämlich nur diejenigen, die eindeutig familienorientiert sind (je nach Erhebung um die zehn bis 15 Prozent), betrachten heutzutage diese Rolle noch als ausschließlichen Lebensinhalt. Und das ist auch völlig in Ordnung so. Hier muss die Antwort selbstverständlich lauten: Na klar dürfen sie Hausfrauen sein. Wer, bitte schön, sollte sie davon abhalten oder es ihnen verbieten?

Im Eiltempo in die Informationsgesellschaft

Früher, so sagen die Sozialforscher, hat sich die Veränderung der wirtschaftlichen Grundlagen für Familien über mehrere Generationen erstreckt. So dauerte der Übergang vom Agrar- zum Industriezeitalter rund 50 Jahre (1888–1938), und somit zwei Generationen.[4] Zeit genug also, die neuen Verhältnisse zu erkennen und sein Leben danach auszurichten. Zeit auch, Familienbilder den Gegebenheiten anzupassen.

Heute vollziehen sich diese Veränderungen schneller, sie brauchen weniger als eine Generation. Der Übergang von der Industrie- zur Dienstleistungsgesellschaft ging bereits rasant vonstatten, der von der Dienstleistungs- zur Informationsgesellschaft noch schneller. Die Ansprüche, was Männer und Frauen in dieser Gesellschaft leisten sollen, haben sich enorm verändert. Wir erleben heute am eigenen Leib den unauflösbaren Widerspruch zwischen Moderne und Tradition. Zwischen alten Familienbildern und -idealen einerseits und dem Anspruch auf Selbstverwirklichung von Männern und Frauen andererseits.

Die Familien heute versuchen, individuelle Lösungen für diesen Widerspruch zu finden. Wer sich für das »traditionelle« Muster entscheidet, tut das mit dem Gefühl, sich ständig rechtfertigen zu müssen, dass es irgendwie nicht anders geht. Weil zu viel zu kurz käme, wenn beide Vollzeit arbeiten. Denn schon beim »Zuverdiener-Modell« wird es mit der gemeinsamen Familienzeit oft knapp. Moderne Familien versuchen dennoch und allen Widrigkeiten zum Trotz, die Probleme wegzuorganisieren, ihre neuen Lebensentwürfe innerhalb alter Strukturen zu verwirklichen. Nicht allen, wahrscheinlich sogar den wenigsten, gelingt das, ohne Schaden zu nehmen.

Warum wird die Familiendebatte so hoch emotional geführt?

In der Diskussion darüber, wie wir leben wollen, wie wir uns innerhalb unserer Familien organisieren und wer letztlich das Geld in welchem Umfang verdient, ist uns jede Gelassenheit abhandengekommen. Oft kann man nicht einmal mehr mit den besten Freunden darüber reden, ohne sich in die Haare zu kriegen. Frauen, die sich seit Jahrzehnten kennen und schätzen, entzweien sich, weil die eine das Hausfrauenmodell der anderen nicht akzeptieren kann. Studienfreundinnen werden zu erbitterten Gegnerinnen, weil die eine meint, die andere vernachlässige der Karriere wegen die Kinder, während die andere es nicht erträgt, dass ihre emanzipierte Mitstreiterin von einst »nur« noch Teilzeit arbeitet und ihr intellektuelles Potenzial verschwendet. Und das sind nur die Fronten zwischen denjenigen, die Kinder haben. Vom Kriegsgebiet zwischen Familien und Kinderlosen sprechen wir erst gar nicht.

Was ist da passiert, dass kaum mehr ein vernünftiges Gespräch über unterschiedliche Positionen und Lebensformen möglich ist?

Jede Entscheidung für etwas, so empfinden es ganz offensichtlich viele, wertet das Lebensmodell des anderen ab. Wer Kindern und Familie den Vorzug gibt, macht – ohne es zu wollen – denen, die das nicht tun, ein schlechtes Gewissen. Wer mindestens einen Teilzeitjob hat, lebt den Voll-»Hausfrauen« täglich vor, dass es ja doch irgendwie geht mit Kindern und Beruf, wenn man sich nur ein bisschen zusammenreißt. Und von den Frauen, die es tatsächlich ganz nach oben geschafft haben, meinen viele, dass sich ihre Geschlechtsgenossinnen einfach nicht genug anstrengen, um ebenfalls dorthin zu kommen.

Die starken Emotionen kommen ins Spiel, weil es keinen Konsens darüber gibt, was richtig und was falsch ist. Weil vor allem jede Frau das Gefühl hat, sich für ihr Leben rechtfertigen und es erbittert verteidigen zu müssen. Und unter den Müttern wird es oft emotional, weil wir sehr klare Vorstellungen und hohe Ansprüche an Kinder und Erziehung haben. Das Selbstverständliche ist dabei verloren gegangen. Es geht nicht mehr, dass man mit den Kindern einfach lebt und vielleicht auch ein bisschen ausprobiert. Die wenigen Kinder, die heute noch geboren werden, sind Lebensprojekte. Eltern führen regelrechte Glaubenskriege untereinander, wenn es um die geeigneten Schnuller, das beste Ferienlager oder die richtige Ansprache der lieben Kleinen geht.

Wir haben die Distanz, die Gelassenheit und auch das Selbstbewusstsein verloren, uns mit den Entscheidungen anderer zu arrangieren. Sie zu akzeptieren, ohne immer gleich einen Frontalangriff auf das eigene Modell zu vermuten. Wem ist letztlich damit gedient, wenn wir über die »Aussteigerinnen« herfallen, sie des Verrats an der Sache der Frauen bezichtigen und ihre Entscheidungen in Bausch und Bogen verdammen? Warum suchen wir nicht gemeinsam nach guten Lösungen, die es jeder und jedem ermöglichen, tatsächlich eine freie Wahl zu treffen? Wie viel wäre gewonnen, wenn wir, statt uns in Grabenkämpfen zu verlieren, daran arbeiteten, bessere Bedingungen für alle zu schaffen. Wenn wir unsere Energie dafür nutzten statt für unnötige gegenseitige Diffamierungen.

So könnten wir zumindest das Feld bereiten für unsere Kinder und deren künftige Partner und Partnerinnen. Für uns selbst ist es vielleicht schon zu spät. Wir sind von falschen Voraussetzungen ausgegangen, wir sind der Alles ist möglich-Lüge aufgesessen, haben möglicherweise ein paar Weichen falsch gestellt. Aber schon die nächste Generation von Frauen und Männern – und vor allem deren Kinder – könnte es leichter haben. Wenn wir jetzt die richtigen Schlüsse aus unseren Erfahrungen ziehen. Und dabei das Wichtigste nicht aus den Augen verlieren – unsere Kinder.

Welche Bedürfnisse haben Kinder überhaupt?

Ihre Wünsche spielen beim Bestreben, so viele Menschen wie möglich zur Erwerbsarbeit zu »ermuntern«, kaum eine Rolle. Wirtschaftlich ist das nachvollziehbar – gesellschaftlich ist es ein Problem.

In welchem Klima sollen und wollen unsere Kinder aufwachsen? Sind sie damit einverstanden, alle gesellschaftlichen Erwartungen erfüllen zu müssen und zu voll optimierten Leistungserbringern und Organisationsgenies zu mutieren? Was tun wir eigentlich, um ihnen eine möglichst unbeschwerte Kindheit zu ermöglichen? Sollten das nicht unsere ersten Fragen sein? Wir wollen diese Fragen stellen dürfen, obwohl wir uns für emanzipiert halten.

Kinder brauchen einen guten Rahmen, um sicher und beschützt aufzuwachsen, ein Umfeld mit Freiräumen und Zeit zur eigenen Verfügung. Sie brauchen einen Ort, an dem sie merken, dass sie unbedingt gewollt sind. Und sie brauchen in erster Linie verlässliche und stabile Beziehungen. Die Pflege dieser Beziehungen braucht keine iPads und teuren Hobbys, sie braucht nur eins: Zeit. Und ehrliches, aufrichtiges Interesse aneinander.

Die Soziologin Arlie Russell Hochschild hat einen Begriff geprägt für solch ein günstiges Klima, sie nennt es »traditional warm«.[5] Gemeint ist damit ein Umfeld, das geprägt ist von Nähe, Liebe und Fürsorge und der umfassenden Verfügbarkeit einer vertrauten Person. Das kommt einem heute manchmal so vor wie ein Bild aus einer vergangenen Zeit. »Traditional warm« scheint beinahe unbemerkt abgelöst worden zu sein von so etwas wie »neumodisch gehetzt«.

Es wirkt manchmal so, als wäre es ganz selbstverständlich, dass Kinder genau wie die Erwachsenen zu funktionieren haben, ihre Stundenpläne und Freizeitaktivitäten abarbeiten, jede freie Minute verplanen und sich dabei bestenfalls auch immer weiter perfektionieren. Ob nun mit (Leistungs-)Sport, Musikunterricht oder dem Erwerb so lebenswichtiger Fremdsprachen wie Chinesisch. Wir geben ihnen einen Takt vor, der eigentlich unserer ist, und vergessen dabei, was sie wirklich brauchen. Dabei wäre es im Grunde genommen ganz einfach, und schon die Neugeborenen zeigen uns das: Wir brauchen Zeit und Muße, Ruhe und Langsamkeit, um die Mysterien der Welt zu durchdringen.

Für jemanden, der uns wichtig ist, stecken wir auch mal zurück. Lassen etwas liegen oder machen es später, weil der uns anvertraute Mensch uns gerade braucht. Kinder spüren das zutiefst. Sie haben feine Sensoren für ihre Umwelt. Sie sehen an dem, wie wir leben, welchen Platz sie in unserem Leben einnehmen. Ob wir sie als Bereicherung empfinden oder als Belastung. Egal, was wir ihnen sagen. Sie kennen unsere Haltung manchmal besser als wir.

Was bringt uns dann dazu, sie so durch die Gegend zu scheuchen? Ihnen und uns keine Zeit zu geben für Begegnung, Beziehung, Nähe?

Ja, wir wollen sie fit machen für eine ach so komplexe, so fordernde und leistungsorientierte Zukunft. Das ist ein Argument. Aber ist es nicht auch eine willkommene Begründung, warum wir uns nicht um sie kümmern können? Eine Begründung, damit wir nicht allzu viel unserer wertvollen Zeit mit »Kinderkram« verbringen müssen. Denn der lässt sich, so denken wir, doch wunderbar an andere Menschen, an Institutionen und Vereine delegieren. Schade nur, dass das nicht funktioniert. Denn Kinder wissen und spüren ganz genau, ob und wie wichtig sie uns sind. Und sie kennen auch die Maßeinheiten dafür: Zeit, Aufmerksamkeit, Liebe.

Warum also fördern und fordern wir sie bis zur Erschöpfung, wo wir doch gar nicht wissen, welche Fähigkeiten sie in der Zukunft brauchen werden? Wer sagt uns, dass nicht Kreativität und ein eigener Kopf, der selbstständig denkt und neue Wege findet, die Schlüsselqualifikationen sind für Fortschritt? Und was ist mit Einfühlungsvermögen und Achtsamkeit? Fähigkeiten und Eigenschaften, die wir in unserem durchgeplanten Alltag und mit unserem auf Beschleunigung ausgerichteten Schulsystem vielleicht gerade beschneiden? Vielleicht ist es ja etwas ganz anderes, was die Kinder brauchen, um die komplexen Herausforderungen der Zukunft zu meistern.

Wir wissen doch ganz genau, was Kinder glücklich und stark macht: das Gefühl, selber entscheiden zu können, was sie tun. Wenn sie Dinge bauen, entwickeln, Neues herausfinden. Aus Lust am Neuen, aus eigenem Antrieb. Jedes gesunde Kind hat ihn. Was mit ihm geschieht, können wir sehen, wenn immer wir es sind, die Spiele anleiten, Regeln vorgeben, Freizeit organisieren und sie zu allem Überfluss noch zu diversen Förderstunden schicken. Er verkümmert.

Wir haben zugelassen, dass schon unsere Kinder in diesem Wettbewerb mitmachen müssen: Zeige, was du kannst. Und wie gut du bist. Nur dann hast du einen Wert – und wirst später ein »wert«volles Mitglied dieser Gesellschaft. Wie traurig. Und wie furchtbar gemein. Wir nehmen ihnen diese ohnehin kurze Zeit im Leben, ihre Kindheit, in der sie noch wirklich frei sein können. Und haben noch nicht einmal ein schlechtes Gewissen dabei.

»Wir haben eine Welt geschaffen, die besser für die Großen taugt als für die Kleinen. Die Welt ist adultisiert, wenn man so will – da drückt der dicke Stempel der Großen drauf. Die Kleinen müssen sich anpassen, recht oder schlecht. Ja, wir können vielleicht wirklich bald den Mars besiedeln – aber was haben die Kinder davon?«, fragt etwa der Kinderarzt Herbert Renz-Polster in seinem Buch *Wie Kinder heute wachsen*.[6] Kinder, so sagt er, müssen wieder zu ihren »Quellen« finden können, und die sind »Unmittelbarkeit, Freiheit, Widerständigkeit und Verbundenheit«. In einer durchgeplanten, zubetonierten und mit tausend Sicherheitsschlössern verriegelten Welt sind die nur noch schwer zu finden. Dabei muss es gar nicht unbedingt das Stromern im Wald oder das Spielen auf der Industriebrache sein. Es reiche oft schon, wenn Kinder wieder häufiger die Möglichkeit bekämen, ihr Spiel gemeinsam mit anderen Kindern selbst zu organisieren.

Da ist es wieder! Das Wort von der Organisation. Aber dieses Mal in einem durch und durch positiven Sinn. Die Kinder sollen sich – zumindest manchmal – selbst organisieren! Und nicht wir sie. Denn nur wenn sie selbstbestimmt handeln können, werden sie stark und kreativ. Und sozial kompetent. Alles Eigenschaften, die man mit dem Kopf nicht lernen kann – sondern nur mit dem Herzen und im Zusammenspiel mit anderen. Und die ein Fundament bilden, auf dem ein Mensch sicher stehen kann.

Gut gebunden ist halb gelöst

Der Mensch ist eine physiologische und damit auch »soziale« Frühgeburt. Er braucht eine relativ lange Zeit – Entwicklungspsychologen sprechen von etwa drei Jahren –, um gemeinsam mit den ihm vertrauten Menschen zu reifen. Auch danach ist seine Entwicklung noch lange nicht abgeschlossen. Bindung und Beziehung sind und bleiben sein Lebenselixier. Weil das so ist, kann er davon auch nie genug bekommen.

Die Tatsache, dass vor allem Babys und Kleinkinder enorm viel Nähe und Zuwendung brauchen, steht den Anforderungen der modernen Gesellschaft allerdings diametral entgegen. Allumfassende Verfügbarkeit und Flexibilität, eine Arbeitsbiografie ohne jede Unterbrechung, das sind die Götzen, die auch wir noch bis kurz vor der Geburt unserer Kinder angebetet hatten – und deren überaus irdische Grenzen wir plötzlich erkennen. Denn da ist auf einmal jemand, der genau die gleichen Ansprüche an uns stellt, vielleicht sogar noch höhere: Sei für mich da, wann immer ich dich brauche! Kümmere dich und beschütze mich, rund um die Uhr, allumfassend und flexibel!

Dieser Anspruch des Kindes an die Mutter, an den Vater, ist schwer teilbar und schwer delegierbar. Zumindest für ein paar Jahre. Er existiert einfach in seiner ganzen Wucht. Weder Krippenplätze noch Teilzeitarbeitsstellen sind – für sich genommen – Auswege aus diesem Dilemma. Das Dilemma, für alle allzeit verfügbar sein zu müssen: für die Arbeit und für die Familie. Eine Situation, die dazu führt, dass diejenigen, die versuchen, das Märchen von der Vereinbarkeit zu leben, permanent überlastet sind und zudem mit einem ewig schlechten Gewissen durch die Welt laufen. Denn insgeheim weiß man, dass man um der Karriere, ja meistens sogar nur der Berufstätigkeit willen – denn Karriere machen ja bekanntlich die wenigsten Mütter – ständig zu wenig Zeit für Kinder und Familie hat.

Der intensive Kontakt mit einer zutiefst vertrauten und liebevollen Person ist in den ersten Wochen und Monaten für das Baby lebenswichtig. Junge Eltern reagieren instinktiv auf die Signale des Neugeborenen, lächeln es an, zeigen ihm mit ihrem Gesichtsausdruck, wie sehr sie sich über seine Existenz freuen. Experten nennen das »spiegeln« – eine Form der Kommunikation, die das Baby braucht, um mit einem gesunden Selbstwertgefühl ins Leben zu starten.

Nur über das Spiegeln durch eine enge Bezugsperson lernen wir die Welt verstehen, entsteht unser Urvertrauen, unsere Selbstsicherheit, unsere Beziehungsfähigkeit. Oder auch nicht. Eine durchaus verstörende Erkenntnis für uns, die wir uns frei und modern fühlten und die Kinder früh abgaben, um beruflich nicht allzu sehr ins Hintertreffen zu geraten.

Wer Glück hat, findet einen Kindergarten, der das Spiegeln und vieles andere Existentielle für die ganz Kleinen leistet. Einen Kindergarten, in dem Menschen arbeiten, die Lust – und vor allem Zeit (!) – haben, unsere Kinder aufmerksam zu beobachten und ihnen mit Zuwendung, Sympathie und großer Feinfühligkeit zu begegnen. Das aber ist die Ausnahme. Denn diese Fähigkeiten, die ein Kind, je kleiner es ist, umso mehr braucht, haben nur Eltern – so unmodern das klingen mag – aus sich heraus. Nur für sie ist dieses Kind wirklich einzigartig. Nur sie kennen es von der ersten Minute an, nur sie haben sich schon in der Schwangerschaft um es gesorgt. Nur sie sind bereit, alles, aber auch wirklich alles für das Wohlergehen dieses Wesens zu tun.

Realistischer aber ist, dass man die Kinder dorthin geben muss, wo gerade ein Platz frei ist. Ohne die Möglichkeit, die Qualität der Betreuung vorher genau zu prüfen oder Einfluss darauf zu nehmen. Im Nachhinein ist es fast erstaunlich, wie leichtfertig wir unsere Kleinkinder in die Hände fremder Menschen gaben, mit denen wir vorher nur ein einziges Gespräch geführt hatten. Wer da zögert, wer sich da fragt, ob das den Bedürfnissen des Kindes entspricht, der fühlt und handelt nicht konservativ, sondern umsichtig und empathisch.

Das alles ist kein Plädoyer gegen Kinderbetreuung! Und schon gar nicht ist es ein Angriff auf die Erzieher, unter denen wir wunderbare Menschen kennengelernt haben. Es sollte nur nicht zur allgemeinen Maxime werden, dass jedes Kind so früh wie möglich in die Krippe geht – selbst dann, wenn die Umstände nicht stimmen. Weder für die Kinder – noch für die Eltern. Von einer deutschen Besonderheit mal ganz abgesehen: Viele Frauen hierzulande bleiben mit kleinen Kindern im Krippenalter zu

Hause – nicht weil sie keine Kita finden, sondern einfach deshalb, weil sie es so wollen.

Rund zwei Drittel der Mütter mit Kindern unter drei Jahren sagten laut Statistischem Bundesamt, die Betreuungssituation habe keinen Einfluss auf die Entscheidung, ob sie Arbeit suchen oder ob sie zu Hause bleiben.[7] Ein Großteil der Mütter in Deutschland kümmert sich also gerne um seine Kinder, wenn diese klein sind – auch wenn die Frauen dadurch berufliche Nachteile haben. Das bringt Politik und Wirtschaft schier um den Verstand, weil es so gar nicht in das neue Leitbild der nachhaltigen Familienpolitik passt.

Warum ist es so schwer, ja fast unmöglich, das anzuerkennen? Und davon ausgehend Ansätze zu entwickeln, wie Menschen ihr Berufs- und Familienleben gut gestalten können. Unabhängig davon, ob sie bereit sind, ihre Kinder früh abzugeben und gerne viel arbeiten, oder ob sie lieber mit den Kindern zu Hause sind. Nur wer die Vielfalt der Lebensentwürfe anerkennt und individuelle Lösungen findet, kann mit der größtmöglichen Zustimmung rechnen. Wer aber in einer pluralistischen Gesellschaft Lebensentwürfe vorgeben will, muss scheitern. Und Widerstand ernten. Denn Menschen werden in so existentiellen Fragen wie der Familiengründung und der Gestaltung eines Familienlebens nie »idealtypische« Wege gehen.

Während also das eine Mutterideal – immer für die Kinder da! – allmählich verabschiedet wird, kommt ein neues mit Macht daher. Von der anderen Seite zwar und keinen Deut besser, weil letztlich ebenso einseitig: »... erneut droht die Herrschaft des Singular über die Mütter: als hätten sich Frauen mit Kindern wieder einem Modell zu unterwerfen, diesmal dem der Karrieremutter. Nichts spricht dafür, dass dies die beste Entwicklung wäre«, schreibt Christoph Kucklick in einem *GEO*-Artikel und kommt zu dem Schluss: »... nur wer die Vielfalt des Mütterlichen ernst nimmt, kann 200 Jahre Mütterüberanstrengung und Mütterideologie beenden – und Frauen einräumen, endlich die Mütter zu sein, die sie sein wollen.«[8]

Betreuung ja – aber bitte mit Sahne!

Eine allumfassende Kinderbetreuung hatten wir in Deutschland schon einmal, und das vor gar nicht allzu langer Zeit: In der DDR war die Erwerbstätigkeit der Frauen politisches Programm, die Ganztagsbetreuung für Kinder deshalb selbstverständlich – und im Übrigen auch kostenlos. Die sehr frühe Trennung der Kinder von den Müttern hatte neben der erwünschten Erwerbstätigkeit der Frauen allerdings noch einen zweiten Grund: Je früher der Staat der Kinder habhaft wurde, desto einfacher waren sie im Sinne des Sozialismus form- und beeinflussbar. Es gab sogar die Wochenkrippe, in der selbst die Allerkleinsten von Montag bis Freitag betreut wurden – inklusive Übernachtungen! Mit dem »Erfolg«, dass nach Einschätzung des streitbaren Psychiaters und Bestsellerautors Hans-Joachim Maaz fast eine ganze Generation unter einem, wie er es nennt, »Muttermangel« leidet, der möglicherweise nicht mehr reparabel ist.[9]

Unabhängig davon, ob man seiner Analyse folgen mag oder nicht – wir jedenfalls wollen nicht länger zusehen, wie diese einseitige Art der Fremdbetreuung zur einzig wahren Erfüllung für »moderne« Familien stilisiert wird – ganz so, als habe es die Erfahrungen in der DDR nie gegeben. Als wisse man nicht, dass das manchmal ein vergifteter Emanzipationsbegriff ist, in dessen Namen eine bestimmte Form der Kleinkindversorgung gefeiert wird. Es gibt sogar Gemeinsamkeiten zwischen der heutigen Debatte und der einstigen DDR-Doktrin – Gemeinsamkeiten, die die Politiker verschweigen oder gar nicht sehen, die sie aber so oder so mit hochrotem Kopf und empörter Stimme von sich weisen würden.

Denn auch dieses Mal steht nicht das Wohl des Kindes und auch nicht das Wohl der Familie im eigentlichen Zentrum der Debatte, sondern eine »höhere« Notwendigkeit: zwar keine weltanschauliche, wie vor 40, 50 Jahren, aber wieder mal eine ökonomische. Und die demografische gibt es noch obendrauf!

Weil der Bevölkerungsrückgang sowohl das sozialpolitische System als auch die Wirtschaft destabilisiert.

Dass eine Diskussion unter solchen Vorzeichen in die Irre führt, zeigt die Tatsache, dass in der DDR trotz der Berufstätigkeit fast aller Frauen die eigentliche Frauenfrage nicht gelöst wurde. Man könnte sogar sagen: im Gegenteil. Denn die Frauen erlebten dort das, was wir in der Bundesrepublik des 21. Jahrhunderts gerade erleben: eine beinahe unerträgliche Doppelbelastung. Schließlich halfen die Männer bei der Haus- und der Familienarbeit nicht mehr mit als ihre Geschlechtsgenossen im kapitalistischen Westen. Und auch in der DDR waren die Aufstiegschancen der Frauen begrenzt. Zwar profitierten die Mütter von der Anerkennung, die ihnen – im besten Fall – im Beruf zuteil wurde. Sie haben sich durchaus als gleichberechtigte und gleich wertvolle »Arbeiterinnen« und Mitglieder der Gesellschaft erlebt und daraus Selbstbewusstsein und natürlich auch Einkommen bezogen.

Vielleicht haben sie auch deshalb bis heute einen etwas anderen Zugang zu Gleichberechtigungs- und Vereinbarkeitsfragen. Weil das Nebeneinander von Familie und Beruf für sie und ihre Mütter so selbstverständlich erschien und auf einer bestimmten Ebene ja auch war. Aber: Der Preis, den sie dafür zahlen mussten, war genau derselbe, den wir heute zahlen. Er durfte nur nie genannt und diskutiert werden. Für die Frauen in der DDR war die berufliche Gleichstellung viel selbstverständlicher, nun aber treffen sie seit gut zwei Jahrzehnten auf die marktkapitalistische Wirklichkeit: eine Wirklichkeit, in der Gleichberechtigung zwar seit Jahrzehnten auf dem Papier steht und gesetzlich verankert ist, in der Realität aber nicht selbstverständlich gelebt wird. Vielleicht stimmen deshalb viele unserer Freundinnen aus Thüringen, Sachsen und Ost-Berlin unserer These eher zu als unsere Kolleginnen aus Düsseldorf, Hamburg oder Köln. Denn sie haben erst in den vergangenen zwanzig Jahren Zugang zu ein paar wichtigen Posten bekommen und diesen mühsam erkämpft, koste es, was es wolle. Darauf sind sie zu recht stolz und haben Angst, durch eine Vereinbarkeitsdebatte hinter das Erreichte zurückzufallen.

Dagegen wissen unsere »Ost«-Kolleginnen schon lange, dass Vereinbarkeit immer schwierig ist, fast unmöglich wird sie in den heute üblichen gnadenlosen Strukturen, die gerne nehmen, aber wenig geben: Welcher deutsche Arbeitgeber käme auf die Idee, einen »Haushaltstag« im Monat festzulegen, an dem die Mütter aus der Firma mal in aller Ruhe die Arbeit daheim erledigen können? Oder einen »Frauenruheraum« einzurichten? In der DDR war das üblich – ohne das jetzt verklären zu wollen. Es war nur einfach klar, dass Menschen, die arbeiten *und* Familie haben, dafür auch Freiräume brauchen. »Man wurde auch als Mutter im Betrieb wertgeschätzt«, fasst es eine Freundin zusammen, und da wird einem schlagartig ein wichtiger Unterschied klar: Während die Frauen heutzutage alles daransetzen (müssen), im Unternehmen bloß nicht als Mutter wahrgenommen zu werden, wurde diese Rolle bei den berufstätigen Frauen in der DDR mitgedacht. Das hat es vielleicht ein bisschen leichter gemacht.

Wir dürfen bei dieser ganzen Betreuungsdebatte nicht vergessen, von welchen Voraussetzungen wir ausgehen: In unserem bundesrepublikanischen Verständnis sind in erster Linie die Eltern für das Wohlergehen ihrer Kinder zuständig und verantwortlich. Pflege und Erziehung von Kindern sind laut unserer Verfassung ein natürliches Recht der Eltern. Der Staat spielt nur eine untergeordnete Rolle. In der sozialistischen Gesellschaft war das genau umgekehrt: Kinder waren eine Staatsangelegenheit, hier waren die Elternwünsche nachrangig. Dieser gravierende Unterschied hat aber grundsätzliche »inhaltliche Konsequenzen für die Möglichkeit staatlicher Akteure, in das Familienleben einzugreifen und Dinge zu erzwingen, die weder Eltern noch Kinder wollen und (die) nicht notwendigerweise ihren Interessen dienen«.[10]

Wir sollten deshalb alle noch einmal genau hinschauen, wie viel Unterstützung an welcher Stelle wir brauchen, und für die

Schaffung angemessener Rahmenbedingungen kämpfen. Sobald uns jedoch eine bestimmte Lebensform aufgezwungen werden soll, müssen wir hellhörig werden.

Wir wollen arbeiten – aber nicht so

Wir lassen uns dennoch nicht von dem Glauben abbringen, dass beides möglich ist und sein muss: eine gute berufliche Entwicklung *und* eine gute Fürsorglichkeit. Wir kennen die Anforderungen des Arbeitsmarktes an uns und unsere Qualifikation. Aber wir sollten genauso hohe Ansprüche an uns als Mütter oder Väter haben. Ansprüche, die wir als gebildete, ebenso empathie- wie liebesfähige Frauen und Männer erfüllen wollen. Nicht aus falsch verstandener Pflichterfüllung, sondern aus tiefstem Herzen.

»Hast du eigentlich nie Angst um mich gehabt«, fragte unlängst die Tochter einer Freundin aus Sachsen, »wenn ich früher den ganzen Nachmittag allein zu Hause war und auf dem Gasherd gekocht habe?« Jahrelang hatte sie jeden Nachmittag auf dem Hof oder der Straße verbracht, ihre Mutter kam erst um sechs nach Hause. Allein erziehen, das war auch in der DDR nicht einfach – erst recht nicht, wenn man neben der Arbeit noch eine Weiterbildung absolvierte, um die Lebensbedingungen für die kleine Familie zu verbessern. »Wie hast du das alles überhaupt geschafft?«, wollte die Tochter wissen, die seit Jahren selbst als hoch qualifizierte Ingenieurin mit zwei Kindern darum kämpft, in ihrem Beruf endlich wieder Fuß zu fassen. Sie hatte sich für eine lange Auszeit als Mutter entschieden – weil sie für ihre Kinder da sein wollte. »Geschafft?«, antwortete die Mutter. »Geschafft habe ich das eigentlich gar nicht. Ich war immer erschöpft, habe die Zähne zusammengebissen und mich jeden Tag zur Arbeit geschleppt. Die Angst um dich habe ich verdrängt. Und dass du jeden Tag gekocht hast – das höre ich heute zum ersten Mal.«

Natürlich ist es wichtig, mehr Betreuungsmöglichkeiten für kleine Kinder zu schaffen – damit vor allem diejenigen, für die es ökonomisch notwendig ist, ihren Lebensunterhalt sichern können. Damit Frauen beruflich am Ball bleiben können. Aber dann doch bitte an deren Bedürfnissen ausgerichtet und in einer Qualität, die es jedem Vater und jeder Mutter leicht macht, sein und ihr Kind dort abzugeben! Mit Spielmöglichkeiten, die dem Alter des Kindes entsprechen. Mit einem Betreuungsschlüssel, der Nähe und Interesse überhaupt erst möglich macht und nicht bei »sauber, sicher, satt« endet. Auch hier haben Experten, die das Wohl der Kinder im Blick haben, klare Vorstellungen: Für unter Einjährige halten sie einen Betreuungsschlüssel von 1:2 für erforderlich, für die etwas Größeren gilt: Eine Erzieherin sollte sich maximal um drei bis vier Kinder unter drei Jahren kümmern. In welcher Krippe in Deutschland ist das so? Es ist doch eher das Gegenteil der Fall: Händeringend suchen die jetzt aus dem Boden gestampften Einrichtungen qualifizierte Erzieherinnen und Erzieher. Und wenn mal eine oder einer krank wird, bricht sofort der Notstand aus.

Von sehr seltenen Ausnahmen abgesehen, sind wohl eher solche Zustände an der Tagesordnung: Zwei, höchstens drei Erzieherinnen kümmern sich um 15 bis 20 Kinder. Wenn ein Säugling schreit, reagiert manchmal lange keiner. Und das nicht aus bösem Willen: Viele Erzieherinnen tun ihr Bestes, um eine Mindestversorgung sicherzustellen. Aber auch für sie ist es oft zu viel. Wir haben mehr als einmal ein weinendes Baby aus einem Kinderwagen im Garten der Kita gehoben und getröstet, so gut wir konnten. Und mit Schrecken lesen wir in dem Buch *Plötzlich ein Sorgenkind*[11], was die Autorin von einer Erzieherin erfährt: Sie habe mehrfach ein Kind auf dem Spielplatz vergessen, weil zu wenige Betreuer dabei waren. Sie schildert, wie sie von der Kita aus, wo das Versehen bemerkt wurde, in Panik zurückrannte und jedes Mal heilfroh war, wenn sie das Kind unversehrt im Sandkasten fand.

Wir brauchen Kindergärten und Krippen, in denen die Erzieher mindestens so gut ausgebildet sind wie die Eltern, die ihre Kinder dort abgeben. Sie müssen so gut verdienen, dass ihnen ihr Beruf die angemessene gesellschaftliche Anerkennung sichert und dadurch mehr Spaß macht – außerdem wird »Erzieher« nur mit einem höheren Gehalt ein auch für Männer attraktiver Beruf. Wir brauchen Einrichtungen, in denen Menschen arbeiten, für die Herzenswärme ein Anliegen und ein zu tröstendes Kind keine Zumutung ist.

Dass wir davon noch weit entfernt sind, zeigen auch die Zahlen der NUBBEK-Studie.[12] Ihr zentrales Ergebnis: Die pädagogische Qualität bei der Betreuung kleiner Kinder ist in Deutschland in den allermeisten Fällen (rund 80 Prozent) allenfalls mittelmäßig. Eine gute pädagogische Prozessqualität[13] bescheinigten die Forscher in weniger als zehn Prozent (!) der untersuchten Fälle, die Beurteilung »unzureichend« bekamen zum Teil deutlich mehr als zehn Prozent der Fälle. Dabei gibt es immer noch große Unterschiede zwischen Ost und West (der Westen schnitt im Durchschnitt besser ab) und von Einrichtung zu Einrichtung. Der allgemeine Befund ließ sich aber nicht verhindern: »Die Qualität pädagogischer Prozesse in den Einrichtungen ist unbefriedigend und sollte verbessert werden«,[14] befanden sie folgerichtig und stellten zudem fest: »Die Verbesserung der Rahmenbedingungen ist kostspielig und bedarf des politischen Willens.«[15]

Außerdem machten die Autoren der Studie noch etwas Grundsätzliches deutlich: In Deutschland fehle wie in kaum einem anderen hoch entwickelten Land das empirische Grundlagenwissen zum Einfluss der verschiedenen Bildungs- und Betreuungsformen und zu den moderierenden Faktoren für eine gelungene kindliche Entwicklung und Bildung. Solches Wissen sei aber erforderlich, um Effekte der verschiedensten Art für Kinder und Familien abschätzen und Verbesserungen gezielt anregen zu können. Das nur, damit wir hier nicht grundsätzlich die Debatte »Krippe: Ja oder Nein« in epischer Länge führen müssen. Denn darum geht es hier gar nicht.[16] Diese Entscheidung sollte nach wie vor eine sehr individuelle sein. Sie kann für jede Familie und jedes Kind anders aussehen. Auch und gerade wenn die Zeitläufte uns etwas anderes suggerieren: nämlich, dass jede(r), die (der) sein Kind nicht nach einem Jahr in die Krippe gibt, hoffnungslos rückständig ist.

Was uns in der Debatte aber wirklich wichtig ist: Wir dürfen es uns nicht so einfach machen mit der Feststellung »Wenn wir erstmal genügend Betreuungsplätze für die unter Dreijährigen haben, lösen sich alle Probleme von allein!«. Denn das ist einfach nicht wahr.

Wir müssen über Liebe reden

Eine Frau, die ein Kind bekommt, verändert sich, aber sie wird keine andere Frau. Sie vergisst keineswegs, wie gut und vielleicht auch erfüllend ihr Job bisher war. Sie vergisst auch nicht, wie viel sie in ihn investiert hat und wohin sie beruflich möchte. Und doch passiert etwas Unvorstellbares: Nie im Leben hätte sie sich vorstellen können, wie wichtig ihr dieses Wesen einmal werden könnte. Welche bedingungslose, nichts fordernde Liebe es in ihr auslöst. Welche Bereitschaft zu Hingabe. Diese völlige Abhängigkeit des Kindes ist eine Erkenntnis, die Frauen erst einmal aus der Bahn werfen kann. Nie zuvor sind sie so gebraucht worden, so absolut, nie waren sie so unersetzlich. Und selten zuvor haben sie sich so stark und verletzlich zugleich gefühlt.

Viele Frauen wollen in diesem Moment nur für das Kind da sein, alle anderen Dinge treten zumindest vorübergehend in den Hintergrund. Dinge, die bis dahin ihr ganzes Leben bestimmt haben: Leistung, Ehrgeiz, Unabhängigkeit, beruflicher Erfolg. Nun ist da jemand, der seinen eigenen Rhythmus hat und dessen Überleben von uns abhängt. Wir spüren das und stellen uns darauf ein. Instinktiv wissen wir, dass es so sein muss.

Und das wir es auch so wollen. Die körperliche Bindung zwischen Mutter und Kind endet ja nicht mit der Geburt. Die Nähe, den Geruch, die Geräusche unserer Kinder lieben wir – und sie fehlen uns vor allem in den ersten Monaten schmerzlich, wenn wir sie nicht um uns haben. Wer das zugibt, wird schnell als konservativ, als traditionell, als überemotional bezeichnet. Wer dagegen schon wenige Wochen nach der Geburt an den Schreibtisch zurückkehrt, wird zumindest von Feministinnen und allen, die sich dafür halten, als Heldin verehrt.

Bestes Beispiel für die inneren Konflikte, die entstehen, wenn man sein Kleinkind schon sehr früh von anderen betreuen lässt, ist die ehemalige Familienministerin Kristina Schröder. Als sie nach zehn Wochen Mutterschutz wieder ins Ministerium zurückkehrte, versuchte sie, das als gutes Beispiel für die Vereinbarkeit von Familie und Beruf zu verkaufen. Sie hat das am Anfang auch sicher geglaubt: dass die allumfassende Fremdbetreuung, die sie sich dank der guten Gehälter, die sie und ihr Mann (als Staatssekretär) bekamen, leisten konnten, die richtige Antwort auf die Vereinbarkeitsfrage ist.

Was sie offenbar nicht bedacht hatte, war die emotionale Komponente des Arrangements. Und dass die manchmal stärker wirkt als alle rationalen Aspekte. Dass sie übermächtig werden kann. Und alles überstrahlt, wenn man sie denn zulässt. Das ist eine Entwicklung, die Eltern erst im Laufe des Elternseins erleben. Man ist ja nicht vom Tag der Geburt an Mutter. Oder Vater. Was diese Rolle in ihrer ganzen Komplexität ausmacht, erkennt man erst mit den Wochen, Monaten und Jahren.

Und dann stellt man möglicherweise fest: Dieser emotionale Konflikt ist mit keinem Geld der Welt aufzulösen. Eine Erkenntnis, die auch Anne-Marie Slaughter, die ehemalige Leiterin des Planungsstabes im US-Außenministerium und Verfasserin des weltweit heiß diskutierten Artikels »Why women still can't have it all«,[17] irgendwann hatte. Slaughter wagte es, einen der begehrtesten Jobs Washingtons nach zwei Jahren aufzugeben und an die Universität Princeton zurückzukehren, weil sie räumlich nicht so weit von ihren pubertierenden Söhnen entfernt sein und für sie da sein wollte. Der Unrat, der auch und gerade von Frauen über sie ausgeschüttet wurde, war enorm.

Sie verrate die Emanzipation, hieß es. Gerade sie habe doch gezeigt, wie Frau eine Top-Karriere und Familie leben könne. Wenn ausgerechnet sie nun sage, dass das nicht geht, könnten junge Frauen denselben Kampf nicht mehr kämpfen wollen – der Weltuntergang stand offenbar kurz bevor. Dabei halten wir kurz fest: Sie war nicht einmal ausgestiegen, sondern lediglich von der einen Spitzenposition in der Politik in eine andere Spitzenposition in der Wissenschaft zurückgekehrt. Und sie wollte niemanden demotivieren – sie wollte aber auch niemanden mehr belügen. Dieses ewige »Ihr könnt alles haben«-Mantra, das sie selbst oft genug dahergebetet hatte, war ihr nun selbst zum Verhängnis geworden. Das wollte sie laut sagen. Und dafür kämpfen, dass jungen Frauen endlich die Wahrheit gesagt wird: Ja, ihr könnt alles haben, aber ihr zahlt einen Preis.

Sie wollte deutlich machen, dass die Zerrissenheit zwischen Job und Familie ein Konflikt ist. Und dass dieser Konflikt nicht zu lösen ist. Dass möglicherweise Gefühle aufkommen, die man nicht auslagern oder an Institutionen abtreten kann. Gefühle, die einem niemand abnimmt. Kein Gesetz und keine noch so »ideale« Rahmenbedingung. Nicht einmal der Partner. Weil wir von Liebe sprechen und dem damit verbundenen dringenden Wunsch, für die eigenen Kinder da zu sein.

Kristina Schröder spürte den offensichtlich nach zwei Jahren. Eine perfekte Organisation ist zwar eine notwendige, mitnichten aber eine hinreichende Bedingung für die vermeintliche Vereinbarkeit. Sie bedeutet lediglich, dass man viel arbeiten kann und das Kind/die Kinder betreut und versorgt sind. Anteil zu nehmen an der Entwicklung der Kinder, für sie da zu sein, wenn sie einen brauchen, ermöglicht perfekte Organisation nur sehr begrenzt.

Das hat wohl auch die ehemalige Familienministerin erlebt und festgestellt: So will ich nicht leben. Auch deshalb erklärte sie ihren Rückzug als Ministerin nach der vergangenen Bundestags-wahl damit, sie habe zu viele schöne Momente mit ihrer Tochter verpasst, und das tue ihr weh. Es sei »ein urmenschliches Be-dürfnis, in intensiven Familienphasen Zeit füreinander zu ha-ben«, sagte sie damals dem Magazin *Der Spiegel*. Sie halte eine Politik für falsch, die jungen Eltern einrede, spätestens ein Jahr nach der Geburt eines Kindes Vollgas geben zu müssen, und eine durchgehende Vollzeit-Erwerbstätigkeit als Norm vorgebe. Aha. Warum haben wir die ganze Zeit gedacht, dass sie genau so eine Politik betreibt? Immerhin wissen wir nun, warum wir da-bei immer ein komisches Gefühl hatten: Weil wir gespürt haben, dass sie viel von dem, was sie in ihren Amtsjahren öffentlich verkündet hat, in letzter Konsequenz gar nicht wirklich meinte. Und selber auf keinen Fall leben wollte.

Ganz offensichtlich also möchte auch sie wie viele andere Mütter (und Väter) dabei sein, wenn ihre Kinder die ersten Schritte machen, das erste Mal mit der Schere schneiden und stolz das Ergebnis ihrer künstlerischen Ambitionen präsentie-ren. Sie möchte das Strahlen in ihren Gesichtern sehen, genau in diesem Moment. Und nicht nur abends das kunstvoll zerschnit-tene Stück Papier. Denn offenbar hat auch sie mittlerweile ge-merkt, dass es nicht dasselbe ist, ob man mit am Tisch gesessen hat oder im Tagesbericht – wenn es so etwas überhaupt gibt – der Kita liest: Nils hat heute sein erstes Scherenschnittbild ge-macht.

Es ist an der Zeit, eine Politik zu entwerfen, die die Bedürf-nisse von Eltern und Kindern im Blick hat. Wir brauchen einen Politik-Mix, der die unterschiedlichen Bedürfnisse der unter-schiedlichen Eltern und ihrer unterschiedlichen Lebensent-würfe bedenkt. Und wir brauchen endlich wieder eine Familien-politik, die ihren Namen verdient und Politik für Familien macht und nicht für den Markt.

Diese widerstreitenden und doch so ähnlichen Ansprüche, die Familie und Job gleichermaßen an uns stellen, dieser Zwie-spalt, der Frau Schröder zum Amtsverzicht trieb und den fast alle Mütter erleben, führt dazu, dass es für Frauen heute so schwierig ist, ihren eigenen Weg zu finden. Vorbilder? Fehlanzeige. Denn wenn wir der Liebe zu unseren Kindern zu sehr nachgeben, sind wir sozialpolitische Totalausfälle. Wenn wir vermeintlich emanzipiert und finanziell unabhängig bleiben, müssen wir mit der Sehnsucht leben lernen.

Außerdem haben wir die Erfahrung gemacht, dass es kein großes Problem war, die kleinen Kinder durchaus auch viele Stunden abzugeben. Als sie aber Schulkinder waren, wurden wir als Eltern noch einmal ganz anders gefordert. Und auch der nächste Wechsel in eine weiterführende Schule brachte wieder zahlreiche neue Herausforderungen mit sich. Ein guter Freund hat dazu einmal gesagt: »Ich weiß gar nicht, was ihr habt. Gute Kinderziehung ist doch gar nicht schwer. Man muss sich nur fragen, ob man immer da war, wenn die Kinder einen gebraucht haben.« Je weniger wir arbeiten, desto häufiger können wir diese Frage mit »Ja« beantworten ...

Da kommt am frühen Nachmittag jemand nach Hause, der eine Arbeit verhauen hat. Er hat sich mit dem besten Freund gestritten oder ein Buch aus der Bibliothek verloren. Er möchte wissen, ob wir einen ausländischen Freund vor der Abschiebung retten würden. Jetzt wird es für viele Eltern erst richtig interessant. Und das Nebeneinander von Job und Kindern noch schwerer, weil die Lebens- und Arbeitsrhythmen überhaupt nicht mehr zusammenpassen.

Sich für Kinder noch viel Zeit zu nehmen, wenn sie die magische Altersgrenze von drei überschritten haben, gilt fast schon als unanständig. Sind die Kinder über elf, ist es geradezu obszön. Mit Arbeitszeiten, die bis in den frühen Abend hineinreichen, gelingt das ohnehin nicht. Lösungen dafür, wie wir auch für pubertierende Kinder und Jugendliche da sein können, gibt es kaum. Wer keine Ganztagsschule in der Nähe hat oder wessen Kinder diese aus welchen Gründen auch immer nicht besuchen, muss seine größeren Kinder notgedrungen sich selbst überlassen. Nicht immer ist das die beste Lösung für alle.

Eine Freundin beschreibt ihre Zwänge, als es um die schweren Schulprobleme ihres Sohnes geht: »Ich fürchte, dass es deshalb gerade so kompliziert ist, weil ich so selten zu Hause bin. Aber bei mir geht jetzt endlich beruflich die Post ab. Jahrelang habe ich als Selbstständige so vor mich hin gewurschtelt, und jetzt habe ich plötzlich drei Großaufträge gleichzeitig. Das muss ich einfach machen. Sonst kann ich meinen Laden dichtmachen. Ich sehe schon, dass er uns braucht. Aber ich hab' einfach keine Zeit, mit ihm Hausaufgaben zu machen. Auch die Lehrerin will uns unbedingt treffen, aber wir finden keinen Termin. Es ist blöd, aber es geht im Moment einfach nicht anders.«

Keine Besprechung nach 16 Uhr!

Schon ein kurzer Blick in unser Nachbarland Dänemark zeigt, dass es möglicherweise doch eine Frage der Organisation ist: aber nicht der Familie, sondern der Arbeitswelt! Wenn wir uns einig wären, dass es in unseren Unternehmen keine Besprechungen nach 16 Uhr mehr gibt, würde man – wie in Kopenhagen – die jungen Familien zusammen auf dem Spielplatz oder beim sommerlichen Picknick sehen. Wenn jeder seine Arbeit bis, sagen wir, 17 Uhr erledigen könnte, hätte auch der Chef wieder eine Chance, seine Kinder unter der Woche wach zu erleben. Und es wären endlich nicht nur die Mütter, die früher gehen, weil sie andere – innerhalb der Job-Logik nicht so wichtige – Verpflichtungen haben. Es wären alle. Damit wären endlich auch die Aufgaben außerhalb des Büros genauso wichtig wie die drinnen. Und sie wären fairer verteilt.

Um jedem Missverständnis vorzubeugen: Wir haben vor all den Menschen hierzulande, die sich im Laufe der Zeit gezwungenermaßen zu Organisationsgenies entwickelt haben und Beruf und Job nebeneinander managen, großen Respekt. Wir glauben nicht, dass ihnen ihre Kinder weniger wichtig sind als uns. Aber wenn beide Partner einen Vollzeitjob haben, sind für »traditionell warm« inklusive umfassender Verfügbarkeit nur noch wenige Stunden in der Woche übrig. Auch Jutta Allmendinger, angeblich »Deutschlands einflussreichste Soziologin« (*Brigitte*), sagt offen: »Ich kann mir nicht vorstellen, wie man Kinder erziehen möchte, wenn beide Partner fünf Tage in der Woche voll erwerbstätig sind.«[18]

Wie sieht die Familie der Zukunft aus?

Wir haben (noch) keine Antwort darauf, wie die Rahmenbedingungen für die »moderne« Familie aussehen müssen. Ja, wir wissen noch nicht einmal, was die »moderne« Familie überhaupt ist – geschweige denn, wie sie in Zukunft aussehen wird. Der Soziologe Professor Hans Bertram ahnt, dass sich unser Familienbild schon bald extrem verändern wird. Er hat beobachtet, dass viele Frauen auf der ganzen Welt ökonomisch immer unabhängiger werden, in Arabien genauso wie in Asien. Eine großartige Entwicklung, wenn sich die Männer umgekehrt mehr daheim – in der Partnerschaft, in der Familie, im Haushalt – engagierten. Genau das aber, sagt Bertram, passiert nicht. Im Gegenteil: »Was passiert, ist, dass die Männer sich zunehmend zurückziehen. Das heißt, wenn man die jetzige Entwicklung in die Zukunft transportiert: Wir werden noch mehr alleinerziehende Mütter haben, die schlicht und einfach Haushalt und Familie und Arbeitswelt kombinieren müssen. Und wir werden sehr viel mehr allein lebende Männer haben, die eigentlich ganz zufrieden mit diesem Status sind.«[19] Für Bertrams These sprechen die Zahlen: Noch 1990 lebten 70 bis 75 Prozent aller Männer im Alter zwischen 40 und 45 Jahren mit Kindern zusammen. Heute sind es gerade einmal noch 55 Prozent. »Und das ist keine Tendenz, die man nur in Deutschland beobachten kann, das können Sie in fast allen Ländern der Erde sehen. Das können Sie bei den Tuaregs genauso sehen wie in Schweden.«[20]

Ziemlich ernüchternd, diese Zahlen. Fest steht: Beziehungen werden immer instabiler, Ehen scheitern immer häufiger, immer mehr Kinder wachsen mit nur einem Elternteil auf. Welche Antworten haben wir darauf? Kümmert sich überhaupt jemand darum, diese Antworten zu finden?

Auf die Haltung kommt es an

Dass Alleinerziehende es besonders schwer haben, für diese Behauptung braucht man keine wissenschaftlichen Belege. Viele Alleinerziehende müssen mehr oder weniger ihre gesamte verfügbare Zeit zum Broterwerb und für die Familie aufwenden. Zeit und Raum für sie selbst bleibt nicht. Hier gilt noch mehr das, was für alle Familien mit berufstätigen Eltern gilt: Es ist eben nicht nur eine Frage der Organisation. Es ist auch eine Frage der Rahmenbedingungen, der Infrastruktur und – nicht zuletzt, sondern vielleicht vor allem – der Haltung. Der Haltung gegenüber Familien und dem, was sie leisten, ob alleinerziehend oder nicht.

Haltung ist etwas, das kein Politiker vorschreiben, kein Gesetzgeber regeln, kein Gericht durchsetzen kann. Haltung ist etwas, das Vorgesetzte leben müssen. Es geht um eine Einstellung, die aus tiefer Überzeugung heraus würdigt, dass Mitarbeiter, die Familie haben, eine Qualität an sich sind. Weil sie anders denken, leben und fühlen. Weil sie einen anderen Blick auf das Leben und das, was wichtig ist, haben. Sie müssen immer mitdenken, was ihr Handeln für ihren Partner und ihre Kinder bedeutet, und übernehmen ein hohes Maß an Verantwortung für die Menschen in ihrer unmittelbaren Nähe. Das ist kein Makel, sondern eine Ressource. Eine Ressource, die der Arbeitgeber sogar Gewinn bringend nutzen kann. Wenn er sie denn sieht.

Wie schätzt er wert, dass Menschen, die Familie haben, in der Tat sehr gut organisiert sind und einen untrüglichen Blick fürs Wesentliche haben? Wie sorgt er dafür, dass Mitarbeiter ihr

Familienleben aber trotz aller Akribie bei der Zeitplanung auch wirklich leben können – ohne dabei »draufzugehen«, wie kürzlich eine Bekannte sagte? Weiß er, dass Arbeitnehmer, die Zeit für den Partner und die Kinder haben, nicht nur glücklicher, sondern auch im Job produktiver sind? Sorgt er dafür, dass Flexibilität nicht länger eine Einbahnstraße ist? Dass die Bereitschaft des Arbeitnehmers, beinahe immer zur Verfügung zu stehen, mit der Bereitschaft des Arbeitgebers, loslassen zu können, korrespondiert? Das gilt selbstverständlich auch für die kinderlosen Kollegen. Denn es kann nicht sein, dass sie die höhere Flexibilität für Familienmenschen mit einem noch größeren Einsatz als ohnehin schon ermöglichen müssen. Wir bezweifeln nicht, dass hier in den vergangenen Jahren einiges geschehen ist, zumindest in manchen Firmen und in bestimmten Branchen. Aber noch lange nicht überall und nicht für jede und jeden.

Wir organisieren uns zu Tode

Wer heute Familie und Beruf einigermaßen erfolgreich nebeneinanderher betreiben will, organisiert sich zu Tode. Wir hetzen vom Büro zum Kindergarten, vom Supermarkt zum Fußballplatz, vom Basketballtraining zum Gartenfest. Wer so lebt, weiß am Ende des Tages nicht mehr, wo ihm oder ihr der Kopf steht.

Kein Wunder, dass viele Paare so nicht mehr leben wollen. Sie wollen Zeit für sich und ihre Partnerschaft. Sie wollen Zeit für die Familie. Und sie wollen Raum für den Beruf. Doch irgendetwas kommt immer zu kurz. Eine Erkenntnis mit grotesken Folgen, über die man herzlich lachen müsste, bliebe einem dieses Lachen nicht im Halse stecken. Denn statt sich mit dem Partner gleichberechtigt in der Familien- und Arbeitswelt einzurichten, wie sie es stets geglaubt und angekündigt hatten, weichen diese Frauen aus purer Erschöpfung aus auf das Rollenmodell ihrer Großmütter.

Die Soziologen nennen das »Retraditionalisierung«. Zigtausendfach haben sie in den vergangenen Jahren festgestellt, dass Paare mit gleichberechtigten Vorstellungen in ihr Familienleben starten, sich aber bald in einer klassischen Aufgabenteilung wiederfinden. Am Anfang werden Haus- und Erwerbsarbeit noch recht gleichmäßig verteilt. Nach ein paar Jahren, meistens mit dem ersten Kind, spätestens jedoch mit weiteren Kindern, schleicht sich das traditionelle Modell gewissermaßen durch die Hintertür ein: Er arbeitet Vollzeit weiter, sie allenfalls Teilzeit. Dass ihr das keine eigenständige Existenz sichert und für die Rente schon gar nicht reicht, ist allen Beteiligten klar.

Diese »Retraditionalisierung« zumindest in unserer Generation wird gerne und zu Recht beklagt. Dabei wird manchmal so getan, als sei das eine freie Entscheidung, als strebten die Frauen freiwillig an den Herd zurück. Was für ein Unsinn! Die »Retraditionalisierung« ist eine Zwangsjacke, die uns angelegt wird: wenn der Arbeitgeber nicht mitspielt, wenn die Betreuung wegbricht, wenn die Schule kein Mittagessen anbietet, wenn die Stadtverwaltung den Schulbus aus Kostengründen einstellt. Oder wenn man seine Stelle verliert und mit Mitte 40 keine neue mehr findet.

All das sind Dinge, für die Familien nichts können – und die die jüngeren Geschlechtsgenossinnen der heutigen Mütter allen Frontberichten zum Trotz für Märchen halten. Wer wollte es ihnen verübeln: Sie sind gut ausgebildet. Sie haben gelernt, dass ihnen die Welt offen steht, dass sie alles haben können. Wie sollen sie sich vorstellen können, dass dennoch alles ganz anders kommen wird? In Jutta Allmendingers Studie *Frauen auf dem Sprung* von 2007 sagten 69 Prozent der jungen Frauen, dass sie Karriere machen möchten. 92 Prozent erklärten, sie wollten Kinder. Fünf Jahre später hat Allmendinger dieselben Frauen noch einmal gefragt. Ergebnis: An den Karriere- wie an den Kinderwünschen hat sich wenig geändert. Aber nur 42 Prozent haben auch tatsächlich Kinder bekommen! Warum nur so wenige? »Der Kinderwunsch ist sogar noch wichtiger geworden«, sagt Allmendinger in einem *Brigitte*-Interview.»Aber die Frauen fühlen sich damit nicht willkommen. Von ihren Männern werden sie nicht darin bestärkt, im Job sehen sie, dass nur Vollzeit und lange Anwesenheit im Büro zu Erfolg und Anerkennung führen.«[21] Und noch eine Erkenntnis gibt es: Viele Frauen, die sich 2007 zwei Kinder wünschten, wollen 2013 nur noch eins. Obendrein verschieben sie das Kinderkriegen zeitlich nach hinten – und gehen damit das Risiko ein, dass sie am Ende kinderlos bleiben.

Wider den Wahnsinn in der Lebensmitte

Noch einmal: Wer es schafft, Familie und Beruf unter einen Hut zu bekommen, verdient Anerkennung. Wer das sogar mit zwei Vollzeitstellen meistert – Hut ab! Aber wäre es nicht für alle, die betroffenen Familien, die Gesellschaft und auch die Wirtschaft besser, wenn Frauen und Männer ein bisschen mehr Luft zum Atmen erhielten? Wenn sie den Raum bekämen, sich in unterschiedlichen Lebensphasen den jeweils unterschiedlichen Aufgaben widmen zu können – und zwar *richtig*?

Damit das klar ist: In einigen dieser Lebensphasen soll, wird und muss der Beruf im Mittelpunkt stehen. Aber eben nicht in jeder. Wann endlich fangen wir an, diesen Wahnsinn in der Lebensmitte, die Rushhour des Lebens, zu entzerren? Jene zehn bis 15 Jahre, in denen wir den richtigen Partner finden müssen, die Karriere starten, das erste Kind kriegen und es so lange betreuen, bis es aus dem Gröbsten raus ist. Wie gestalten wir diese Zeit, ohne die Kinder zu vernachlässigen, ohne ganz aus dem Job auszusteigen und damit alle Aufstiegschancen zu verspielen?

Wir alle leben nicht nur immer länger, wir werden auch immer länger arbeiten müssen. Da sollte doch Platz sein für andere Lösungen. Für befristete Verschiebungen in der Relation von Familie und Arbeit, die den Stress in der Stoßzeit ein wenig eindämmen. Für Lösungen, die uns Zeit lassen für Weiterbildung und die Pflege der Eltern. Zeit zum Lieben und zum Luft holen. Luft, die wir brauchen, um gestärkt in die nächsten 20 Jahre zu gehen. Wir können gemeinsam umkehren, wenn wir erkannt haben, dass ein Weg wie der derzeit propagierte – nämlich die möglichst volle Berufstätigkeit beider Elternteile bei weitgehender Fremdbetreuung der Kinder – in die Irre führt.

Derzeit laufen die Dinge aber in eine andere Richtung. Wir werden mit Schöne-neue-Welt-Beispielen malträtiert, in denen Firmen es ihren Mitarbeiterinnen »ermöglichen«, zehn Stunden am Tag zu arbeiten, weil die Kleinen im Betriebskindergarten so gut versorgt sind – und auch noch Bio-Essen bekommen. Wir sehen Reportagen über 24-Stunden-Kitas, in denen man die Kinder abgeben kann, wenn man zur Nachtschicht muss. Dass es solche Strukturen gibt und dass man sie im Notfall nutzen kann – prima. Aber die umfassende Betreuung zur Norm zu erklären, damit möglichst alle Eltern dem Arbeitsmarkt mindestens acht Stunden am Tag zur Verfügung stehen können? Gerne auch zu den unmöglichsten Zeiten? Nein, das kann nicht die Lösung sein. Jedenfalls nicht, wenn wir noch ein kleines bisschen Freiheit für uns, unsere Kinder und unsere Familien retten wollen.

Wer sich ins Hamsterrad begibt, sei es nun mit Doppelvollzeitstellen oder der Teilzeit-/Vollzeitvariante, spielt letztlich denen in die Hände, die weiter postulieren: »Wer nur gut genug organisiert ist, kann alles haben!« Wir erweisen uns und anderen damit einen Bärendienst, denn dieser Anspruch richtet sich vor allem an uns Frauen. Oder hat schon einmal jemand erlebt, dass ein Mann gefragt wurde: Wie kriegst du das denn hin – die viele Arbeit und dann noch drei Kinder ...?

Wie die Spinne im Netz

Dass die Alltagsaufgaben trotz aller Fortschritte, die viele Männer gemacht haben, ungleich verteilt sind und bleiben, sieht man an einem simplen Beispiel: den täglichen Wegen. Bei den Frauen gleicht die Route am Morgen, am Mittag und am Abend einem feinmaschigen Netz, das über den ganzen Stadtteil, manchmal die halbe Stadt gewoben ist: Morgens zur Kinderfrau, auf dem Weg ins Büro noch ein paar neue Schulhefte besorgen, in der Mittagspause Geschenk für den Kindergeburtstag kaufen und Termin machen beim Dermatologen für den Teenager. Abends in den Supermarkt oder den Bio-Laden.

Viele Männer übernehmen mittlerweile durchaus einen Teil dieser Wege. Sie bewegen sich dabei aber nicht im Spinnennetz, vielmehr verlaufen ihre Wege weitgehend linear: Sie bringen die Große in die Schule und fahren dann schnurstracks in die Firma. Abends geht es auf dem schnellsten Weg zurück. Nur die ganz Engagierten halten auf dem Weg noch beim Bäcker und kaufen ein Brot. Dass sie regelmäßig früher gehen, weil wichtige Termine der Kinder anstehen, stimmt einfach nicht – es ist die absolute Ausnahme.

Das ist zunächst einmal logisch, denn schließlich bezahlt der Arbeitgeber dafür, dass der Mitarbeiter regelmäßig im Büro oder an der Werkbank erscheint. Alles, was zu Hause verlangt wird, ist dagegen »Privatvergnügen«, unentgeltlich und nicht in Euro zu messen. Also werden hier zuerst Abstriche gemacht. Aus feministischer Sicht ist es unbestritten wichtig, dass der Beruf einen großen Stellenwert haben muss, jetzt, da wir endlich Zugang haben zu den besten Ausbildungen und den guten Berufen. Aber was hilft das, wenn wir dabei unsere Kinder aus den Augen verlieren?

Mehr Zeit im Alltag

Wir müssen das Zusammenspiel von Erwerbsarbeit und Familie völlig neu denken. Oder noch deutlicher: Wir müssen nicht uns innerhalb der bestehenden Strukturen neu organisieren, sondern wir müssen die Strukturen neu organisieren. Denn nur wenn Männer und Frauen an allen Lebensbereichen gleichberechtigt teilhaben können, werden wir das Vereinbarkeitsproblem lösen. Dabei muss es nicht immer gleich der ganz große Wurf sein. Was den Alltag oft so unendlich kompliziert macht, sind meist Dinge, die man ganz einfach ändern könnte: unterschiedliche Öffnungszeiten von Schulen und Kindergärten, Konferenzen am späten Nachmittag, Kitas, die im Sommer drei Wochen dicht machen – aber nicht zur selben Zeit, in der auch die Schulkinder Ferien haben.

Viele Eltern haben heute das Gefühl, ausschließlich fremdbestimmt zu sein. Sie richten sich permanent nach Anforderungen von außen, haben kaum Verfügungsgewalt über das Wichtigste, was es im Leben gibt: Zeit. Auch Zeit für die Liebe ist ein rares Gut geworden. Vor lauter Organisation sind auch die Freiräume der Erwachsenen für Spontaneität und Zweisamkeit zusammengeschmolzen.

Vera Kohler erinnert sich ohne Groll, aber durchaus kritisch an ihre Kindheit. »Es war sehr wenig Zeit für uns. Plätzchen backen in der Weihnachtszeit gab es nicht, oder mal Schlitten fahren, wenn es geschneit hatte. Unsere Eltern haben schon was mit uns unternommen, aber ich glaube, alles hat sie sehr viel Kraft gekostet«. Kohler weiß, dass es ihrer Mutter wichtig war, nach vier Kindern noch einmal beruflich durchzustarten, und hat das auch nie in Frage gestellt. Erst relativ spät im Leben hatte sich die Mutter selbstständig gemacht und dann sehr viel gearbeitet. Sie wollte in einem neuen Beruf Fuß fassen und hatte wohl auch ihre Berufung gefunden. Für die Kinder, und vor allem für Vera als Jüngste, änderte sich damals einiges:»Ich erinnere mich an diese Einsamkeit, dass keiner da war, wenn ich nach Hause kam. Dass meine Mutter sich einfach hinlegte, um sich auszuruhen. In meiner Erinnerung ist sie immer erschöpft. Da sind wir Kinder oft hinten runtergefallen. Gerade weil ich die Situation auch aus der Perspektive des Kindes kenne, muss ich sagen: Das will ich für mein Kind nicht.«

Es ist angesichts dieser Erfahrungen nicht überraschend, dass Vera Kohler im Zusammenleben mit ihren eigenen Kindern vieles anders machen wollte. Das Problem ist nur: Es gelang ihr nicht. Ihr Alltag sieht heute fast genauso aus wie damals der ihrer Mutter. Das erste Kind bekam sie kurz vor dem Ende des Studiums, und um den Berufseinstieg zu schaffen, musste sie trotz des Kleinkinds von Beginn an Vollzeit arbeiten. Und so hetzt sie nun selber jeden Morgen um halb acht zur S-Bahn. Sie hat viele Helfer eingespannt, Schwestern, Großeltern, den Partner. Gerade er übernimmt viel, obwohl er als Selbstständiger ebenfalls wenig Zeit hat. Wenn sie das Büro dann einmal um 16 Uhr verlässt, gefällt ihrem Vorgesetzten das meist nicht: »Ach, du gehst schon wieder. Wegen deiner Tochter. Das ist ja immer dein Totschlagargument.« Und sie antwortet traurig: »Das ist kein Totschlagargument – das ist mein Leben.«

Obwohl Vera Kohler und ihr Mann wahnsinnig gut organisiert sind, fehlt ihnen das, was Familien so dringend brauchen: »sinnlose« Zeit miteinander. Zeit, die nicht verplant, nicht mit Aktivitäten vollgestopft ist. Da hilft auch die viel beschworene »Quality Time« nichts, Zeit also, von der ihre Erfinder meinen, sie reiche aus für eine herzliche, intensive Beziehung zu den Kindern. Nicht Quantität sei der Schlüssel, sondern Qualität. Klingt gut – ist es aber nicht. Denn wer nach einem Acht- oder Zehnstundentag müde nach Hause kommt, hat oft nicht mehr die Kraft, sich den Kindern liebevoll und entspannt zu widmen, und seien es 15 oder 20 Minuten.

Und was ist, wenn das Kind genau in den Minuten, die man mühevoll freigeschaufelt hat, um »Quality Time« mit ihm zu verbringen, gar keine Lust auf Kontakt hat? Nicht reden will und das meiste schon mit seinen Freunden geklärt hat? »Quality time enthält die Hoffnung, den allgemeinen Zeitverlust durch Einplanung von Zeiten des intensiven Zusammenseins so kompensieren zu können, dass die Beziehung keine Qualitätseinbußen erleidet«, schreibt die US-amerikanische Soziologin Arlie Russell Hochschild – und schickt eine klare Warnung hinterher: »Aber auch dies ist wieder eine Art, den Effizienzkult vom Büro auf das Zuhause zu übertragen.«[22] Eine Alternative zu echter Zeit für die Familie ist es jedenfalls nicht.

»Am schlimmsten war, dass ich von meinen Kindern nur noch genervt war, wenn ich mal Zeit für sie hatte«, sagt auch Nora Frühling, Richterin aus München. Dabei hat sie sich bewusst dafür entschieden, nicht Anwältin zu werden, weil ihr klar war, dass sie dann wohl ganz auf ein erfülltes Familienleben würde verzichten müssen. Auch sie ist ein Organisationswunder – das schließlich so erschöpft war, dass Nora erst krank wurde und sich dann massive Unterstützung holte: Ihre Eltern zogen von Hamburg nach München, in dasselbe Haus. Die 75-jährige Mutter übernahm Küche und Waschkeller, die Lage entspannte sich. Eine radikale Maßnahme, die für die Großeltern den Verlust ihrer Heimat bedeutete. Der Großmutter aber war es das wert, weil sie vor 50 Jahren für ihren Mann auf die eigene Karriere verzichtet hatte. Ihre Tochter sollte es in dieser Beziehung besser haben. Nur so konnte Nora weiter arbeiten und war von den alltäglichen häuslichen Arbeiten so weit entlastet, dass sie die Stunden mit ihren drei Kindern wieder genießen konnte.

Dennoch hat natürlich auch dieses Modell (oder die Variante: Junge Familie zieht zu den Eltern/Schwiegereltern ins Haus) einen Haken – denn wenn wir unser Familienleben nur noch stemmen können, weil die Elterngeneration uns den Rücken frei hält, läuft wieder etwas arg schief: Schließlich haben auch viele Großeltern noch ein eigenes Leben und ein Recht darauf, dieses zu genießen. Nicht alle sind wie die Eltern von Nora Frühling bereit, ihre eigenen Interessen so stark zurückzustellen. Und das sollten sie auch nicht tun müssen. Politische

Konzepte wie die »Großeltern-Zeit«, die der älteren Generation ermöglichen sollen, Auszeiten für die Enkel zu nehmen, zielen aber genau darauf ab: strukturelle Defizite zu verschleiern, ein vermeintliches Großfamilienidyll zu propagieren und den Älteren ihren Ruhestand mit Fürsorgeraufgaben zu füllen, die sie vor Jahrzehnten bereits schon einmal erledigt haben, um den Söhnen und Töchtern das Arbeiten zu erleichtern. Mehr Bequemlichkeit und Verlogenheit geht kaum.

Mehr Zeit im Leben

Statt neue Instrumente zur Mangelverwaltung zu erfinden, müssten sich Politik und Wirtschaft daran machen, ein in sich logisches Gesamtkonzept zu entwickeln, das für unterschiedliche Lebensabschnitte und unterschiedliche individuelle Bedürfnisse sehr individuelle Möglichkeiten zum Nebeneinander von Familie und Beruf entwirft. Das nicht nur jene Jahre in den Blick nimmt, in denen die Kinder klein sind, sondern das gesamte Berufsleben. Ein Konzept, das statt des heutigen Durcheinanders in der Rushhour ein Nacheinander der unterschiedlichen Aufgaben ermöglicht und dieses Nacheinander auch sozial absichert.

Was fehlt, ist eine Arbeitswelt, die unterschiedliche Angebote macht an Menschen in unterschiedlichen Lebensphasen. Die Menschen nicht mit Mitte 50 als unbrauchbar entsorgt. Wenn sich die Unternehmen erst einmal zu einem solchen Konzept durchringen, werden sie feststellen: Sie werden keine loyaleren Mitarbeiter finden! Mindestens genauso wichtig ist, dass die Firmen dieses Thema als Männerthema entdecken – denn viele Männer leiden unter der Unvereinbarkeit genauso wie ihre Frauen.

Lüge Nummer 3:
Der neue Mann tut, was er kann
Außer montags bis freitags zwischen acht und zwanzig Uhr

Das Interview mit Peter Waldeck mussten wir verschieben. Der Mann hat in diesen Tagen keine Zeit: Die Tochter wird im Kindergarten eingewöhnt, er verbringt die nächsten zwei Wochen morgens mit den »Sonnenkäfern«. Also verabreden wir uns für einen Tag in zwei Wochen, wenn die Kleine gut in der Kita angekommen ist und Waldeck wieder in Ruhe telefonieren kann. Dann wird er auch versuchen, wieder mehr Aufträge als freier Kommunikationsberater zu bekommen.

Denn sein Geschäft ist in den vergangenen Jahren ziemlich eingeschlafen – schließlich ist er zum allergrößten Teil für das Kind zuständig. Seine Frau hat den »besseren« Job, macht Karriere bei einem internationalen Konzern. Sie ist im mittleren Management und seit Jahren kontinuierlich aufgestiegen. Als die Kinderfrage anstand, hat Familie Waldeck ein bisschen diskutiert – »aber die finanzielle Realität gibt dann schnell vor, wie die Sache gespielt werden muss«, sagt Waldeck unumwunden. Sie habe schließlich schon immer mehr verdient als er. Dass sie weniger arbeitet, war unmöglich. Ein Leben ohne Kind auch. Deshalb der Rollentausch.

Waldeck lebt damit eine immer noch sehr seltene Variante des »neuen« Mannes. Er ist einer der ganz wenigen, die ihre eigenen Ambitionen zurückstellen, um jahrelang für ein Kind da zu sein. Wie ungewöhnlich das ist, sieht man daran, dass gerade mal fünf Prozent[1] der Eltern mit Kindern unter 18 Jahren in Deutschland dauerhaft so leben. Sie sind die Ausnahme. Auch bei den Vätern, die das Elterngeld immerhin für ein ganzes Jahr in Anspruch nehmen, sieht es nicht viel anders aus: Das sind laut Statistischem Bundesamt genau sieben Prozent.[2] Finanziell kann das Modell Papajahr für einige Familien allerdings eine lohnende Variante sein: »Der durchschnittliche Elterngeldanspruch von Vätern, die vor der Geburt des Kindes erwerbstätig waren, lag im ersten Bezugsmonat bundesweit bei 1 204 Euro und war damit nach wie vor mehr als ein Drittel (39 Prozent) höher als der vergleichbare Anspruch von Müttern (868 Euro)«, berichtet das Statistische Bundesamt.

Peter Waldeck erlebt das gleiche Glück – aber auch die gleichen Nachteile – wie Frauen, die sich hauptsächlich um die Kinder kümmern. »Diese Nähe und Bindung, die ich zu meiner Tochter habe, das ist schon sensationell«, schwärmt er und berichtet teils amüsiert, teils genervt von seinen Erfahrungen in der Babywelt: »Ich habe alles gemacht, PEKiP (Prager-Eltern-Kind-Programm zur frühkindlichen Förderung), Babyschwimmen, Krabbelgruppe. Dass die Mütter mich ernst nehmen mit dem Säugling, dafür musste ich am Anfang schon kämpfen.«

Etwa, wenn er sachdienliche Hinweise zur natürlichen Behandlung eines Babyschnupfens gab. »Woher weißt du denn, was man da macht?«, hieß es dann. Dabei, so sagt er, habe er sich mit der Säuglingspflege genauso intensiv beschäftigt wie seine neuen weiblichen Bekannten. »Erstaunen darüber ist gut, aber Zweifeln ist Mist«, fasst er diese Erlebnisse zusammen. Spätestens aber in der Krabbelgruppe hatte er sich so weit freigeschwommen, dass er als sich kümmernder Vater ernst genommen wurde.

Worauf es ankomme, seien Einfühlungsvermögen, gesunder Menschenverstand und der Wunsch, sich dem Kind liebevoll zu widmen. »Wenn ein Kind geboren wird, dann stehen doch beide an derselben Startlinie«, sagt er. Frauen würden ja nicht nur durch die Geburt zur Mutter. In die Elternrolle wachse man Stück für Stück hinein. Alles, was nach der Geburt komme, könne sich ein Mann ebenso gut aneignen. »Du hast die gleiche Intuition als Mann wie eine Frau – du musst dich halt nur trauen«, sagt er.

Seine Partnerin vertraut darauf, dass er den Job gut macht. Er weiß, dass das auch eine Typfrage ist. Das sei bei den Frauen aber genauso: Schließlich sei nicht jede Frau auch automatisch eine gute Mutter.

Was hat der Rollentausch denn mit dir als Mann gemacht, wollen wir wissen. »Nichts!«, ruft er sofort und weiß schon, worauf wir hinauswollen. Nein, er habe da überhaupt keinen Konflikt mit seiner Männlichkeit gespürt, im Gegenteil: »Das ist doch ein Add-on, da kommt doch nur etwas dazu.« Diese Debatte darüber, ob Männer etwas von ihrer Männlichkeit verlören, wenn sie sich um Kinder kümmern, findet er geradezu albern.

Und bestätigt damit einen Trend, der aus einer der jüngeren Männerstudien hervorgeht: »Männer trauen sich heute als Vater und in der Beziehung zu ihren Kindern mehr zu als die Generation ihrer Väter«, heißt es in der Studie »Moderne Väter – Wie die neue Vätergeneration Familie, Gesellschaft und Wirtschaft verändert«.[3] Und weiter: »Sie werden einfühlsamer und fürsorglicher, ohne etwas von ihrem Selbstverständnis als Mann und ihrer Männlichkeit einzubüßen. Dadurch ändert sich auch die Wahrnehmung dessen, was ein ›richtiger Mann‹ ist bzw. zu sein hat.«[4]

Peter Waldeck sagt, er habe viel dazugelernt in den vergangenen drei Jahren, und das gehe weit über die Behandlung von Kinderkrankheiten hinaus: »Ich habe die gleichen intensiven Gefühle entwickelt. Ich hab meine Tochter vermisst, wenn sie als Baby mal ein paar Stunden weg war und all das.« Er habe seinen Horizont erweitert und auch einiges aus seinem vorherigen Berufsleben in Frage gestellt. Er habe Erkenntnisse gewonnen und Erfahrungen gemacht, die ihn weiterbringen, sagt er aus voller Überzeugung. Und auch das erkennen manche Unternehmen – allerdings leider immer noch viel zu wenige – an: dass ihre männlichen Mitarbeiter soziale Fähigkeiten aus der Elternzeit mitbringen, die sie ihnen in dieser Form niemals in Kursen oder Workshops hätten beibringen können.

Es wäre also für alle Seiten ein Gewinn, wenn Männer die in ihnen angelegten Potenziale von Fürsorglichkeit und Alltagspragmatismus in weit größerem Maße als heute üblich – und gesellschaftlich akzeptiert! – aktivieren würden. Es gibt genügend verlässliche Hinweise darauf, dass es für sie genauso möglich ist, ihr Rollenspektrum zu erweitern, wie Frauen das seit Jahrzehnten tun.

Peter Waldeck verschweigt nicht die Probleme, die aus dem radikalen Rollentausch entstehen. Und zwar für ihn wie für seine Frau. »Wir kommen beide aus ganz klassischen Familien und haben traditionelle Rollenbilder eingeatmet.« Nun müssen sie vieles ausprobieren und sehen, wo ihr eigener Weg ist. Vorbilder für dieses Modell haben sie nicht. Das ist eines der grundsätzlichen Probleme unserer Zeit: Es mangelt an Anschauungsmaterial, wie das Leben in den neuen Rollen konkret aussehen kann. Und das gilt nicht nur, wenn man sich für eine seltene Variante entscheidet, nein, das gilt auch, wenn die alten Rollen nur ein wenig aufgebrochen werden sollen.

Denn welche Rolle welchem Geschlecht zugeschrieben wird und wie diese dann auszufüllen ist, diese Einstellungen sind historisch tief verwurzelt und nur schwer veränderbar. Auch wenn sich Männer jetzt endlich immer größere Handlungsräume erobern und allmählich zu Generalisten entwickeln, indem sie versuchen, überall präsent zu sein – in der Familie und im Job. Allerdings bleibt es dabei: Die Männer, die für die Familie beruflich zurückstecken und so ihren Kindern Zeit mit dem Vater schenken und der Partnerin Zeit für den Job, sind und bleiben nur eine kleine Minderheit, für Jubelarien gibt es keinen Grund.

Neue Männer müssen bei null anfangen

Kaum jemand aus unserer Generation hat einen Vater als »Hausmann« oder als präsenten Erzieher – und vor allem als »Kümmerer« – erlebt. Wir haben keine Erfahrung damit, wie sich das anfühlt, welche Kompetenzen man dafür braucht. In dieser Frage ist nichts selbstverständlich. Das sagt auch der Buchautor und Hirnforscher Gerald Hüther:»Die Männer müssen bei null anfangen, wenn sie neue Rollenbilder ausprobieren wollen. Sie haben keine Vorbilder dafür.«[5] Wer alles anders machen will, ist weitgehend auf sich allein gestellt. Und das führt durchaus zu Konflikten, weiß auch Peter Waldeck. So leide seine Frau darunter, wenig Zeit für das Kind zu haben. Sie habe deswegen oft ein schlechtes Gewissen und Sehnsucht nach der Tochter, wenn sie zwei Tage in der Woche in einer anderen Stadt arbeitet. Wenn sie dann zurückkommt, kocht sie erst einmal ein Abendessen.

Sozialwissenschaftler kennen dieses Phänomen, das immer dann auftaucht, wenn Menschen sich vermeintlich nicht rollenkonform verhalten. So fangen Frauen, die Vollzeit arbeiten und für die Familie das Geld verdienen, abends an zu backen, obwohl längst alles erledigt ist.»Doing gender« heißt das im Fachjargon und bedeutet, dass es offenbar irgendein Programm im Menschen gibt, das ihn antreibt, Dinge zu tun, von denen er denkt, dass sie von ihm oder ihr erwartet werden. Um zumindest ein bisschen in die hingestellten Stiefel zu passen.

Das ist das Fatale an Rollenklischees: Übernimmt ein Mann die Hausarbeit, verletzt er so ziemlich jedes, eine Frau, die zu Hause bleibt, tut das nicht. Umgekehrt gerät die Karrierefrau mit Hausmann in Rollennot – und versucht zum Ausgleich dann abends den Kindern Tischmanieren beizubringen, wenn sie mal eine halbe Stunde zu Hause ist. Doing gender eben.

Nun ist der Rollentausch nicht jedermanns Sache. Und kann letztlich auch nicht die Lösung für unsere gesellschaftlichen Probleme sein. Oder nennen wir sie mal freundlich»Herausforderungen«. Ist er doch nur die umgekehrte Variante desselben Spiels. Manche Familien, die das leben, fragen sich gar, ob sie nicht letztlich total konservativ sind. Weil ja wieder nur einer »arbeitet«. Und selbst wenn Väter gern und länger als ein Jahr zu Hause bleiben, tun sie das oft nur unter bestimmten Bedingungen: Die Männer, die das wagen, tun es voller Leidenschaft –

aber meistens nur einmal. Wenn sich die Frage nach weiteren Kindern stellt, winken sie ab: Völlig ins berufliche Hintertreffen geraten wollen sie dann doch nicht. Sie fürchten, dass ihnen genau das widerfährt, wenn sie für ein zweites oder gar drittes Kind noch mal dasselbe tun. Und so bleibt es in diesen Familien oft bei nur einem Kind.

Männerforscher haben dieses Verhalten als eine von mehreren Alternativen gegen die gefürchtete »Traditionalisierung« erkannt: Immer mehr junge Familien wollen nicht mehr so leben wir ihre Eltern, aber sie zahlen diesen Preis dafür: Sie entscheiden sich für die Ein-Kind-Familie. Weil es nur in dieser Konstellation noch halbwegs unproblematisch ist, wenigstens ein bisschen was anders zu machen.

Der neue Mann ist da!

Obwohl sich also nur wenige Männer substantiell Zeit für ihre Kinder nehmen, werden die, die es wenigstens für ein paar Wochen tun, gebührend gefeiert. Ein Sturm fegt durch den Blätterwald: Der neue Mann ist da! Endlich kümmern sich auch Väter um ihre Kinder! Schon jeder vierte Vater nimmt Elternzeit, und jedes Jahr werden es mehr! Es wird gewickelt, gebadet und gefüttert, was das Zeug hält. Deutschland, einig Elternland.

Doch die meisten Männer nutzen lediglich die zwei (!) Vätermonate, die ihnen der Staat spendiert – und bezahlt. Immerhin, könnte man sagen. Aber was macht der junge Vater mit diesen acht Wochen? Nicht selten endet schon der erste Ausflug mit dem Kind im Reisebüro. Zwei Monate Freizeit mit der Familie, da werden gleich die Koffer gepackt. Kaum ist das Kleine reisefähig, lernt es Malaysia kennen, Südamerika, die Seychellen oder die Wanderwege Mallorcas. Das sei den jungen Vätern und ihren Familien gegönnt. Es hat nur mit der Übernahme von mehr Verantwortung in der Familie herzlich wenig zu tun. Das Elterngeld und die dazugehörigen Vätermonate versprechen viel, halten aber wenig, wenn es um dauerhaften Einsatz der Männer und Gleichberechtigung in der Familie geht.

Immerhin tragen sie dazu bei, dass eine neue Art von Väterlichkeit überhaupt gesellschaftsfähig geworden ist. Der Vater in der Nähe seiner Familie – das ist mittlerweile akzeptiert und nicht mehr exotisch wie vor noch gar nicht allzu langer Zeit.

Der eigentliche Spaß jedoch, das weiß jeder, der Kinder großzieht, fängt nach der Rückkehr aus Malaysia an. Wie viele Männer reduzieren dann dauerhaft ihre Arbeitszeit? Oder steigen gar wie Peter Waldeck eine Zeit lang ganz aus? Welches Paar schafft es, dass beide Partner ihre Arbeitszeiten so verändern können, wie es die Familie braucht? Die wenigsten. Und so geht der Trend nicht in Richtung wahre Gleichberechtigung, sondern eher zum »Für-kurze-Zeit-Vollzeit-Vater«. Erleben wir deshalb gleich eine tief greifende Veränderung von Rollenbildern? Einen echten Wandel gesellschaftlicher Leitbilder? Oder ist das Ganze nur ein schickes und zeitgemäßes Modell »Papa light«, mit dem man sich eine Zeit lang schmücken und sein schlechtes Gewissen – soweit vorhanden – beruhigen kann? Eine Rolle, in die Mann gerne schlüpft, sie aber wieder ablegt wie einen zu warmen Mantel, wenn der Frühling kommt?

Wir wollen nicht ungerecht sein: Es hat sich einiges getan in den vergangenen Jahren; viele Männer wollen mit ihren Kindern mehr Zeit verbringen, tun dies aber noch immer viel zu selten. Und auch wenn es im Betrieb immer selbstverständlicher wird, eine mehrwöchige Auszeit für Kinder zu verlangen, so ist das doch nur ein erstes Zeichen für gesellschaftliche Veränderung. Ein Ausweg aus der Belastung von Berufstätigen während ihrer gesamten Elternschaft – und die dauert zweifellos länger als zwei, zwölf oder 14 Monate – ist es noch lange nicht.

Wir sehen ihn nun häufig auf der Straße, den neuen Mann. Ein paar Wochen lang erkundet er stolz mit dem Kinderwagen die Wochenmärkte der Umgebung und kauft gefilzte Mützchen. Doch dann sehen wir ihn plötzlich lange Zeit nicht mehr. Weil er für viele Jahre wieder hinter seinem Schreibtisch verschwindet.

Rund 90 Prozent der frischgebackenen Väter arbeiten rasch wieder Vollzeit, knapp zwei Drittel von ihnen wollen das auch so.[6] Meistens arbeiten junge Väter nach der Geburt des ersten Kindes sogar ein bisschen mehr als vorher. [7]

Sie tun das nicht aus bösem Willen oder weil ihnen das Baby und die dazugehörigen Unbilden auf die Nerven gehen. Nein, viele würden wirklich gerne mehr Zeit zu Hause verbringen – aber die Umstände, sie lassen es einfach nicht zu. Nach einer Umfrage der Zeitschrift *Eltern* von 2014 sind drei Viertel der befragten Männer immer noch für die finanzielle Versorgung der Familie zuständig; längere Auszeiten oder ein Teilzeitjob gehen da schnell an die Existenz. Und so landet der neue Vater schneller, als ihm lieb ist, in einer extrem anstrengenden Rolle: der des »modernisierten Ernährers«, wie Soziologen das nennen.

Wenn man unterschiedliche Vatertypen miteinander vergleicht, so stellt dieser Typus mittlerweile die größte Gruppe unter den modernen Vätern dar: Schon vor einigen Jahren bezeichneten Soziologen fast 30 Prozent (28,5) der Männer als zutiefst partnerschaftlich eingestellt.[8] Sie stehen trotz Vollzeitjob nachts auf, wenn das Baby weint, und schrecken auch vor der Zubereitung eines Pastinakenbreis nicht zurück. Sie putzen das Bad, wenn die Frau nach einer Woche Brechdurchfall mit zwei Kindern nicht mehr kann. Sie geben aber auch alles im Job, damit sie sich eine größere Wohnung leisten können. Dieser Typ Mann ist im Beruf stark engagiert, sichert Einkommen und Status der Familie – und ist in seiner knappen Freizeit für jeden Spaß mit den Kindern zu haben.

Er hütet sie, wenn die Mutter arbeitet, krank ist oder verreist. Er kennt ihre Schuhgrößen und die Namen der wichtigsten Lehrer in der Schule. Hobbys hat er keine mehr, seine Freunde trifft er nur selten. Aber das ist es ihm wert: Er will für die Partnerin und die Kinder da sein – *auch wenn* er den ganzen Tag arbeitet. Dass sein Stresspegel enorm ist, erklärt sich von selbst. Und auch, dass er sich immer häufiger überfordert fühlt, brutal überfordert. An dieser Überforderung ist weder er selbst schuld noch die Partnerin. Sie ist vielmehr Ausdruck einer simplen Tatsache, die viele Frauen schon lange nur zu gut kennen: Alles gleichzeitig – das geht nicht! Urplötzlich sitzen auch die Männer in der Alles ist möglich-Falle. Herzlich willkommen!

Dieser »egalitäre« und in allen Bereichen stark geforderte Vater erlebt, dass er an der Arbeitsstellschraube nur schwer drehen kann. Einerseits, weil sein Chef nicht gerade darauf gewartet hat, dass er montags jetzt zu Hause bleibt, andererseits braucht die Familie oft sein Gehalt. Er beutet sich aus; Hauptsache, die Beziehung zu Frau und Kindern stimmt.

Diese Männer sind keine Machos alter Schule und reden gar nicht mehr über Gleichberechtigung, weil sie für sie selbstverständlich ist. Diese Männer fühlen sich, so die Soziologen Andrea Bambey und Hans-Walter Gumbinger, sehr sicher in ihrer Vaterrolle und von ihrer Partnerin akzeptiert.

Für viele, die sich ihrer Sache nicht ganz so sicher sind, sind die neuen Zeiten kompliziert. Die Vorstellung, wie ein »guter« Vater zu sein hat, hat sich in nur wenigen Jahren so stark verändert wie nie zuvor. So sollen Väter zwar weiterhin für Sicherheit und Stabilität sorgen, gleichzeitig aber auch immer mehr in Haushalt und Familie ackern. Wie und wann sie das schaffen sollen, sagt ihnen keiner. Und was das für ihre Rolle bedeutet. Sicher ist ihnen nur eins: eine extreme Verunsicherung.

Sie fragen sich: Wie soll ich denn nun genau sein, was gilt heutzutage noch als männlich? Sie erleben letztlich dasselbe, womit Frauen sich seit Jahrhunderten herumschlagen: dass es schwierig und manchmal auch unmöglich ist, mehrere, zum Teil stark widersprüchliche Rollen miteinander zu verbinden. Sie sitzen fest zwischen modernen Ansprüchen und traditionellen Anforderungen.

Einen Ausweg aus dieser Rollenkonfusion finden Männer, die die Soziologen »Fassadenväter« nennen. Mit 24,7 Prozent waren sie in der Studie die zweitgrößte Gruppe. »Fassadenväter« heißen sie, weil hinter dem großartigen Getue oft nicht viel mehr steckt als der Wunsch, auch mal in Ruhe ein paar

Milchkaffees am Vormittag zu trinken. Dieser Typ Mann lehnt ein traditionelles Rollenverständnis ab. Er will mehr als nur die Brötchen verdienen. Sein Verhältnis zum Kind ist positiv, eigentlich versteht er sich als »Freund des Kindes«.[9] Doch in den Paarinterviews der Forscher kam heraus, dass die Wirklichkeit anders aussieht: Dieser Vatertyp stellt nämlich seine eigenen Bedürfnisse in den Vordergrund. Für das Kinderkriegen hat er sich erst nach einigem Zögern entschieden. Im Familienalltag glänzt er durch Abwesenheit, Probleme mit den Kindern löst er nur schwer. Diese Männer ziehen stolz mit der Kleinen auf dem Laufrad los, um in aller Ruhe im Baumarkt abzuschwingen. Letztlich, so Bambey und Gumbinger, positionieren sie sich *zwischen* den Erwartungen ihrer Partnerin und den modernen gesellschaftlichen Rollenanforderungen. Hinter der fürsorglichen, überlegenen und gewissenhaften Fassade steckt demnach oft ein hilfloser Vater. Dieser Vatertyp hält sich für moderner, als er es eigentlich ist. Dennoch gehört er zu denjenigen, die sich für die Familie engagieren, und geht so durchaus als »neuer Mann« durch.

Anders sieht es schon beim »traditionell-distanzierten« Vater aus, der seine Hauptaufgabe darin sieht, für den Unterhalt der Familie zu sorgen. In der Bambey-Gumbinger-Studie gehörte immerhin noch fast jeder Fünfte (17,8 Prozent) zu dieser Gruppe. Allerdings ist auch er kein Herrschertyp mehr, der allein die Entscheidungen trifft. Vielmehr lässt er seine Frau den Familienalltag managen, er hält die Partnerin für von Natur aus kompetenter in Erziehungsfragen. Er steht zu einem traditionellen Rollensystem und ist deshalb emotional distanziert. Lediglich über gemeinsame sportliche Aktivitäten oder technische Interessen baut er Beziehungen zu seinem Kind auf.

Und dann wäre da noch der »unsichere, gereizte Vater«. Er ist der Untersuchung zufolge zwar offen für das neu definierte Vaterbild, handelt aber oft nach traditionellen Rollenvorstellungen. Er findet den Autoren zufolge nur schwer in seine Identität als Vater und ist heilfroh, wenn sich die Mutter mit dem Kind beschäftigt. Auf Bedürfnisse des Kindes reagiert er ungeduldig und gereizt. Allerdings gibt er auch ehrlich zu, dass sein Verhältnis zum Kind nicht das beste ist.

Immer seltener wird der »randständige« Vater, der sich in der Untersuchung vor allem dadurch auszeichnete, dass die Ergebnisse aus den Fragebögen (Selbsteinschätzung) und dem Interview, bei dem auch die Partnerin zur Situation in der Familie befragt wurde, nicht übereinstimmten. Sein Problem: Er schätzt die Wünsche seiner Familie völlig falsch ein. Er hat sich aus dem Familienleben zurückgezogen, da er der Meinung ist, seine Partnerin wolle das so. Er denkt, seine Frau würde ein höheres Engagement seinerseits als Misstrauen interpretieren und glauben, dass er ihr die Erziehung nicht zutraue. Zudem hat er das Gefühl, die Mutter schließe ihn aus der Beziehung zum Kind aus. In Wirklichkeit aber wünschen sich die (meisten) Mütter, dass der Vater sich mehr beteiligt, und fühlen sich im Stich gelassen. Der randständige Vater glaubt, er müsse ein moderner Vater sein, aber das passt nicht zu seinem traditionellen Weltbild und zu seinem Vaterverständnis. Er zieht sich hilf- und ratlos zurück, wenn er sein Kind – was oft der Fall ist – nicht erreicht. Die Eltern streiten sich häufig über Fragen der Erziehung.

Natürlich vereinfachen solche Kategorisierungen, bieten aber auch Orientierung. Die Einteilung der Väter in diese verschiedenen Gruppen macht uns darauf aufmerksam, dass Charakter, aber auch Wünsche, Vorstellungen, Prägungen und Einstellungen von Männern extrem unterschiedlich sind und wir bei all unseren Überlegungen diesen unterschiedlichen Bedürfnissen Rechnung tragen müssen.

Frauen sind schon lange »modern« – die Männer fangen gerade erst an

Auch wenn die »Neue-Mann«-Welle schön »modern« klingt, so hat sie doch traditionelle oder zumindest teilweise traditionelle Einstellungen der Männer nicht völlig weggespült. In einer groß angelegten wissenschaftlichen Studie, in der Männer in einem Abstand von zehn Jahren zu ihren Einstellungen befragt wurden, landete noch 2008 mehr als jeder vierte Mann (27 Prozent) in dieser sogenannten Teiltraditionalisten-Kategorie.[10] Zehn Jahre zuvor waren es 30 Prozent gewesen – die Veränderung ist also nicht wirklich groß. Die Betroffenen können zwar mittlerweile zumeist damit leben, dass ihre Partnerinnen berufstätig sind oder sein wollen – auch aus ganz pragmatischen finanziellen Gründen –, sie sind ansonsten aber eher konservativ. Die Skepsis gegenüber einer erwerbstätigen Frau war in der ersten Studie noch ein wichtiges Kriterium, um Männer als »traditionell« zu bezeichnen. Diese Vorbehalte gibt es heute fast gar nicht mehr, und so wurde die Kategorie »traditionell« zehn Jahre später aufgegeben und durch den Begriff »teiltraditionell« ersetzt.

Diese Männer pflegen nur selten und keinen besonders intensiven Kontakt zu ihren Kindern. Als »modern« dagegen gelten nach der Definition der Studie Männer, die eine sehr enge Bindung an ihre Kinder haben und in fast allen Lebenslagen für sie da sind. Männer, für die fair geteilte Erwerbs- und Familienarbeit selbstverständlich ist. Nun ist besonders interessant, dass es immer noch viel mehr teiltraditionelle Männer gibt als moderne Frauen – und zwar in allen Altersgruppen. Frauen nutzen längst selbstverständlich ihre Chancen und ihre größeren Rollen- und Handlungsspielräume, viele Männer dagegen sind noch auf der Suche nach einem neuen Selbstverständnis.

So bezeichneten sich in der Männer-in-Bewegung-Studie 40 Prozent der Frauen zwischen 30 und 39 Jahren als »modern«, bei den Männern im gleichen Alter taten das nur 23 Prozent. Bei den unter 19-Jährigen war der Unterschied sogar noch größer: Hier trafen 41 Prozent »moderne« Frauen auf 13 Prozent »moderne« Männer.[11] Auch neuere Studien belegen ähnliche Tendenzen. Letztlich zeigen solche Ergebnisse, dass viele Männer sich noch in einer Übergangsphase befinden. Einstellungen und Rollenbilder hängen zudem sehr stark von einzelnen Milieus ab. So ist der »neue Mann« mit Sicherheit ein Phänomen der Mittelschicht.

In diesem Milieu lösen sich alte Rollenbilder zunehmend auf, zum Teil werden sie sogar negativ bewertet. Die neuen sind aber noch hinter einem wabernden Nebel verborgen. Männlich sollen sie sein, die Männer, und stark, gleichzeitig einfühlsam und sanft. Witzig, aber nicht banal, erfolgreich, aber nicht egoman. Kein Wunder, dass die Jungs nicht mehr durchblicken. Viele dieser Männer wissen einfach nicht mehr, worüber sie sich definieren sollen.

Noch bis vor gar nicht allzu langer Zeit haben sie diese Frage eindeutig beantwortet: über den Beruf natürlich! Dass ein Mann rausgeht in die Welt, etwas schafft und produziert und versucht, gutes Geld zu verdienen und damit die Familie zu versorgen – dieser Anspruch gehörte so selbstverständlich zu ihm wie die Stiefel zum Cowboy. Dazu eine aufschlussreiche Zahl: Wenn bei Männern Interessenkonflikte zwischen Job und Familie entstehen, würden sich 50 Prozent zugunsten des Berufs entscheiden, nur 18 Prozent zugunsten der Familie. Bei Frauen ist es genau umgekehrt: Hier geben 49 Prozent der Familie den Vorrang und nur 14 Prozent dem Beruf.[12]

Je nachdem, wie man diese Zahl interpretiert, ist sie nicht unbedingt ein Beleg dafür, dass Frauen die Familie dem Beruf vorziehen. Sie zeigt vielmehr sehr deutlich, dass Frauen bei der Frage, wer sich um die Familie kümmert, spüren, dass es ihre Männer nicht tun werden. Und auch viele Männer sind hier in einer Zwickmühle: Sie tragen nach wie vor die finanzielle Hauptverantwortung, haben aber auch einen festen und wichtigen Platz in der Familie. Wenn sie die Wahl haben, müssen sie oft nach dem Geldbeutel und nicht nach dem Herzen entscheiden – so traurig das auch für sie ist. Aber natürlich belegt diese Zahl auch, dass immer noch mehr Männer eher berufs- als familienorientiert sind.

Das hat weitreichende Folgen für angedachte Veränderungen. Die neuerdings immer lauter geforderte reduzierte Arbeitszeit für alle etwa ist ein wunderbarer Wunsch – einer, der alle Chancen hat, ein Wunsch zu bleiben. Denn für viele Männer ist es immer noch schwer vorstellbar oder erscheint es gar unmöglich, ihre Arbeitszeit zurückzufahren. Sie fürchten unter anderem, dass ihr Arbeitgeber kein Verständnis dafür hat, wenn sie sich substantiell mehr Zeit für ihre Familien nehmen wollen. Wer sich überdies stark mit seinem Beruf identifiziert, gibt diese Identifikation nicht leichtfertig auf. Anders als die Frauen, für die der Beruf in den letzten Jahrzehnten stetig an Bedeutung gewonnen hat, schaffen es viele Männer bis heute nicht, neben der einen, in ihrem Fall der beruflichen Identität noch eine zweite, die des Elternteils, zu entwickeln. Das hat auch historische Gründe.

Das Bild vom »guten« Vater im Wandel der Zeit

Nicht nur die Rollenerwartungen sind heute nicht mehr so eindeutig wie noch vor ein paar Jahrzehnten. Auch die Vorstellung davon, was einen »guten« Vater ausmacht, ist einem ständigen Wandel unterworfen. Vaterbilder sind nicht in Stein gemeißelt, sondern entstehen immer in einer gewissen Zeit und vor einem kulturellen Hintergrund. Reichte es früher noch aus, den Hausvorstand zu geben und als Patriarch über die Geschicke der Seinen zu wachen, so ist das heute weitgehend überholt. Auch der strafende, autoritäre Vater, dessen Legitimation darin bestand, dafür zu sorgen, dass die Kinder auf den rechten Weg finden, und der die dafür angeblich nötige Einheit Prügel verabreichte, hat sich zum Glück verabschiedet.

Der strenge und autoritäre Vater als Ideal wurde spätestens mit der Aufbruchstimmung der 68er ad acta gelegt. Nun durften und sollten Männer plötzlich Gefühle zeigen, Frauen sich aus dem Hausfrauenmief der 50er Jahre befreien. Die bis dahin geltenden Rollenbilder wurden in Frage gestellt und in großen Teilen aufgelöst. Plötzlich war alles möglich! Mehr Freiheit für Frauen, aber auch mehr Flexibilität für Männer.

Fest steht: Das Bild, wie der gute Vater zu sein hat, ist immer ein Produkt seiner Zeit und auch des sozialen Milieus. So ist es etwa in bestimmten Schichten auch im Deutschland des 21. Jahrhunderts mitnichten ein Statussymbol für Männer, den Säugling im Leinentuch mit sich herumzutragen. Das ist ein relativ neues Phänomen der Mittelschicht. Auch bei den oberen Zehntausend ist für den Unternehmersohn wohl kaum ein Blumentopf zu gewinnen, wenn er am Rande der Jahreshauptversammlung stolz die Fotos aus seiner Elternzeit zeigt.

Der »neue« Vater stößt immer wieder an Grenzen

Wer sich aber in der Mittelschicht für ein Leben als »neuer Vater« entscheidet, Wochen, Monate, gar Jahre mit dem Nachwuchs verbringt, stößt immer wieder an seine Grenzen. Denn eines unserer vielen grundsätzlichen Probleme ist, dass es in Deutschland kein Konzept für ein dauerhaftes Neben- und Miteinander von Beruf und Familienarbeit gibt. Die verschiedenen Angebote der Politik beziehen sich vielmehr immer nur auf einzelne Phasen des Elternseins. Soziologen beklagen schon lange die Inkonsistenz und Zusammenhanglosigkeit der verschiedenen familienpolitischen Maßnahmen und Instrumente. Was etwa für junge Eltern mit Babys noch funktioniert, hört mit dem Eintritt in den Kindergarten oder die Schule schlagartig auf.

Auch und gerade Männer trifft das besonders: Haben sie sich erst einmal an ihre aktive Vaterrolle gewöhnt, werden sie jäh aus ihren Verantwortungsträumen gerissen, wenn ein paar

Jahre später der Chef jedes weitere Entgegenkommen bei der Arbeitszeit schlicht verweigert – etwa wenn das Kind in die Schule kommt, wenn es die Schule wechselt oder wenn es – Stichwort Pubertät – mehr Aufmerksamkeit und Hilfe braucht.

Ein Familienleben – und damit auch die Rolle des Vaters – ist extremen Veränderungen unterworfen. Manche dieser Veränderungen tauchen über Nacht auf, andere sind Monate oder Jahre im Voraus absehbar. Das Einzige, was einer Familie gewiss ist, ist die stete Anforderung an ihre Flexibilität und Anpassungsbereitschaft. Dafür gibt es keine passgenauen familienpolitischen Maßnahmen – und auch die Angebote der Arbeitgeber sind allen Fortschritten zum Trotz noch stark ausbaufähig.

Erst langsam steigt der Anteil der Vorstandschefinnen und Personalverantwortlichen, die die Zeichen der Zeit erkannt haben und konsequent Arbeitszeitmodelle anbieten, die ihren Mitarbeiterinnen und Mitarbeitern auch neben einer anspruchsvollen Tätigkeit ein erfüllendes Familienleben ermöglichen. Was konkret die Angebote für Männer betrifft, sind wir noch ganz am Anfang.

Verantwortung ja – aber nur in homöopathischer Dosis

Viele Arbeitgeber ertragen das »Familiengedöns« nur in homöopathischer Dosis. Das bringt Väter, die ihr Engagement zu Hause wirklich ernst meinen, in arge Bedrängnis. Viele Unternehmen tun zwar mittlerweile gern »modern«, beglückwünschen die jungen Männer überschwänglich, wünschen eine schöne Elternzeit – und zucken gewaltig zusammen, wenn die Männer wegen der Familiengründung tatsächlich kürzere Arbeitszeiten verlangen.

In wissenschaftlichen Untersuchungen, die eher die Arbeitgeber im Blick haben, sieht alles rosig aus: Bis zu 90 Prozent der Unternehmen halten Familienfreundlichkeit für wichtig und tun nach eigener Aussage viel dafür. Schaut man sich dann Befragungen von Arbeitnehmern an, erhält man ein völlig anderes Bild: Viele vermissen eine grundsätzlich positive Einstellung von Führungskräften, die aktiv für familienfreundliche Maßnahmen werben und sich dafür einsetzen, dass ihre (männlichen!) Mitarbeiter sie auch in Anspruch nehmen. Häufig beklagen Angestellte, dass sie über entsprechende Angebote gar nicht informiert werden.[13]

Unternehmen tun zu wenig für die Familie

Die Skepsis der Befragten ist nur allzu begründet, denn viele Führungskräfte zweifeln in Wahrheit an den positiven betriebswirtschaftlichen Effekten einer familienbewussten Unternehmensführung, so die Autoren einer Studie der Unternehmensberatung AT Kearney. »Gerade in wirtschaftlich schwierigen und turbulenten Zeiten wachsen Zweifel an der Priorität und Machbarkeit einer familienorientierten Personalpolitik. Viele Betriebe scheuen auch aus vermeintlichen Kostengründen und einem hohen Organisationsaufwand Veränderungen in ihrer Personalpolitik im Sinne einer besseren Vereinbarkeit von Familie und Beruf. So bleibt es häufig bei Lippenbekenntnissen.«[14]

Notwendige Veränderungen kommen demnach nur langsam in Gang, die Unternehmenskultur ist in aller Regel nicht auf eine Förderung von Familie und Karriere gleichermaßen ausgelegt, und die Arbeitsabläufe richten sich zu wenig an den Bedürfnissen von Eltern aus. Die zentrale Schlussfolgerung der Umfrage lautet: Unternehmen tun zu wenig für die Familie!

Und nach diesem Befund sollen Männer mutig voranschreiten und alles einfordern, was der Flyer aus der Personalabteilung hergibt? Dass viele es nicht tun, ist nur allzu verständlich.

Die Argumente der Unternehmer sind stets die gleichen: Kunden brauchen verlässliche, ihnen bekannte Ansprechpartner, die immer erreichbar sind, die Firma braucht flexible, allzeit verfügbare Arbeitskräfte und kein Heer von Wickelexperten.

Um es deutlich zu sagen: Solche Ansprüche sind absolut nachvollziehbar! Maschinen müssen rund um die Uhr gewartet, Patienten versorgt, Brötchen gebacken und ausgeliefert werden. Da machen individuelle Lösungen eine Menge Probleme und verursachen zusätzliche Kosten. Die Risiken und Nebenwirkungen scheinen den Unternehmen oft zu groß. Zu viele Fragen müssen beantwortet werden: Lohnt sich ein Ersatz? Welchen arbeitsrechtlichen Status hat der Elternzeitvertreter? Was, wenn wir ihn oder sie nachher gerne behalten wollen? Oder nicht mehr loswerden? Wie behält der pausierende Mitarbeiter sein Wissen?

All das sind Fragen, die sich schon einmal stellten, als die Frauen ihren Anspruch auf Teilzeit deutlicher einforderten. Und jetzt auch noch die Männer? Man meint ihn förmlich zu hören, den kollektiven Seufzer aus den Chefetagen: »Jetzt reicht es aber langsam!« Das Risiko, engagierte und verdiente Mitarbeiter zu verlieren, schätzt man dagegen als nicht so groß ein. Die wenigsten können es sich leisten, selbst zu kündigen – und das aus Enttäuschung und Frust zurückgefahrene Engagement im Job nimmt der Chef offenbar lieber in Kauf, als sich ernsthaft mit neuen Arbeitszeitmodellen zu beschäftigen.

Wer sich gegen all diese Widerstände durchsetzt, muss zudem auf den guten Willen der Kollegen und Kolleginnen hoffen. Denn Konzepte, wie die wegfallende Arbeitskraft ersetzt oder die Anforderungen an die Arbeitsleistung des Teams insgesamt verringert werden, gibt es nur selten. Oft vertrauen Vorgesetzte darauf, dass die Arbeit schon irgendwie gemacht wird – ein äußerst fragwürdiges Konzept, das bei allem Jubel über das neue Engagement der Väter schnell an seine Grenzen stoßen kann. Dann nämlich, wenn diese Freiheit nur auf Kosten anderer möglich ist. Auf lange Sicht tragfähig ist es jedenfalls nicht.

Teilzeit für Männer – immer noch die Ausnahme

Zur Situation der Väter liefert der Mikrozensus 2012 aufschlussreiche Zahlen: Während 2012 nur knapp sechs Prozent der Väter Teilzeit arbeiteten, blieben rund 94 Prozent bei ihrer Vollzeitvariante. Damit ist für Väter Teilzeit weiterhin die absolute Ausnahme. Auch bei Vätern mit Kindern unter drei Jahren ist die Teilzeitquote nicht wesentlich höher: Sie lag laut Mikrozensus 2012 bei 6,3 Prozent. Bis zum 17. Lebensjahr der Kinder sinkt sie dann kontinuierlich auf knapp fünf Prozent ab.[15]

Eine Trendumkehr zeigen die Zahlen nicht: Vergleicht man sie mit den Ergebnissen des Mikrozensus von 2010, so sieht man nur minimale Veränderungen: Das Modell Vater in Teilzeit, Mutter in Vollzeit lebten 2012 gerade einmal knapp zwei Prozent aller Paare (2010: 2,0 Prozent), beide Partner in Teilzeit war 2012 für drei Prozent der Paare die gewählte Option (2010: 3,1 Prozent). Dagegen entschieden sich 69,9 (2010: 70,6) Prozent für das Zuverdienermodell – also Vater in Vollarbeit, Mutter in Teilzeit. In 25,2 Prozent der Fälle hatten beide Elternteile eine Vollzeitstelle. Zwei Jahre zuvor waren es noch 24,4 Prozent gewesen.

Wenn Männer andere Rollen einnehmen, dann meist aus handfesten wirtschaftlichen Gründen – die Frau verdient einfach mehr Geld – und nicht, weil sie aus Überzeugung gleichberechtigt leben wollen. Wenn Männer Teilzeit arbeiten, hat das oft mehr mit dem Arbeitsmarkt zu tun als mit allem anderen. Nur jeder vierte Vater (25 Prozent) arbeitet weniger, weil er persönliche oder familiäre Verpflichtungen hat, rund 40 Prozent hingegen sagen, dass sie notgedrungen reduziert arbeiten, weil sie keine Vollzeitstelle gefunden haben.[16] In den neuen Bundesländern hört man diese Begründung wegen der schlechteren Arbeitsmarktlage noch häufiger als im Westen. 35 Prozent der Väter ohne Vollzeitstelle nennen zudem Gründe wie Krankheit oder Aus- und Weiterbildungen.

Hinzu kommt, dass es keineswegs garantiert ist, dass sich all diese Männer vermehrt um Kinder und Haushalt kümmern. Im

Gegenteil: Häufig sind sie von ihrer gefühlten Unzulänglichkeit im Beruf so gelähmt, dass sie auch für die anfallenden Aufgaben zu Hause keine Kraft mehr haben.

In den neuen Ländern tun sich viele Männer mit dem Rollentausch nicht ganz so schwer, weil sie das in der DDR geltende Ideal der berufstätigen Frau und Mutter noch verinnerlicht haben. Durch den Wegfall vieler Männerjobs in der Wendezeit sind die Frauen hier öfter in die Rolle der Haupt- oder Alleinverdienerin gerutscht. Entsprechend selbstverständlicher nehmen sie diese Rolle auch an.

Hinzu kommt, dass in vielen Paarbeziehungen Männer und Frauen unterschiedlich ausgebildet sind: Gut qualifizierte Männer haben häufiger schlechter qualifizierte Frauen an ihrer Seite als umgekehrt. Eine Familie braucht aber nun einmal genügend Geld – wer mehr davon verdient, schafft es heran. In solchen Konstellationen wird die Forderung nach einer 50-prozentigen Aufteilung von Erwerbs- und Familienarbeit zur Makulatur. Sie kann nur für Paare gelten, bei denen beide wenigstens annähernd das gleiche Einkommen haben. Dass das bei gleicher Qualifikation dann auch wirklich so zutrifft, ist immer noch viel zu selten der Fall und hängt von vielen Faktoren ab, auf die Einzelne nur bedingt Einfluss haben.

Während also Männer öfter »nach unten« heiraten, tun Frauen das fast nie. Akademikerinnen leben laut einer DIW-Studie fast ausschließlich in Partnerschaften, in denen beide auf einer ähnlichen Karrierestufe sind. Für die wird es bei der Familiengründung spannend: Nun beginnen die zuvor beschriebenen Aushandlungsprozesse und der verzweifelte Versuch, die Kinder so gut wie möglich fremd betreuen zu lassen, um weiterhin im Beruf bestehen zu können. Das alles wäre aber gar nicht nötig, wenn eine größere Selbstverständlichkeit herrschte, dass beide Elternteile – in welchen Ausmaß auch immer – sich um die Kinder kümmern!

In diese Richtung denken die Politik und vor allem die Unternehmen aber kaum. Viel häufiger hören wir dagegen bei den leisesten öffentlichen Vorstößen in diese Richtung fast reflexartig die Chefs der Arbeitgeberverbände rufen:»Es gibt in diesem Bereich keinen Handlungsbedarf.«Es waren genau diese Worte, die der Geschäftsführer Arbeitsrecht der Bundesvereinigung der Deutschen Arbeitgeberverbände (BDA), Roland Wolf, wählte, als Andrea Nahles (SPD) in einer ihrer ersten Äußerungen als neue Arbeitsministerin sagte:»Mit dem Anwesenheitswahn muss Schluss sein.«Im selben Atemzug mahnte sie eine neue Arbeitskultur an – und sofort hagelte es Kritik von den Arbeitgeberlobbyisten: Es gebe schon genug Gesetze, die Unternehmen täten ihr Möglichstes, um Mütter und Väter zu unterstützen, und überhaupt gebe es einfach Bereiche, in denen eine dauernde Anwesenheit erforderlich sei!

So, so. Da ja offenbar alles bestens ist, brauchen wir uns über mangelnde Initiativen von Seiten der Arbeitgeber nun nicht mehr wundern. Schade nur, dass viele Experten zu dem Schluss kommen, dass Veränderung nur aus den Betrieben selbst heraus stattfinden kann, von der Führung angeregt, propagiert und unterstützt werden muss. So regen etwa die Autoren der Studie»Moderne Väter – Wie die neue Vätergeneration Familie, Gesellschaft und Wirtschaft verändert« an, dass Männer aktiv über Reduzierungsmöglichkeiten informiert werden. Allerdings sollten die Personalverantwortlichen, so sie sich denn zu diesem Schritt überwinden können und das Okay der Geschäftsleitung haben, über neue Begriffe nachdenken.»Teilzeit« nämlich werde zu häufig mit »Karriereknick« gleichgesetzt – besser wären Begriffe wie »Vollzeit light« oder »reduzierte Vollzeit«, so der Vorschlag der Autoren.[17] Ob das die strukturellen Probleme verändert, sei dahingestellt. Nebelkerzen werfen können wir selber.

Die Wissenschaftler des DIW haben allerdings mehrere Varianten zum Thema Familienarbeitszeit durchgerechnet und stellten fest: Ein Konzept der reduzierten Vollzeit bei teilweisem staatlich finanziertem Lohnausgleich würde Eltern bei der partnerschaftlichen Aufteilung der anfallenden Aufgaben tatsächlich massiv unterstützen. Und anfangs sogar relativ wenig kosten. Denn es kämen nur Eltern in den Genuss der Leistung, bei denen beide 80 Prozent arbeiten – was bislang exakt ein Prozent der Eltern mit Kindern zwischen ein und drei Jahren praktizieren. Die Kosten beliefen sich je nach Ausgestaltung auf 67 bis 138 Millionen Euro pro Jahr. Zum Vergleich: Das Elterngeld kostet pro Jahr rund 4,6 Milliarden Euro.[18]

Familienfreundlichkeit ja – aber selten für Väter

Selbstverständlich setzen immer mehr Firmen seit einigen Jahren auf Familienfreundlichkeit, weil das im Wettbewerb um Arbeitskräfte mittlerweile klar als Pluspunkt erkannt wurde – allerdings fast nie für Väter. Wer dennoch so etwas wie Väterpolitik betreibt, verspricht oft mehr, als er hält. Ein Unternehmen wirbt mit seiner Familienfreundlichkeit, hat vielleicht sogar bei einer Evaluierung mitgemacht und einen Stempel bekommen. Wenn der Abteilungsleiter auf 30 Stunden gehen will, ist davon keine Rede mehr: »Guter Mann, das gilt doch nicht für Führungskräfte!« Sogenannte familienfreundliche Maßnahmen wie flexible Arbeitszeiten etwa – so diskussionswürdig im Übrigen auch diese sind – richten sich noch allzu oft nur an Frauen. Von den wenigen rühmlichen Ausnahmen wie etwa der Deutschen Telekom oder einigen großen Versicherungen und Banken mal abgesehen. Auch hier sind allerdings die flexiblen Modelle eher für »normale« Angestellte konzipiert und nur selten für das Führungspersonal.

Für die engagierten Väter gilt: Sie müssen nach ihrer Elternzeit mit doppelter Kraft beweisen, dass das nur ein kleiner, dem bedauerlichen Zeitgeist geschuldeter Ausflug in die Welt der Familie war, der ihren hundertprozentigen Einsatz für das Unternehmen ab sofort nicht mehr beeinflusst.

So bekannte etwa die Personalchefin von VW auf einer Podiumsdiskussion, dass sich die allseits gelobte Vereinbarkeitspolitik ihres Unternehmens bisher stark auf Mütter und weniger auf Väter konzentriert hat. Allerdings werde in ihrem Unternehmen immer deutlicher, dass auch konkrete Antworten auf die Fragen und Bedürfnisse der Männer gefunden werden müssten. Und die sehen interessanterweise anders aus als die der Frauen. Männer fragten eher: Wie wird garantiert, dass ich auf einen mindestens genauso guten Job zurückkehren kann? Wie sieht es nach der Elternzeit mit meinen Aufstiegschancen aus?

Männer führen ganz oder gar nicht!

Noch schwerer wird es, wenn der Aufstieg bereits begonnen hat. Weil wir eine Unternehmens- und Managementkultur haben, in der von Führungskräften Einsatz rund um die Uhr erwartet wird, ist eine Reduzierung der Arbeitszeit weiter nur schwer vorstellbar. Obwohl Jobsharing, Topsharing, Doppelspitzen und Tandemführung als neue Arbeitszeitmodelle im Management immer wieder diskutiert werden, sieht die Realität anders aus: Nur fünf Prozent der deutschen Führungskräfte haben nach einer Studie des Wissenschaftszentrums Berlin (WZB) ihre Arbeitszeit auf unter 30 Stunden reduziert. Damit liegen sie im europäischen Mittelfeld.

Innerhalb Europas und zwischen den einzelnen Branchen gibt es große Unterschiede: Während in einzelnen Ländern Führungskräfte durchaus in der Lage sind, weniger zu arbeiten, ist das in anderen – wen wundert's, dazu gehört auch Deutschland – wesentlich schwieriger. In den teilzeitbegeisterten Niederlanden sind es immerhin zwölf Prozent, hier arbeiten allerdings auch 40 Prozent aller Beschäftigten ohnehin Teilzeit. Ähnlich sieht es in Irland aus: Bei einer Gesamtteilzeitquote von 30 Prozent arbeiten immerhin elf Prozent der Führungskräfte reduziert. Daraus schließen die Autoren, dass Länder, in denen Teilzeit weit verbreitet ist, auch eher bereit sind, Teilzeitführung zu akzeptieren.[19]

Die WZB-Studie zeigt auch, dass es wiederum die Frauen sind, die häufiger als ihre männlichen Kollegen in Führungspositionen Teilzeit arbeiten. Für Deutschland heißt das: Frauen 14,6 Prozent, Männer 1,2 Prozent! Aber auch in den Niederlanden sind die Managerinnen bei der Reduzierung vorn, hier stehen 31,5 Prozent Frauen mit geringerer Arbeitszeit 4,1 Prozent Männern gegenüber.

Besonders selten findet man Teilzeitarbeit in den Führungsebenen großer Unternehmen und bei Selbstständigen. Auch die Unterschiede je nach Branche sind enorm: So arbeiten die meisten Manager und Managerinnen in Teilzeit hierzulande in den Bereichen Bildung, Gesundheit und öffentliche Verwaltung (9,3 Prozent), im verarbeitenden Gewerbe dagegen bleiben sie mit 1,2 Prozent die Ausnahme. In diesem Klima hat der »neue« Mann nicht die leiseste Chance, (s)eine neue Rolle zu finden und ihr Leben einzuhauchen.

Auch die Geschlechternormen in der Gesellschaft spielen bei der Akzeptanz von Führungskräften in Teilzeit eine große Rolle. So wird sie in Ländern, in denen die Erwerbstätigkeit von Müttern und die Haus- und Familienarbeit von Vätern selbstverständlicher ist, wie etwa in Belgien, eher akzeptiert als anderswo.

Warum es manchmal trotzdem geht

Dass es trotz aller Widerstände und Widrigkeiten funktionieren kann, zeigen immer wieder Beispiele aus unserem Umfeld: So haben wir gerade die Beförderung eines befreundeten Mediziners zum leitenden Oberarzt gefeiert. Und das, nachdem er ein Jahr in Elternteilzeit war. Bis zu dem Tag, an dem er mit diesem Wunsch bei seinem Chef auftauchte, war so etwas in seinem Krankenhaus undenkbar. Ein leitender medizinischer Mitarbeiter an zwei Nachmittagen zu Hause statt im OP? Niemals! Er hat sich trotzdem durchgesetzt und ist, wie gesagt, weiterhin hoch angesehen in seiner Abteilung. Zu allem Überfluss hat er seit dem Ende seiner Elternteilzeit ein paar Stunden reduziert, weil seine Frau – ebenfalls Ärztin – mittlerweile in der eigenen Praxis stark eingespannt ist. Was ihm aber letztlich viel wichtiger war als die Beförderung: Er hatte zum ersten Mal in seinem Leben wirklich Zeit für seine drei Kinder. »Ich habe sie dadurch eigentlich erst richtig kennengelernt«, sagt er. Ein schöner Satz – und ein erschreckender dazu: Die Kinder waren zu diesem Zeitpunkt sechs, neun und zwölf Jahre alt.

Dass er trotz der Auszeit Karriere macht, erklärt er sich so: »Ich kann ein paar Dinge, die in unserer Abteilung sonst keiner kann.« Die Klinik braucht ihn also, er hat sich in den Jahren vor der Elternzeit eine Position erarbeitet, die es ihm erlaubt, weitergehende Forderungen zu stellen als andere. Eine Position, die seine Frau in ihrem Krankenhaus nie erreicht hat. Sie hat in der Zeit, in der er an seiner speziellen Qualifikation arbeitete, drei Kinder bekommen. Und obwohl sie immer gearbeitet hat, erreichte sie ein solches »Alleinstellungsmerkmal« nie. Dabei ist es genau das, was zumindest ein Mindestmaß an Verhandlungsspielraum schafft: die eigene Unersetzlichkeit. Wie viele Frauen das schaffen, bevor sie Kinder kriegen? Wohl die wenigsten. Wie auch? Schließlich bekommen sie die Kinder in der Regel in einem Alter, wo die Karriere erst beginnt, zwischen Mitte zwanzig und Anfang vierzig.

Männer haben ein ganz besonderes Vereinbarkeitsproblem

Es ist also offenbar wichtig, welche Art von Arbeit wir machen und nicht nur, wie viel und wann. Dabei haben Väter ein ganz spezifisches Vereinbarkeitsproblem, weil sie sich im Spannungsfeld zwischen Beruf, Familie, Partnerschaft, Bildungs- und Karrierepflichten, Existenz-, Leistungs- und Erfolgsdruck, sozialer Prägung und Umfelderwartungen bewegen. Das befand schon 2007 Christoph Popp nach seinem zweieinhalb Jahre dauerndem Projekt »Väter gewinnen«.[20] Demnach fehlt den meisten Vätern im Hamsterrad des Alltags die nötige Zeit für Rollen- und Selbstreflexion.

Schon vor über zehn Jahren kamen die Soziologinnen Claudia Bors und Helga Krüger außerdem zu dem Schluss, dass bestehende Strukturen veränderte Ansprüche an die Vaterschaft nur insoweit hinnehmen, wie sie nicht die Verfügbarkeit des Mannes auf dem Arbeitsmarkt betreffen.[21] Bleibe dieser Tatbestand unverändert, werde es im Laufe der Zeit unweigerlich zu einer »Retraditionalisierung« der Elternrollen kommen, schreiben Bors und Krüger weiter.

Na so was! Schon vor über zehn Jahren also gab es diesen Befund. Und was haben wir bis heute daraus gemacht? Wir schieben die Schuld für diese Retraditionalisierung den Frauen in die Schuhe! Dabei ist doch genau das auch ein Grund, warum viele Frauen traditioneller leben müssen, als sie und ihre Partner eigentlich wollen: weil ihre Männer kaum Möglichkeiten haben, sich intensiv für die Familie zu engagieren. Und wieder: Die zwei Monate Elternzeit für Väter sind eine feine Sache, ändern aber am Grundproblem überhaupt nichts, dass nämlich Väter nur Väter sein dürfen, wenn sie in der Arbeitswelt mit dieser Rolle nicht unangenehm auffallen.

Wie Mann es macht, ist es verkehrt

Und dann gibt es noch ein paar besonders schöne Effekte, wenn Väter sich für ihre Familien einsetzen:

Mann nimmt vielleicht die vollen drei Jahre Elternteilzeit und steigt danach in der Firma sogar auf, weil er ja so großartige soziale Kompetenzen erworben hat. Eine prima Sache – bliebe da nicht die ebenfalls berufstätige Mutter zurück, die fortan umso mehr Stress hat, ihren Alltag *und* den der Kinder zu organisieren. Die ursprünglich mal auf Dauer angelegte partnerschaftliche Aufgabenteilung ist passé.

Oder: Der familienbewusste Mann erlebt denselben Karriereknick wie die Frau und kriegt fortan in der Firma keinen Fuß mehr auf den Boden. Die paar Wochen Elternzeit wurden ja noch, zwar ungern, hingenommen, aber dauerhaft reduzieren – das geht nun wirklich zu weit. Den Spott der Kollegen kriegt er noch kostenlos dazu. Die finanzielle Absicherung der Familie sowie berufliche Entwicklungsmöglichkeiten kann er sich ebenfalls abschminken – ein Totalverlust auf allen Seiten.

Oder der immer noch seltene Fall drei: Beide arbeiten eine Zeit lang Teilzeit, bekommen im Anschluss beide gute Vollzeitstellen oder gar Aufstiegsangebote – und stecken dennoch in der Zwickmühle: zwei Vollzeitjobs, Partner, Kinder, Haushalt, Hobbys. Anstelle von einem sitzen nun beide Partner in der Vereinbarkeitsfalle.

Apropos Hausarbeit

Frauen machen – egal, in welchem Ausmaß sie erwerbstätig sind – nach wie vor den größten Teil der Hausarbeit. Die wird mit Kindern bekanntlich nicht weniger. Auf die gleichberechtigte und umfassende Hilfe ihrer Partner können die meisten dabei nicht zählen. Die Faktenlage ist eindeutig: Egal, welche Studie man hervorkramt, Tenor ist immer: Selbst wenn sie in den Beruf zurückkehren, sinkt ihr Anteil an der Hausarbeit zwar geringfügig, aber nicht signifikant. Während der sehr geringe Anteil der Männer an der unbezahlten Arbeit immer weitgehend gleich bleibt.

In diesem Bereich setzen die Männer immer noch auf vornehme Zurückhaltung. Sie kommen je nach Umfrage auf einen Anteil von gerade einmal knapp 20 Prozent an den häuslichen Aufgaben – und da ist der Kauf des Wasserkastens am Samstag schon mit eingerechnet. Laut Allensbach-Männerstudie 2013 übernehmen nur 27 Prozent der Männer, die mit ihrer Partnerin zusammenleben, auch tatsächlich die Hälfte der Haus- und

Familienarbeit.[22] Je nach Studie geben gar über fünfzig Prozent zu, nur einen kleinen Teil beizutragen.[23] Dabei sind die Männer im Osten noch etwas aktiver als ihre Geschlechtsgenossen in den alten Bundesländern.

Dennoch ist sie ein von Politik und Wirtschaft geträumter Traum für die Zukunft: die Familie 3.0, das Organisationswunder von morgen, mit engagierten Vätern und voll berufstätigen Müttern. Karriereknick und Altersarmut sind Themen von gestern, Sozialversicherungssysteme und Unternehmen schreiben Dankesbriefe.

Eine schöne neue Welt wäre das, sowohl aus gleichstellungspolitischer wie aus ökonomischer Sicht – wenn, ja wenn ihr Zustandekommen nicht an einem ganz profanen Problem scheitern würde: Weil Frauen den Großteil der Alltagsarbeit leisten, weil sie einkaufen, kochen und waschen und putzen müssen, weil sie Kinder betreuen und begleiten, während er im besten Fall das Gartentor repariert, können sie nicht mitmachen in dieser schönen neuen Welt. Sie haben einfach zu viel zu tun!

Geteilte Verantwortung in der Familienarbeit kann man das beim besten Willen nicht nennen. Dass immer noch vieles im Argen liegt, hat auch mit lieb gewonnenen Vorurteilen zu tun. Wie Umfragen zeigen, sind viele Männer tatsächlich nach wie vor der Ansicht, dass Frauen für bestimmte Tätigkeiten einfach mehr Talent haben, etwa fürs Bügeln. Auch den Duft von Kloreiniger lieben Frauen in der irrigen Vorstellung ihrer Partner offenbar so innig wie ihr bestes Parfüm. Wie sonst ist zu erklären, dass sie dieses unnötige Produkt so häufig in die Hand nehmen? Es zwingt sie doch keiner!

Wollen wir ihn überhaupt, den neuen Mann?

In der Untersuchung »Wege in die Vaterschaft« des Deutschen Jugendinstituts von 2008 antworteten 95 von 100 jungen Männern auf die Frage nach den Aufgaben eines Vaters zuerst: »Der Familie ein Heim bieten« und »Den Lebensunterhalt für die Familie verdienen«. Genauso viele gaben als wichtig an: »Arbeitsplatz und Einkommen sichern«. Auch in der Forsa-Studie »Väter 2014« zeigen sich – mittlerweile etwas abgeschwächt – solche Tendenzen: Immerhin noch 61 Prozent von über 1000 befragten Vätern sagten, dass ein guter Vater einer ist, »der durch sein Einkommen dafür sorgt, dass es der Familie gut geht«. Solch traditionelle Vorstellungen sind offenbar tiefer verankert, als wir heute manchmal wahrhaben wollen. Interessant daran ist: Ein wesentlich geringerer Anteil der Frauen erwartet das von den Männern. Diese könnten sich also eigentlich ein bisschen entspannen – sie haben den neuen Spielraum aber noch gar nicht wahrgenommen.

In eine ähnliche Richtung gehen immer wieder repräsentative Umfragen: So halten immer noch sehr viele Männer und Frauen an eher traditionellen Vorstellungen einer partnerschaftlichen Rollenverteilung fest. So zumindest das Fazit der »Vorwerk Familienstudie 2013«. Für diese Studie hat das Meinungsforschungsinstitut Allensbach mehr als 1500 Deutsche befragt und wurde selbst von den Ergebnissen überrascht: Demzufolge kommt nur für 44 Prozent der Bürger in Frage, dass der Mann bei seiner Karriere zurücksteckt, damit auch seine Frau arbeiten kann.

Selbst viele Frauen sehen das offenbar so: So fand es weniger als die Hälfte der befragten Frauen gut, wenn ihr Partner für sie beruflich Abstriche macht. Besonders interessant: Diese Forderung hat unter den Frauen in den vergangenen 20 Jahren sogar an Unterstützung verloren. Im Jahr 1993 befürworteten noch 53 Prozent der Frauen, dass ihr Partner im Beruf für sie kürzertritt.

Auch weitere Ergebnisse der Studie sind für unser Anliegen beinahe erschreckend. So ist es nur für jeden dritten Deutschen (36 Prozent) denkbar, dass der Mann lediglich halbtags arbeitet und sich um die Kinder kümmert. »Dass der Mann gleich ganz zu Hause bleibt und seine Partnerin das Geld verdient, kann sich nicht mal jede vierte Frau (23 Prozent) und nicht mal jeder fünfte Mann (17 Prozent) vorstellen.«[24]

Auch eine große Mehrheit der Frauen schätzt es also nach wie vor, wenn der Mann ein sicheres Gehalt nach Hause bringt und zumindest zu einem großen Teil für den Unterhalt der Familie aufkommt. Das kann und darf man niemandem zum Vorwurf machen. Schließlich ist eine Familie ein extrem anfälliges Konstrukt für Armut und Instabilität – da ist der Wunsch nach einer gesicherten finanziellen Basis zutiefst nachvollziehbar. Das ist auch ein wichtiger Grund für die vielen ausbleibenden oder späten Familiengründungen: Viele junge Menschen schaffen es heutzutage lange nicht, nach dem Ende ihrer Ausbildung ein verlässliches und sicheres Einkommen zu erzielen. Und da die Frauen ganz genau wissen, dass die Fortsetzung ihrer Karrieren mit Kindern keineswegs gesichert ist (und sie es aus nachvollziehbaren Gründen vielleicht auch gar nicht wollen), ist es auch kein Wunder, dass sie sich in der Familiengründungsphase einen Partner wünschen, der das Erreichte absichert. Wie gesagt, zumindest in dieser Phase.

Und dennoch hat sich trotz dieser vermeintlich konservativen Haltungen im Jahr 2014 die Rolle der Väter geändert: Sie verbringen heute nachweislich mehr Zeit mit ihren Kindern als noch ihre Väter. Sie wollen aktive Väter sein und sind dies auch immer mehr. Sie tun weit mehr, als nur den Lebensunterhalt zu sichern: Sie spielen und raufen, sie begleiten und schützen, sie fördern und fordern ihre Kinder, wann immer sie können.

Es wäre ja fast lustig, wenn es nicht so wahnsinnig ernüchternd wäre: Der Kampf um neue Rollen ist zäh, ermüdend und oft auch mit heftigen Konflikten zwischen den Liebenden verbunden. Es ist einfach so verdammt unromantisch, sich über die

Pflichten im Haushalt zu unterhalten, statt über den neuesten Woody-Allen-Film. Wer aber wirklich den Titel »neuer Mann« verliehen haben will, muss sich diesen Gesprächen stellen – und dann auch zum Putzeimer greifen. Was übrigens auch der Beziehung zu seinen Kindern nützt: Je mehr sich der Vater im Haushalt engagiert – was eindeutig nicht unter »Quality Time« fällt –, desto eher fühlen sich die Kinder von ihm »liebevoll umsorgt, wertgeschätzt, angenommen, beachtet, geliebt«.[25]

Neue Väter brauchen neue Arbeitszeiten

Fast alle Kinder wünschen sich mehr Zeit mit ihren Vätern. In sämtlichen Befragungen geben sie an, dass sie zwar verstehen, dass ihre Eltern Geld verdienen müssen. Sie beklagen aber immer wieder, dass sie deshalb zu wenig Zeit für sie haben: Etwa die Hälfte der Kinder zwischen sechs und 14 Jahren sagte in einer Befragung, dass der Vater aufgrund seiner Berufstätigkeit zu wenig Zeit für sie habe. Im Gegensatz dazu sagten übrigens »nur« 36 Prozent der Kinder, das treffe auch auf ihre berufstätige Mutter zu. Auch die Väter wissen ganz genau, woran es hapert. 83 Prozent stimmen der Aussage zu, einen guten Vater zeichne aus, dass er so viel Zeit wie möglich mit seinen Kindern verbringt.[26]

Da Wunsch und Wirklichkeit meilenweit auseinanderklaffen, ist die große Mehrheit der erwerbstätigen Väter laut Familienreport massiv unzufrieden mit der Situation: satte 72 Prozent. Das kann doch nur heißen: weniger arbeiten!

Aber das ist einfacher gesagt als getan. Denn die Voraussetzungen sind denkbar schlecht. Die Arbeit verdichtet sich immer mehr, der Konkurrenzdruck in der globalisierten Welt ist enorm. Die tatsächlichen wöchentlichen Arbeitsstunden in Deutschland steigen seit Jahren an, die Forderung nach Arbeitszeitverkürzungen ist aus dem Munde von Gewerkschaftern so selten geworden wie Schnee im Juli. Es gibt noch keinen gesellschaftlichen Konsens und keine substantielle Unterstützung dafür, dass neue Väter auch neue Arbeitszeiten brauchen.

Da nützen auch die feinsten gesetzlichen Regelungen nichts. Wer das Signal bekommt, es lieber gar nicht erst zu versuchen, Gesetze hin oder her, der wird nur in den seltensten Fällen ein Gericht anrufen, um seine Ansprüche durchzusetzen. Das kann sich niemand leisten, der seine Arbeit behalten will.

Das gilt umso mehr, als die Übernahme von Fürsorge ein solches finanzielles Risiko darstellt, dass es für Männer völlig unattraktiv ist. (Für Frauen gilt das natürlich auch, aber wenn die Kinder einmal da sind, muss es ja irgendjemand machen ...) Dennoch könnten die Männer schon einmal damit anfangen, wenigstens ihre Bedürfnisse klar und deutlich zu formulieren. Denn solange kaum ein Arbeitgeber weiß, wie wichtig vielen Vätern die Familie und planbare, flexible Arbeitszeiten sind, solange viele gar nicht wagen, dafür einzustehen, so lange gibt es für Unternehmen keine Notwendigkeit zu handeln.

Wenn wir mehr Gleichstellung wollen – und das setzen wir als Ziel voraus –, dann kann die daraus resultierende Forderung für Männer doch nur heißen: Kämpft für flexiblere Arbeitszeiten! Fordert das Recht auf Teilzeit mit dem Rückkehrrecht auf Vollzeit ein! Setzt eure viel gelobten Fähigkeiten des effektiven Networkings dafür ein, euch zusammenzutun. Denn nur wenn die Mehrheit sich endlich Gehör verschafft, wenn sie aufbegehrt und ihre Rechte offensiv einfordert, werden die Arbeitgeber reagieren. Nehmt den Druck von den Frauen, den Müttern *eurer* Kinder, indem *ihr* für mehr Zeit mit diesen Kindern kämpft! Und zwar auch dann, wenn diese schon längst aus den Windeln sind. Traut euch, das Problem endlich als das anzusprechen, was es auch – ist: als Männerthema!

Der schleswig-holsteinische Grünen-Politiker und engagierte Vater Robert Habeck beschreibt in seinem Buch *Verwirrte Väter. Oder: Wann ist ein Mann ein Mann* die Lösung für das Problem so:»Im Grunde liegt es an den Männern selbst, die Stimme zu erheben und eine neue Individualität der Lebensführung einzuklagen. Erst so wird das Projekt Emanzipation vollendet.«[27]

Schön wär's. Die Realität ist weitaus trister. Im Herbst 2013 lasen wir diese Schlagzeile:»64 Prozent der Männer reicht's mit der Gleichberechtigung«. So zumindest das Ergebnis einer Allensbach-Studie im Auftrag von *Bild der Frau*.[28] 28 Prozent der befragten Männer klagten:»Was da passiert, ist übertrieben.« Und sechs Prozent fühlen sich gar bereits benachteiligt. Einen Rollentausch finden nur 13 Prozent der Männer attraktiv – bei den Frauen sind es mit neun Prozent sogar noch weniger. Interessanterweise haben jedoch eher allein lebende Männer ein kritisches Verhältnis zum Wandel der Geschlechterrollen als Männer in Paarbeziehungen.

Aber es geht noch weiter: Auch wenn junge Männer sich heute theoretisch mehr um ihre Kinder kümmern wollen, so würde nur jeder fünfte Mann sein Arbeitspensum – wenn das Gehalt dadurch sinken würde – auch tatsächlich reduzieren. 70 Prozent hingegen lehnen das sogar ausdrücklich ab.[29]

Insgesamt glauben nur elf Prozent der Bürger, dass die meisten Arbeitgeber Verständnis dafür hätten, wenn ein Vater wegen seiner Familie die Arbeitszeit reduzieren möchte. Bei Frauen sind die Menschen weniger pessimistisch: Hier rechnen 29 Prozent der Bevölkerung mit Verständnis für einen solchen Wunsch. Einschätzung und Wirklichkeit gehen auch hier einmal mehr auseinander – allerdings in eine ganz andere Richtung, als vielleicht viele erwartet haben: Tatsächlich nämlich reagierten bei über der Hälfte der betroffenen Väter die Arbeitgeber verständnisvoll.[30] Zumindest was vorübergehende Auszeiten angeht, scheinen sich viele Manager also zu bewegen. Weiter so, kann man da nur sagen, denn bis zur echten Gleichstellung ist es noch ein weiter Weg.

Väter können durch Familienauszeiten unserer Meinung nach nur gewinnen: Endlich kämen auch sie in den Genuss einer beruflichen Pause, indem sie sich der Kindererziehung und der Familienarbeit im weitesten Sinne widmen. Gerne wird das ja als Vorwurf von Männern an Frauen benutzt: Ihr habt es gut, ihr könnt euch ein paar schöne, stressfreie Jahre mit den Kindern machen – wir nicht! Diese Argumentation hat allerdings mehrere Haken: Erstens muss sich erst einmal jemand finden, der die Stressfreiheit der Familienarbeit wissenschaftlich belegt. Und zweitens: Wenn sie wirklich wollten, könnten sie sich ja genau für diese vermeintlich stressfreie Lebenszeit einsetzen. Das wäre wahrscheinlich ein ähnlich steiniger Weg wie der, den die Frauen bei ihrem Kampf um die zumindest rechtliche Gleichberechtigung bereits gehen mussten. Aber möglicherweise ist er genauso lohnend!

Vom Gewinn für die Unternehmen ganz abgesehen. Denn wenn mehr Männer Teilzeit arbeiten würden und damit auch ihre Frauen und Partnerinnen wieder mehr Zeit zur Verfügung hätten, ihre Kompetenzen beruflich umfassend einzubringen, hätte das auch positive Auswirkungen auf den Arbeitsmarkt. Mit dem Kürzertreten der Männer würden interessante Stellen frei, und es kämen viele hoch qualifizierte Frauen in die Arena zurück. Zusätzlich könnten Unternehmen viel Geld sparen, wenn sie es nicht mehr für teure Managementkurse ausgeben müssten mit Titeln wie »Finde dein wahres Selbst«, »Wie Männer einfühlsam führen« und »Gute Kommunikation – für Männer leicht gemacht«.

Das Geld wäre möglicherweise besser in Vaterauszeiten investiert, denn wir behaupten: Kein Kurs in Zeitmanagement kann so effektiv sein wie der Alltag mit einem Kind. Und es gibt wahrscheinlich keine einzige Fortbildung auf der Welt, die Menschen so sehr erdet wie die Verantwortung für einen von ihm abhängigen Menschen. Wer das einmal erlebt hat – und zwar länger als acht Wochen und davon die meiste Zeit an einem Hotel-Pool –, der hat viel gelernt. Auch und gerade für sein Berufsleben: den Blick für das Wesentliche, Budgetverantwortung bei begrenzten Ressourcen, Organisationstalent, eine besseres Zeitmanagement. Und am allerwichtigsten: Er hat gelernt loszulassen, eigene Interessen zurückzustellen, mitfühlend zu kommunizieren und genau zu gucken, was das Gegenüber umtreibt und was es gerade braucht.

Was für eine schöne Wirtschaftswelt könnte das werden. Eine Welt, in der neben den Frauen auch die Männer zusätzlich zur Fachkompetenz über jene »Soft Skills« verfügen, die für die Führung von Mitarbeitern so dringend gebraucht werden. Eine Welt, in der auch die Männer endlich alle ihre Potenziale ausschöpfen können.

Beim zweiten Mal wird alles anders

Die Vereinbarkeit von Familie und Beruf ist für viele Väter schon seit Jahrzehnten ein Riesenproblem. Auch die Vorfahren der »neuen« Männer wünschten sich zumindest teilweise mehr Zeit mit ihren Kindern. Kaum einer schaffte es, sich diesen Wunsch zu erfüllen. Stattdessen erfüllten sie ihre beruflichen Pflichten – und merkten erst, wenn es zu spät war, dass ihnen etwas Wichtiges entgangen war: wertvolle Zeit mit den Kindern, die nicht wiederkommt.

Nicht wenige machen es beim zweiten Anlauf anders: Sind die ersten Ehen erst einmal gescheitert und die großen Kinder aus dem Haus, gründen sie oft noch einmal eine neue Familie und versuchen dann, den Kindern (im besten Fall auch der Partnerin) ein bisschen mehr von ihrer Zeit und ihrer Aufmerksamkeit zu schenken.

»Neue« Männer sind nicht selten über 50. Sie müssen keinem mehr etwas beweisen, sind beruflich ausreichend abgesichert, um ein wenig kürzertreten zu können, und haben die Positionen erreicht, die ihnen wieder etwas mehr Flexibilität in der Lebensgestaltung erlauben. Oder sie sind sogar alt genug, um ganz aus dem Berufsleben herauszutreten. Und ihrer jüngeren Partnerin den Rücken für den Job frei zu halten. Prominente Beispiele wie Ulrich Wickert gibt es zuhauf, die Zahlen sprechen für sich: 35 000 Väter waren 2010 über fünfzig.[31]

Uly Foerster ist so ein alter »neuer« Vater. Zwei Wochen vor seinem 60. Geburtstag kam seine Tochter zur Welt. Mit seiner ersten Ehefrau hatte er sich voll auf die Karriere konzentriert. Da passten Kinder bei beiden einfach nicht rein. Aber dann lernte er seine zweite, jüngere Frau kennen und entschied sich mit ihr für sein erstes Kind – und sein zweites Leben. Beruflich habe er alles erreicht, was er erreichen wollte. Jetzt wolle er sich auf etwas Neues, vollkommen anderes konzentrieren. Über die Entdeckung dieses Gefühls hat er natürlich auch gleich ein Buch geschrieben.[32] In dem er zugibt, dass er als junger Mann nie auf die Idee gekommen wäre, seine eigenen Bedürfnisse für ein anderes Leben so zurückzustellen. Und ist damit – siehe oben – kein Einzelfall.

Späte Väter sind oft genug ein Schlag ins Gesicht für alle Frauen, die in der Karrierephase ihres Mannes den kinderlosen Weg mitgegangen sind oder die Kinder mehr oder weniger allein erzogen haben. Männer haben die biologische Chance auf ein zweites Leben, Frauen nicht. Da hilft es auch nur wenig, wenn Martin Verlinden vom Sozialpädagogischen Institut Köln in einem Interview feststellt:»Unsere Lebensphasen verschieben sich, die Altersunterschiede zwischen Mann und Frau werden flexibler.«[33] Denn noch profitierten vor allem die Männer davon, die in der neuen Lebensphase mit deutlich jüngeren Frauen ihre eigene Kraft und Stärke noch einmal unter Beweis stellen. Oder das tun, was für sie als junger Mann häufig nicht in Frage kam oder möglich war: eine Familie zu gründen oder sich um die Kinder auch wirklich gern zu kümmern. Ein etwas bizarrer Vorschlag, bedeutet er letztlich doch, dass man als junge Frau am besten Karriere und Kinder haben kann, wenn man sein Leben mit einem alten Mann teilen möchte.

Ein Rollenmodell für junge Familien, in denen zwei ehrgeizige und qualifizierte, etwa gleichaltrige Menschen mit normalen Gehältern Beruf und Familie gut zusammenbringen wollen, sind späte Väter damit allerdings nicht.

Wer hat Angst vorm neuen Mann?

Die Unternehmen offensichtlich! Denn wann immer die Politik laut über neue Rahmenbedingungen nachdenkt, etwa mit einer Weiterentwicklung der »Väterzeit« oder dem gesetzlichen Rückkehrrecht in die Vollzeitstelle, ist der Aufschrei der Arbeitgeber unüberhörbar: zu viel Bürokratie, zu wenig Planungssicherheit, so die immer wiedergekäuten Argumente gegen allzu viel Flexibilität für Familienarbeiter. Wir brauchen nicht weniger als eine Kulturrevolution.

Nur wer selbstständig ist, Freiberufler oder eben schon Chef, verfügt über ein klein wenig Spielraum in seiner Zeitgestaltung. Das sind jedenfalls die Menschen, die auch wir schon morgens *und* nachmittags auf dem Schulhof getroffen haben. Oder diejenigen, die einen verständnisvollen Vorgesetzten haben, der selbst aktiver Vater ist und jeden nach Hause schickt, von dem er hört, dass das Kind Fieber hat. Aber diese Exemplare sind immer noch sehr selten. Auch wenn alle über die »neuen Väter« jubeln.

Was viele Arbeitgeber immer noch nicht begriffen haben: Nur wer kreative Lösungen für die Arbeitszeit- und Familienzeitwünsche seiner Angestellten – Männer wie Frauen – findet, wird in Zukunft beim Kampf um die Talente vorn dabei sein. Aber der Ball liegt auch im Feld der Männer. Denn nur wenn Vorgesetzte wissen, dass auch die Männer solche Forderungen stellen werden, weil in der Familienphase beide Partner dauerhaft Verantwortung übernehmen wollen, werden sie entsprechend reagieren. Und erst dann kann man mit Fug und Recht von Gleichberechtigung auf dem Arbeitsmarkt sprechen.

Viele Berufseinsteiger von heute stellen bei den Einstellungsgesprächen oft schon entsprechende Forderungen. Sie wissen, dass sie nicht nur im Job, sondern eines Tages auch daheim gebraucht werden. Ob sie diesen Wunsch tatsächlich realisieren können, dann, wenn das Kind da ist, ist aber längst nicht klar. Denn auch sie werden immer noch auf Strukturen und

Vorgesetzte treffen, die ihre Wünsche nur so lange ernst nehmen, wie niemand auf Erfüllung dringt. Sie werden kinderlose Konkurrenten haben, die keine Scherereien machen. Oder Kollegen mit Kindern, die, aus welchen Gründen auch immer, nicht in den Nahkampf für bessere Bedingungen gehen. Oder selber in die »Retraditionalisierungs«-Falle tappen.

Bricht uns die »Männerkultur« das Genick?

Wir haben eine durch und durch männlich geprägte Arbeitskultur, in der die 70-Stunden-Woche immer noch eine Trophäe ist und keine unmenschliche Belastung. Die Dauerabwesenheit von zu Hause ist der Lorbeerkranz, den sich der Chefarzt und der Betriebsleiter stolz um den Kopf winden. Schließlich unterstreicht er, wie bedeutend sie doch sind. Dass das aber auf Dauer richtig schiefgehen kann, beschreibt der Hirnforscher Gerald Hüther eindrücklich. Wer ständig arbeitet und nicht mehr zu Hause präsent ist, wird für Frauen unattraktiv. »Das ist immer dann der Fall, wenn Männer eine sehr ausdifferenzierte ›Männerkultur‹ entwickeln, die dann über kurz oder lang ihre eigene Reproduktion gefährdet – sei es, weil sie so ihre Attraktivität für die Frauen verlieren oder weil sie als fürsorgliche Väter nicht mehr zu gebrauchen sind.«[34] Auf diese Weise, so Hüther, werde jede Männerkultur, sobald sie sich zu weit von den biologischen Erfordernissen für ihre eigene Reproduktion entfernt, letztlich doch wieder von diesen Erfordernissen eingeholt. Sprich: Wer eine Frau haben und eine Familie gründen will, muss irgendwann auch beweisen, dass er zum Vatersein taugt. Wer das nicht schafft, bleibt auf lange Sicht allein. Spätestens wenn die zweite oder dritte Frau das Weite sucht, wird das auch der Letzte schmerzlich merken.

Wenn wir uns also auf den Weg zu wirklicher Gleichstellung machen wollen, geht das ohne den neuen Mann gar nicht. Denn es sind nicht nur die Stunden auf dem Fußballplatz, in denen man dem Junior begeistert zujubelt und mit den anderen Vätern ein Bier trinkt. Es sind vor allem die stinkenden Socken, der versiffte Kühlschrank und die überall herumliegenden Playmobilfiguren, es sind die Staubflusen, das Milchkaufen jeden zweiten Tag, das ständige Kochen und die Kindergeburtstage, die Mütter in den Wahnsinn treiben. Was die Hilfe der Väter da angeht – das ist natürlich von Mann zu Mann verschieden. Natürlich gibt es großartige Exemplare, die all das regelmäßig und verlässlich erledigen – und dann gibt es das große Heer, das spätestens, wenn's schmutzig wird, das Weite sucht. Wieder spricht der Familienreport 2012 des Familienministeriums eine deutliche Sprache: 70 Prozent der Mütter geben an, der Partner sei zu wenig zu Hause, 65 Prozent der Väter haben aufgrund ihrer beruflichen Anforderungen zu wenig Zeit für anderes, und die Hälfte der Väter findet, dass im Alltag immer etwas zu kurz kommt.[35]

Wäre die Familienarbeit gerechter verteilt, würden alle profitieren: die Kinder, die ganz selbstverständlich lernen, dass nicht nur die Mutti das Klo gut putzen kann, weil sie »so kleine Hände« hat, wie Helge Schneider kalauert. Die im Alltag erleben, dass es keine rein weiblichen und keine rein männlichen Aufgaben in einem Haushalt gibt. Hausarbeit ist schließlich keine Frauendomäne, sondern ein lästiges Übel, das erledigt werden muss. Waschmaschinen werden immer noch zum größten Teil von Männern konstruiert – es spricht also viel dafür, dass ihre Geschlechtsgenossen sie auch bedienen können. Die meisten Spitzenköche sind Männer – warum sollte das nicht auch zu Hause so sein?

Das wäre schon einmal ein erster Schritt zu mehr Selbstverständlichkeit im Umgang mit vermeintlich geschlechtertypischen Aufgaben. Denn was wir brauchen, sind aktive Vorbilder:

Ein Junge wird sich später eher und selbstverständlicher für Hausarbeit verantwortlich fühlen, wenn er von klein auf erlebt hat, dass der Papa seine Hemden selber bügelt und eine leckere Mahlzeit auf den Tisch bringt. Und eine junge Frau kümmert sich um ihr berufliches Fortkommen, wenn sie gesehen hat, dass es ihre Mutter genauso hielt und der Vater daheim alles im Griff hatte.

Interessante Hinweise für die Zukunft der Männer in dieser Frage gibt uns wieder Hirnforscher Gerald Hüther: »Männer sind bereit, alles auf sich zu nehmen und sich zu allem Möglichen zu entwickeln, wenn es nur dazu geeignet ist, eine passende Frau zu erobern«,[36] befindet er. Man könnte auch sagen: Wer kuscheln will, muss vorher sauber machen!

Indem Männer mehr Freiräume für sich und die Familie einfordern, könnten sie auch eine neue soziale Norm schaffen. Das soll keineswegs heißen, dass die Männer weiblicher werden sollen. Sie könnten aber durchaus angeregt werden, das in ihnen angelegte Potenzial etwas umfassender auszuschöpfen. So wie Frauen seit Jahren lernen, ihren Lächelreflex zu unterdrücken und breitbeinig in Meetings zu sitzen (auch wenn das – egal bei welchem Geschlecht – wirklich unvorteilhaft aussieht!).

Wie wird der Mann zum Mann?

Mehr als von der Biologie hängt die »Mannwerdung« vom kulturellen Umfeld ab, in das Jungen hineingeboren werden.[37] So sei es in unserer Geschichte bisher für diejenigen Männer leichter gewesen, Nachkommen zu haben, die etwas riskierten, besondere Leistungen erbrachten oder aus der Masse herausragten. Ergo hatten die erfolgreichen Abenteurer, Draufgänger, Entdecker und Erfinder, aber auch die größten Angeber und Schwindler die besten Chancen, Nachwuchs zu bekommen. In diese Kultur wuchsen die kleinen Jungen hinein – welche Schlüsse sie daraus zogen, ist offensichtlich. So wurden sie zu Männern, die

Risiken eingingen und Neues ausprobierten, notfalls sogar ihr Leben einsetzten – für Bedeutung, Macht und Reichtum.

»Deshalb definieren sich Männer bis heute noch immer viel stärker als Frauen über irgendwelche besonderen Leistungen, die sie vollbringen«, erklärt Hüther.[38] Weil sie schon als kleine Kinder versuchen, etwas Besonderes zu sein oder Besonderes zu leisten, nutzen sie auch ihr Gehirn auf eine besondere Weise. An diese Art der Nutzung passe sich das Gehirn immer besser an, bis sie schließlich nicht mehr anders denken und fühlen könnten.

Gesellschaften brauchen Menschen, die immer wieder an Grenzen gehen, Neues entdecken und neue Wege finden, sie brauchen risikofreudige Männer, deren Aufopferungsbereitschaft im Gegenzug mit Ruhm belohnt wird. Während aber Männer auf ihren Entdeckungsreisen ihr Leben riskieren dürfen, kann eine Gesellschaft auf Frauen als Mütter nicht verzichten. Deshalb werden nur Männer für ihre Risikobereitschaft belohnt. Hüthers Fazit: »Was uns Männer also für unsere Kultur nützlich macht, ist unsere Entbehrlichkeit.«[39] Diese Logik passt aber nur in eine archaische arbeitsteilige Welt, in der jede Mutter gebraucht wurde und es nicht weiter schlimm war, wenn der mutige Entdecker bei der Eroberung neuer Welten über die Klinge sprang.

Schwerter zu Staubsaugern!

Nach diesen Befunden muss man sich nicht wundern, dass Männer so vehement darauf bestehen, ihre Bastionen zu verteidigen. Was hätten sie denn sonst noch, wenn sie die mühsam erkämpften Positionen aufgäben? Ein großes inneres Loch täte sich auf. Wenn das also die »Natur« der Männer ist, entstanden aus kulturellen Zwängen und Anforderungen – was heißt das dann für den »neuen« Mann? In erster Linie wohl, dass wir gerade eine Veränderung erleben. Die Umwelt ändert sich – die

Bedürfnisse und Fähigkeiten der Männer offenbar auch. Wie schön! Dann sollten wir aber auch deutlich mehr dafür tun, dass die Männer, wenn sie die entsprechenden Gehirnareale erfolgreich aktiviert haben, sie auch reichlich nutzen können! Denn es ist die soziale Gemeinschaft, die aufgrund ihrer Vorstellungen und Lebensbedingungen festlegt, womit Mann sich Aufmerksamkeit und Beachtung verschaffen kann. Und die Frauen selber, die sich in Zukunft vielleicht doch eher einen Gefallen tun, wenn sie nicht den Eroberer, sondern den Nestbauer zum Vater ihrer Kinder wählen.

Das würde uns helfen, aus dem »Schatten« herauszutreten, in dem uns vor allem die Soziologin Jutta Allmendinger wähnt. Bezeichnet sie doch diejenigen Frauen, die nicht oder nur geringfügig erwerbstätig sind, plakativ als »Schattenfrauen«. Doch ein Blick in die Vergangenheit zeigt, dass die Orte, an denen Licht und Schatten herrschen, früher genau umgekehrt definiert wurden: So warnte der Psychologe Alexander Mitscherlich schon in den 60er Jahren in seinem Standardwerk *Auf dem Weg zur vaterlosen Gesellschaft* vor den negativen Auswüchsen der »Aufstiegsmanie«. Während es in der sich rasant entwickelnden Nachkriegsgesellschaft der Mann war, der zunehmend unsichtbar wurde, weil er sehr viel Zeit auf die Erwerbsarbeit außer Haus verwenden musste, befürchtete Mitscherlich schon damals, dass diese Unsichtbarkeit sich auch bald auf die Mütter erstrecken werde.

Interessant ist hier die Begriffswahl, wenn man die von Allmendinger mit der Mitscherlichs vergleicht: »Wir sehen aber, dass es nicht genügt, hier nur von einem Leiden des Kindes an der Unsichtbarkeit des Vaters zu sprechen – und viele Tendenzen zeigen an, dass die Mutter ihm bald in sein Reich der Schattenhaftigkeit nachgefolgt sein wird (...).«[40] Im Abschnitt »Wurzeln der Aufstiegsmanie« beschreibt er im Folgenden eindringlich die Not der Väter am Arbeitsplatz. Ihm zufolge ist die Erwerbstätigkeit mitnichten Quell reiner Freude und Selbstbestätigung, im Gegenteil: Er beschreibt die Arbeitswelt als einen

Ort, an dem ein Vater leidet, weil seine Arbeit es ihm nicht gestattet, seine »eigene persönliche Fertigkeit, sein individuelles Talent, Geschick, Ausdrucksbedürfnis in ihr unterzubringen«.[41] Er arbeite für Lohn, nach Zeit oder Stückzahl, vor allem aber arbeite er »spurlos«. In seinen Ergebnissen und Produkten hinterlässt er als Individuum keine Spuren, laut Mitscherlich Quell dauernder Enttäuschung. »Er ist leidend in ein Tun – wie bewusst oder unbewusst auch immer – verstrickt, das sich als unzugänglich für seine Gestaltungs- und Ausdrucksbedürfnisse erweist. Die Folge muss eine Verstärkung aggressiver Gespanntheit sein.«[42] Nur eine Minderheit habe überhaupt die Möglichkeit, mit ihrer Arbeit Spuren zu hinterlassen, was unweigerlich zu einer »Unzufriedenheit des Gemüts« führe.

Warum nur klingt das in unseren Ohren trotz der etwas altertümlichen Sprache immer noch so furchtbar aktuell? Vielleicht weil es uns, unabhängig vom zeitlichen Kontext, so leichtfällt, dieser Argumentation zu folgen: Offenbar hat fast jeder Mensch, egal ob Mann oder Frau, das Bedürfnis, Spuren zu hinterlassen – auch in und mit seiner Arbeit. Wer Arbeit in der Familie leistet, kann diese Spuren jeden Tag sehen.

Entlohnt wird er dafür jedoch nicht – und fällt so aus dem üblichen ökonomisch geprägten Raster, das Erfolg immer nur als wirtschaftlichen Erfolg definiert. Für Mitscherlich jedenfalls ist die Einteilung, welche Lebensbereiche im Licht und welche im Schatten liegen, klar: Die Arbeitswelt gehört eindeutig ins Schattenreich.[43]

Kinder brauchen ihre Väter

Mit der Abwesenheit der Väter von zu Hause entsteht ein weiteres, nennen wir es einmal soziokulturelles Problem: Während Väter früher ihre Kinder in das Leben einführten, ihnen handwerkliche Fähigkeiten beibrachten oder sie bei Grenzgängen ermutigten, fallen sie heute als Vermittler dieses Wissens weitgehend aus. Welcher Vater, der sich tagsüber mit IT-Problemen beschäftigt, nimmt abends noch die Säge zur Hand und zieht mit seinen Söhnen in den Wald? Auch so einfache Dinge wie die gemeinsame Zubereitung von Mahlzeiten werden immer seltener als gemeinschaftsbildende und sinnstiftende Tätigkeiten erlebt.

Dabei wissen wir schon lange, wie wichtig es für Kinder ist, Zeit auch und gerade mit ihren Vätern zu verbringen. Denn diese gebärden sich meist ganz anders als Frauen: Sie sind oft wilder, fordernder. Sie ermuntern Kinder zu Grenzgängen und -überschreitungen, an denen sie wachsen können. Wenn Väter dafür also nicht mehr genügend Zeit haben, führt das, so klagen Soziologen, zu einer möglicherweise gar nicht bewusst wahrgenommenen Entfernung der Väter von ihren Kindern. Resultat: Einige Männer fühlen sich immer weniger für ihren Nachwuchs verantwortlich. Sie haben das Gefühl, den eigenen Kindern ohnehin nichts wirklich vermitteln zu können. Eine Tatsache, die sie zutiefst verunsichert.

Auch hier ist ein Grund für diese tragische Situation die fehlende Zeit. Diese Männer sind nicht von Anfang an »schlechte« Väter. Sie haben nur oft keine Chance, zu »guten« zu werden, stabile und tragfähige Beziehungen zu ihren Kindern aufzubauen. Denn all das geht nur, wenn man das Wichtigste investiert, das es in Beziehungsfragen gibt: gemeinsame Stunden.

All das müsste nicht sein, wenn sich die Männer nicht so aufreiben müssten zwischen den oft übermäßigen Anforderungen im Beruf und den Ansprüchen ihrer Familie. Wenn sie sich sowohl in dem einen wie in dem anderen Feld einbringen könnten, ohne sich dabei selbst zu verlieren. Denn auch das ist inzwischen empirisch belegt: Partnerschaften mit einer gleichmäßigen Aufgabenteilung scheitern seltener als andere.[44] Die Gründe dafür liegen auf der Hand: Da jeder in solchen Beziehungen alle seine Potenziale nutzen, leben, auskosten kann, ist jeder zufriedener. Ein erstrebenswertes Ziel. Für Männer und Frauen ...

Lüge Nummer 4:
Die Zukunft ist weiblich

... und die Erde ist eine Scheibe

Die Zukunft ist weiblich. Die Zukunft ist weiblich. Die Zukunft ist weiblich. Seit Jahren beten Frauenverbände, Frauenzeitungen und Familienministerinnen dieses Mantra vor sich her. Die Gründe liegen auf der Hand, sagen sie. Weil es Frauen gibt, die diszipliniert und selbstbewusst Unternehmen führen, Politik bestimmen und Kinder großziehen. Weil Mädchen die besseren Noten haben und die besseren Abschlüsse machen. Weil Unternehmen vor allem Frauen fördern. Und weil nach dem Ausbau der Betreuungsplätze Kinder längst kein Grund mehr sind, zu Hause zu bleiben.

Also was wollt ihr denn? Für diejenigen Frauen, die immer noch jammern, gibt es die Ratgeber und Frauenzeitschriften mit den zehn besten Tipps, wie sie mindestens fünf Bälle gleichzeitig in der Luft halten können. Oder lustige Erlebnisberichte von *Working Mums*, die mit ihrem Spagat zwischen Sandkasten und Geschäftsführungsmeeting kokettieren. Reißt euch mal zusammen, Schwestern, ist doch alles halb so wild.

Ist es doch! Sogar noch wilder.

Lasst uns in Ruhe mit den Powerfrauen

Denn das Mantra von der weiblichen Zukunft geht einher mit dem Märchen von den Powerfrauen. Das beginnt ungefähr so: Es waren einmal ein paar Frauen, die waren schön, klug, erfolgreich, glücklich und reich. Sie leiten heute Yahoo und Facebook, Gruner + Jahr und Bundesministerien. Sie schreiben kluge

Bücher über den Willen zum Erfolg, den ihre Geschlechtsgenossinnen unbedingt haben sollten. Und sie lassen sich mit so aufmunternden Sätzen zitieren wie: In meiner Position kann ich Kinder und Karriere so gut vereinen, weil »ich einen Mann habe, der mit anpackt. Ein Umfeld, das mir Hilfe bietet. Und ein modernes Unternehmen«. So weit Julia Jäkel.[1]

Diese Powerfrauen sind Frauen, die man nicht wirklich gut leiden kann, aber heimlich ein bisschen beneidet. Weil sie so hochdruckgereinigt daherkommen, so makellos. Weil sie Kraftpakete sind, die offenbar so gut wie nie müde, hungrig oder überarbeitet sind. Die immer gut aussehen, ausgeschlafen und top frisiert. Und die ein bisschen so tun, als sei das natürlich eine fast unmögliche Leistung, aber dank ihrer ungeheuren Disziplin und ihrer vielen Talente bekommen sie das halt alles hin.

Als Rollenmodell taugen diese Frauen ungefähr so viel wie Angelina Jolie oder Mutter Teresa. Im Spiegel dieser Lichtgestalten kommt einem das eigene Bemühen klein und schäbig vor. Klar kann nicht jeder Brad Pitt zum Ehemann haben oder neben Ministerium und sieben Kindern auch noch in der Sonntagabend-Talkshow die Welt erklären. Aber zwei Kinder, eine halbwegs intakte Ehe und ein Job, das ist doch wohl das Mindeste, was man hinbekommen muss.

Schluss damit! Schluss mit dieser glatt polierten Oberfläche.

Powerfrauen machen keinen Mut, sondern Druck

Powerfrauen setzen uns alle unter Druck. Da kann man noch so oft sagen: Die haben ja auch viel Geld und zig Angestellte, daran messen wir uns erst gar nicht. Diese Ausnahmefrauen setzen den Ton, der immer anklingt, wenn man von erfolgreichen Frauen und Müttern spricht.

Sie liefern den Sound zur Vereinbarkeit von Familie und Beruf. Hey – dröhnt es aus allen Richtungen –, ihr müsst euch alle nur genügend anstrengen, dann seid ihr auch multitaskingfähig, unkaputtbar und leistungsstark. Und, klar, wenn ihr clever genug seid, auch erfolgreich! Nicht gleich Firmenchefin, Außenministerin, Kanzlerin oder Filmstar – aber doch in einem guten Job, mit gutem Gehalt und Aufstiegsmöglichkeiten.

Es gibt Frauen in unserer Generation, die gar nicht erst versucht haben, diesem Bild zu entsprechen. Die sich von Anfang an – vor allem in Westdeutschland – gegen den Druck und für das Private entschieden haben. In Ruhe gelassen hat man sie deshalb aber noch lange nicht.

Spätestens seit der Reform des Unterhaltsrechts schwebt das Damoklesschwert des sozialen Abstiegs und der Altersarmut über ihnen. Da hilft auch die jüngste Korrektur des Gesetzes vom März 2013 wenig, die zumindest Frauen aus »langjährigen« Ehen ein bisschen besser schützt. Wobei die Definition, wann eine Ehe als »langjährig« gilt, immer noch den Gerichten vorbehalten ist.

In der Regel hat eine Mutter kein Anrecht auf Unterhalt mehr, sobald ihr jüngstes Kind drei Jahre alt ist. Wie und in welchem Umfang sie dann arbeiten muss, wird gerichtlich im Einzelfall geprüft, auch die Zumutbarkeit, vor allem für das Kind. Wenn Betreuungsplätze fehlen oder das Kind zum Beispiel aus gesundheitlichen oder schulischen Gründen mehr Aufmerksamkeit und Pflege braucht, muss die Mutter das allerdings präzise nachweisen. Findet sie keine Stelle gemäß ihrer Qualifikation, ist das kein Grund, weiterhin Unterhalt beziehen zu können. So musste zum Beispiel laut Rechtsprechung eine ehemalige Richterin Sachbearbeiterin im Amtsgericht werden, auch wenn ihr das für ihr weiteres berufliches Fortkommen schadet.[2]

Die »Nur«-Hausfrauen sind immer aggressiveren öffentlichen Angriffen ausgesetzt. Feige und faul seien sie. Drücken sich vor dem Kampf da draußen und liegen anderen auf der Tasche. Frei nach dem Motto: »Und, was machst du so? Ach, du bist zu Hause ... dass ihr euch das leisten könnt! Was machst du denn so den ganzen Tag? Ach, die Kinder – verdummst du da nicht langsam in deinem Reihenhaus? Und wenn er dich sitzen lässt, was dann?« Da braucht es schon ein verdammt dickes Fell, um bei dieser Geringschätzung nicht in die Knie zu gehen.

Viele gut ausgebildete Frauen aber sind anfangs mitgesurft auf der Frauenpower-Welle. So wie wir. Und jeder Blick in eine x-beliebige Frauenzeitschrift der letzten Jahre hat uns neues Futter gegeben. Die Zukunft ist weiblich, ohne Frauen geht nichts mehr, Frauen sind die besseren Menschen, Führungskräfte usw., usw. In der ersten Zeit hat das ja auch super geklappt. Mit genügend Ehrgeiz und Einsatz konnten wir spielend mit den männlichen Kollegen mithalten. Hatten zum großen Teil zuvor auch noch die besseren Examensnoten und in einigen Fällen den Frauenbonus, der uns schnell an vielen Männern vorbeikatapultiert hat.

Sprecht endlich über den Preis

Doch dann kam das Leben. Dann kamen der Mann, die Kinder, die ersten durchwachten Nächte und der Streit darüber, wer am nächsten Tag die wichtigeren Termine hat. Verzweifelt suchten wir bei den ganzen Powerfrauen nach Lösungen. Was ist, wenn eines ihrer sieben Kinder Fieber, Bindehautentzündung, Zahnweh, eine Fünf in Mathe oder einfach nur Weltschmerz hat, Frau von der Leyen? Und wie haben Sie es verhindert, in die Teilzeitfalle zu geraten, Frau Jäkel?

Ja – das sind sehr private Fragen, deren Antworten eigentlich niemanden etwas angehen. Aber wer mit seinem Frauenpower-Image Politik oder Karriere macht und ständig so tut, als ob die Vereinbarkeit von Familie und Beruf eigentlich nur für die anderen ein Problem sei, der sollte sich solche Fragen auch gefallen lassen. Und einmal ehrlich antworten: Auch mir geht es schlecht, wenn ich in Sitzungswochen des Bundestages meine pubertierende Tochter mit ihrem Herzschmerz allein lasse. Ja, auch mir fehlen meine Babys, wenn die Vorstandssitzung wieder bis 22 Uhr geht. Ich habe den Vater und die

Großeltern eingespannt und eine Ganztagsbetreuung plus Kinderfrau bezahlt, die mir ermöglicht haben, immer Vollzeit durcharbeiten zu können. Und das schlechte Gewissen ist mein ständiger Begleiter.

Wenn diese glatte Fassade einmal Risse bekäme, wenn durchschimmern würde, dass auch Powerfrauen Selbstzweifel und Ängste haben, dass bei ihnen auch nicht alles so glatt läuft und ihre Karriere einen Preis hat. Was für eine Erleichterung könnte das sein für die vielen, vielen Männer und Frauen wie wir, die weit entfernt davon sind, eine solche Karriere zu machen. Die einfach nur berufstätig sind und trotzdem nicht wissen, wie sie das mit ihren Kindern unter einen Hut bekommen. Die den Fehler immer nur bei sich suchen. Die glauben, andere bekommen die Vereinbarkeit von Familie oder auch nur Beziehung und Beruf locker hin – nur sie selber nicht.

Da hilft es auch überhaupt nichts, wenn zum Beispiel die Bundesarbeitsministerin Andrea Nahles (SPD) uns zuruft:»Das ist unser Kampf. Der Kampf meiner Generation von Frauen.«[3] Nee, Frau Nahles. Nun legen Sie mal die Karten auf den Tisch: Sie sind nach zwei Monaten zurück auf Ihren Posten bei der SPD gegangen. Sie leben und arbeiten fast die ganze Woche in Berlin. Und Ihr Mann hat die klassische Fürsorgerolle übernommen, arbeitet in Teilzeit und wohnt mit der Tochter in der Eifel. Sie haben einfach die Rollen getauscht. Das kann man auch Vereinbarkeit von Beruf und Familie nennen. Muss man aber nicht. Denn dann haben das alle Deutsche Bank-Chefs, Steve Jobs und Helmut Kohl vor Ihnen auch schon geschafft.

Denn das, was viele erfolgreiche Frauen mit Kindern im Hintergrund haben, ist genau das, was viele erfolgreiche Männer auch haben. Nur da nennt es keiner»Vereinbarkeit«: eine Person, die ihnen das Privatleben inklusive Kindern organisiert und den Rücken freihält: ihren Partner. Und dieser sitzt dann, wie eine erfolgreiche Freundin halb scherzhaft, halb ernsthaft meinte, in der»Hausfrauenfalle«. Überlastet von Haushalt und Kindern, unzufrieden mit seiner Rolle und finanziell abhängig.

Für die meisten ist das weder ein befriedigendes Lebensmodell noch die Lösung der Vereinbarkeitsfrage.

Die Zukunft ist weiblich? Dank der tollen Powerfrauen, Ministerinnen, Vorstandsfrauen, Ärztinnen, Journalistinnen um uns herum? Da können wir nur müde lächeln. Hat man uns von außen doch auch für Powerfrauen gehalten. Sah doch alles prima aus in unserem Leben. Alles nur Hochglanzbilder, alles überschminkt. Welchen Preis wir dafür gezahlt haben, haben wir meist noch nicht einmal unserer besten Freundin erzählt – und so die Alles ist möglich-Lüge möglich gemacht.

Karriere ohne Kinder oder Kinder ohne Karriere

Die meisten jungen Frauen zwischen 25 und 35 machen sich laut einer Studie der Soziologin Jutta Allmendinger ohnehin nichts mehr vor.[4] Karriere ohne Kinder oder Kinder ohne Karriere – so sehen sie ihre Zukunft. Und aufgrund ihrer Leidenschaft für ihren Beruf entscheiden sie sich mehrheitlich gegen die Kinder. Vereinbarkeit – daran scheinen sie gar nicht mehr zu glauben. Über die Hälfte der Frauen dieser Altersgruppe ist kinderlos. Und werden laut der Studie »Frauen auf dem Sprung – das Update 2013« in dieser Entscheidung auch noch von ihren Männern unterstützt. Denn denen ist eine beruflich erfolgreiche, unabhängige Frau an ihrer Seite bedeutend lieber als eine Mutter, die sich hauptsächlich um gemeinsame Kinder kümmert. »Schlau ist das neue sexy« lautete eine Schlagzeile dazu. Und: Die jungen Männer fühlen sich immer weniger für die Aufzucht der lieben Kleinen oder gar den gemeinsamen Haushalt verantwortlich. Die meisten Männer zwischen 25 und 35 sind laut dieser Studie nicht bereit, diese Belastung zusammen mit einer Partnerin zu tragen und sich gleichberechtigt für die Familienarbeit zu engagieren.

So sieht es aus: In der gut ausgebildeten jungen Mittelschicht werden Kinder zunehmend als Klotz am Bein wahrgenommen. Als teuer, anstrengend und einschränkend. Warum also welche bekommen? Die Zukunft ist nicht weiblich, sondern grau!

Frauen auf dem Arbeitsmarkt

Genauso düster und grau wie der Blick auf den Arbeitsmarkt. Denn die nackten Zahlen sehen völlig anders aus als die bunten Frauenzeitungs-Dossiers über die weibliche Zukunft. Wo stehen die Frauen auf dem Arbeitsmarkt heute? Wo sind die voller Energie und Power gestarteten Frauen, die sich vorgenommen hatten, auf langer Strecke Beruf und Familie zu vereinbaren? Um es kurz zu machen: viele Stunden zu Hause.

Und zwar nicht, weil sie nicht arbeiten oder arbeiten wollen. Die Frauenerwerbsquote ist mit über 70 Prozent in Deutschland hoch. Höher sogar als im europäischen Durchschnitt. Und auch der Anteil der erwerbstätigen Mütter steigt ständig. Nur die Zahl der Arbeitsstunden bleibt seit Jahrzehnten nahezu konstant. Schon in der Einleitung der Broschüre des Statistischen Bundesamtes stolpern wir über den Satz: »Noch immer ist es die Regel, dass Frauen beruflich zurückstecken, wenn Angehörige versorgt werden müssen und Männer die einflussreicheren Führungspositionen besetzen und das höhere Gehalt bekommen.«[5] Ein trockener Satz mit einer Menge ideologischem Sprengstoff.

Unsere Generation scheint mit ihrem ganzen Frauenpower-Gerassel in puncto Vereinbarkeit und Gleichberechtigung nichts erreicht zu haben, was auch nur annähernd Augenhöhe zwischen Männern und Frauen in der Familie oder auf dem Arbeitsmarkt gebracht hätte.

Diese Bereitschaft, für andere zurückzustecken, wird außerdem immer weniger akzeptiert und immer lauter kritisiert: Frauen seien nicht ehrgeizig genug und viel zu bequem. Sie sollten von den Männern lernen, sich ein dickeres Fell zuzulegen. Sich nicht für alles verantwortlich fühlen. Von den

Männern lernen heißt: Geht nicht in Teilzeit trotz schlechter Kinderbetreuungssituation. Setzt ihm die Kinder einfach mal vor die Bürotür. Geht mittags in die Kantine und lasst euch abends noch von einem wichtigen Geschäftskunden zum Essen einladen. Abendbrot, Kinder ins Bett bringen, Wäsche waschen? Nicht euer Problem.

Es sei doch alles so einfach – Frauen machten es sich nur selber schwer, geht es weiter. Gleichberechtigt, unabhängig scheinen sie alle gar nicht sein zu wollen. Das sieht man doch schon daran, dass so viele immer noch die schlechter bezahlten Berufe wählen. Krankenschwester, Altenpflegerin, Erzieherin. Frauen warten doch nur darauf, geheiratet zu werden, um dann so schnell wie möglich Kinder zu bekommen und zu privatisieren. Um nur ein paar der gängigen Vorurteile zu nennen …

Frauen werden zu schlecht bezahlt

Um diese Diskussion wieder zu versachlichen, werfen wir noch einmal einen Blick in die Broschüre des Statistischen Bundesamtes. Denn die nennt uns handfeste Gründe für den Rückzug der Frauen aus dem Erwerbsleben.

Einer ist: Frauen verdienen schlichtweg so viel weniger, dass sich eine gerechtere Arbeitsaufteilung nicht lohnt. Die Gehaltslücke zwischen Männern und Frauen ist in Deutschland im europäischen Vergleich groß. Sehr groß! Frauen verdienen hierzulande durchschnittlich rund 22 Prozent weniger als Männer für die gleiche Arbeit, in der gleichen Zeit, in der gleichen Branche und mit der gleichen Ausbildung, aber mit einer anderen Biografie.[6]

Ein Beispiel aus der amtlichen Statistik: Ein Architekt verdient im Durchschnitt 4500 Euro brutto, seine Kollegin geht mit 3300 Euro nach Hause. Auch im Restaurant sieht es nicht appetitlich aus: Der Koch erhält 3400 Euro, die Köchin 2000. Hier beträgt die Gehaltslücke sogar 39 Prozent.[7] Das sind nur ein paar

Beispiele, denn egal ob Tischler oder Angestellter in der Raumfahrt – die Unterschiede lassen sich für jede Branche in Euro und Cent darstellen. Sie existieren genau so, auch wenn selbst wir das die längste Zeit für übertrieben hielten.

Der durchschnittliche Gehaltsunterschied wird mit dem Alter, dem Aufstieg auf der Karriereleiter und mit höherem Gehalt sogar immer größer. Frauen mit einem akademischen Abschluss und in Führungspositionen verdienen im Durchschnitt sogar rund 28 Prozent weniger als Männer im vergleichbaren Job. Also Ärztinnen, Rechtsanwältinnen und Ingenieurinnen, die alles darangesetzt haben, das Richtige zu studieren.[8]

So wie Monika Loeb. Die Juristin und Angestellte ist hoch qualifiziert, Mutter von vier Kindern. Sie bekam nach Jahren von ihrer Firma die Chance auf einen Karrieresprung. Zwar musste sie dafür mit dem Weggang in ein anderes Unternehmen drohen, aber dann kam das Angebot der Abteilungsleitung. Mit ihrem Mann, einem Unternehmensberater, konnte sie in Betreuungsfragen nicht rechnen. Also organisierte Monika enthusiastisch eine Kinderfrau für ihren achtjährigen Sohn und eine kochende Putzfrau, verließ sich darauf, dass die drei großen Mädchen schon allein klarkommen, und verbringt seitdem wieder den vollen Tag – von halb neun morgens bis zum späten Abend – im Büro. Die Arbeit macht Spaß, sie hat Verantwortung für ein großes Team. Ab und zu jettet sie durch die Welt, und auch das Geld stimmt. Denkt sie. Bis sie herausfindet, dass der Kollege vom Schreibtisch gegenüber mit demselben Job längst in einer viel höheren Gehaltsklasse unterwegs ist.

Die Erklärungsversuche für diese Einkommensunterschiede sind fast immer die gleichen: eine lückenlose Erwerbsbiografie bei den Männern, mehr Weiterbildungen, mehr Jahre in der Firma. Oder auch, und das ist ernsthaft passiert im Jahre 2012 mitten in Deutschland: »Sie haben doch einen Mann, der verdient. Da brauchen sie doch nicht so viel.« Und selbst wenn es nicht so offen ausgesprochen wird, läuft diese Frage nach der finanziellen Ausstattung des Mannes bei Gehaltsverhandlungen von Frauen unbewusst mit. Die Bezahlung von Frauen bleibt ungerecht, selbst wenn sie Vollzeit arbeiten, und sogar, wenn sie Karriere machen und in die Geschäftsführung einziehen. Das ist nichts anderes als Diskriminierung.

Und die ist viel subtiler, als man denkt: »Viele Personalleiter machen Frauen – vor allem Berufsrückkehrerinnen – routiniert und notorisch geringer dotierte Gehaltsangebote als Männern mit gleicher Qualifikation«, lesen wir in einer Studie im Auftrag des Familienministeriums.[9] Andere wissenschaftliche Untersuchungen, unter anderem des DIW (Deutsches Institut für Wirtschaftsforschung), verweisen darüber hinaus darauf, dass Frauen per se – ob ihres Frauseins und der damit verbundenen »Gefahr«, eine Zeit lang auszufallen – geringere Gehälter bekommen. Betriebswirtschaftlich rechtfertigen die Unternehmen das damit, dass sie den Produktivitätsverlust, der durch eventuelle (!) Auszeiten entsteht, auf lange Sicht ausgleichen müssen. Frauen erleben so allein aufgrund der Tatsache, dass sie überhaupt Mutter werden könnten, eine sogenannte »statistische« Diskriminierung.[10] Als sei Frausein eine Risikosportart, die man höher versichern muss.

Wenn dann tatsächlich Kinder kommen, die Betreuungssituation schlecht ist und die Unternehmen Vätern und Müttern wenig Spielraum lassen, dann ist es oft nicht nur eine emotionale, sondern auch eine rationale Entscheidung, dass einer von beiden zu Hause bleibt oder seine Arbeitszeit reduziert. Diese Entscheidung wird in Familien meist nicht ideologisch, sondern mit dem Blick auf den Gehaltszettel entschieden.

Mütter stehen unter Druck

Ein anderer Grund für die Tatsache, dass es immer noch mehrheitlich Frauen sind, die für die Familie beruflich zurückstecken, ist aber auch: Viele wollen es einfach so. Sie werden nicht aus ihren so sinnvollen und befriedigenden Berufen hinter den Herd gezwungen, sie tun es freiwillig. Und es sind wirklich viele. Ihre Anzahl hat unlängst für einigen Wirbel gesorgt. Rund 1,9 Millionen Frauen blieben in den vergangenen drei Jahren zu Hause und wollen nach eigenen Angaben dem Arbeitsmarkt gar nicht zur Verfügung stehen, weil sie sich um ihre Familie, ihre Kinder, ihre Angehörigen kümmern. Nur zum Vergleich: Aus dem gleichen Grund tun das lediglich 99 000 Männer.[11]

Ministerien und Verbände bezeichnen sie noch halbwegs freundlich als »ungenutzte Potenziale«. In anderen Runden bricht ein regelrechter Shitstorm über sie herein. Sie werden als »Latte-macchiato-Mütter«, als »Ach, die können sich das ja leisten«-Mütter diffamiert. Subtext: Das Erziehen von Kindern, die Beziehungspflege in Paarbeziehungen, das Versorgen eines Haushaltes ist doch kein Lebensinhalt. Diese Frauen sind doch zum größten Teil gut ausgebildet und könnten den Unternehmen ständig als Fachkräfte zur Verfügung stehen. Mensch, wo bleibt ihr denn nur!

Ach, die trauen sich doch einfach nicht, winken andere ab. »Die Feigheit der Frauen« nennt das zum Beispiel die ehemalige *taz*-Chefredakteurin Bascha Mika in ihrem Buch.[12] Ihre Unterstellung: Die meisten Frauen verkrümeln sich aus Angst vor dem Stress da draußen und wählen ein kommodes Leben zu Hause, das sie dann als »Schattenfrauen« fristen – so nennt sie die Soziologin Jutta Allmendinger.[13] Die Botschaft dahinter: Geht raus und kämpft! Meldet eure Ansprüche an für gute Jobs, für gute Einkommen, für eine gerechtere Verteilung der Fürsorgearbeit zu Hause. Ja, man bekommt fast den Eindruck, als schwinge da noch mit: Das seid ihr dem feministischen Kampf der letzten 100 Jahre schuldig.

Was aber, wenn viele dieser Frauen ihre Aufgabe in der Familie gar nicht als Fronarbeit begreifen, sondern als sinnvoll erachten? Wenn sie sich nicht aus Angst hinter dem Herd verkriechen, sondern weil es ihnen Spaß macht? Und wenn sie es einfach anders interpretieren, wo Licht ist und wo Schatten? Dann, so schütteln viele teils resigniert, teils abschätzig mit dem

Kopf, dann sind sie hoffnungslos traditionell. Als neokonservativ hat eine gebildete Frau diese Haltung gar bezeichnet.

Und dann gibt es noch uns. Die Gruppe der Frauen, die mehr oder weniger verzweifelt versuchen, alles gleichzeitig auf die Reihe zu bekommen. Und das durchaus als Anspruch an ihr Leben gestellt haben. Die diese Gleichzeitigkeit aber nur mit Müh und sehr viel Not leben – und zu einem Preis, der ihnen irgendwann einfach nicht mehr angemessen erscheint.

Nach all den Jahren, in denen wir uns abgearbeitet haben an unserem eigenen Ehrgeiz, unterstützt vom Ruf von außen, Beruf und Familie halbwegs erfolgreich (denn darum geht es ja in diesen ganzen Büchern und Artikeln: Nur Beruf reicht nicht, Erfolg und Einfluss müssen auch noch sein) zu vereinbaren, beschleicht uns ein Gedanke: Vielleicht haben die meisten Unternehmen gar kein großes Interesse an engagierten Müttern oder engagierten Vätern, die beides – Familie und Beruf – vereinbaren wollen?

Moment, werden da jetzt viele zusammenzucken. Natürlich haben Arbeitgeber daran ein Interesse! Es gibt doch den Fachkräftemangel! Den Geburtenrückgang! In Deutschland werden doch Mann (beziehungsweise Frau) und Maus gebraucht. Überall steht doch, dass Unternehmen die Frage der Vereinbarkeit ernst nehmen und tolle Konzepte vorlegen. »Diversity« gehört mittlerweile in fast jedem kleinen Familienunternehmen zum guten Ton.

Die Maßnahmen werden von der Belegschaft aber nicht als wirkliche Entlastung empfunden. So fühlen sich laut einer Umfrage des Wissenschaftszentrums Berlin und der Unternehmensberatung A.T. Kearney in Deutschland nur acht Prozent der Frauen in ihren Betrieben bei der Vereinbarkeit von Familie und Beruf genügend unterstützt.[14]

Vermisst wird in fast allen Unternehmen das Gleiche: flexiblere Arbeitszeitmodelle, Weiterbildung und verschiedene Modelle der Elternzeit, aber auch eine umfassende Information über bestehende Programme. Selbst wenn sie die familienfreundlichen Maßnahmen im Unternehmen kennen, greifen nur wenige darauf zurück. Aus Angst, den Arbeitsplatz zu verlieren. Oder abzusteigen. Natürlich würde heute kein Unternehmen mehr zugeben, dass es nicht familienfreundlich ist. Im Gegenteil: Familienfreundlichkeit ist ein Marketinginstrument geworden. Die wenigsten Arbeitgeber aber scheinen die Strukturen tatsächlich substantiell zu verändern.

Dabei sind nicht alle so zynisch wie der Personalverantwortliche eines großen Konzerns, der in einem privaten Kamingespräch sagte: »Fachkräftemangel, darüber machen wir uns nicht wirklich einen Kopf. Unsere Arbeitsplätze sind so attraktiv, und wir zahlen so gut, wir bekommen die guten, ehrgeizigen Leute, die alles für ihren Job tun, ohnehin. Den Rest füllen wir mit Zuwanderung auf. Das ganze familienfreundliche Drumherum haben wir gar nicht nötig.« Eine erstaunlich arrogante Haltung. Weit davon entfernt sind aber auch andere Konzerne nicht.

Und genau das spüren die Arbeitnehmer. Viele große Unternehmen verändern ihre Haltung zwar nach außen, zu Werbezwecken, und finden die Vereinbarkeit ganz wichtig. Nach innen aber verändern sie ihre Instrumentarien kaum.

Teilzeit darf keine Falle, sondern muss eine Chance sein!

Und so ist nach wie vor und häufig genug das einzige praktikable Instrument der Vereinbarkeit in einem Unternehmen die gesetzlich geregelte Teilzeit. Und die ist in Deutschland eine Frauendomäne. Fast jede zweite erwerbstätige Frau arbeitet weniger als 32 Stunden pro Woche. Bei den Männern ist es gerade mal jeder Zehnte. Die Hälfte der Frauen nannte als Hauptgrund für ihre Teilzeitbeschäftigung die Betreuung von Kindern und/oder pflegebedürftigen Angehörigen. Für Männer spielen diese Gründe so gut wie gar keine Rolle. Und diese Verteilung zwischen Männern und Frauen ist – allen familienpolitischen

Bemühungen zum Trotz – im vergangenen Jahrzehnt konstant geblieben.

So manifestiert sich auch hier statistisch, wogegen vermeintlich progressive Autorinnen und Autoren, Wissenschaftlerinnen und Wissenschaftler in den letzten Jahren unermüdlich anschreiben: dass die Mehrheit der Frauen tatsächlich Zeit in und mit der Familie verbringen *will*. Sie arbeiten gerne in Teilzeit, weil sie dann einen Fuß in der Tür des Arbeitsmarktes haben *und* ihren Kindern bei den Hausaufgaben helfen können. Dann ist doch alles fein! Nein, ist es nicht. Frauen und vor allem Mütter arbeiten gerne und in der Mehrzahl in Teilzeit, sie leiden aber unter den beruflichen Folgen. Und gehen ein hohes persönliches Risiko ein.

Denn Teilzeitkräfte genießen ein bedeutend geringeres Ansehen als Vollbeschäftigte. Die gängige These lautet: halbe Arbeitszeit, halbe Leistung. »Wie sollst du auch alles mitbekommen, du gehst doch schon mittags« ist der Satz dazu in vielen Unternehmen. Immer noch. Und viele Frauen, die für die Familie ihre Vollzeitstelle reduziert haben, erleben, dass sie in ihren Kompetenzen beschnitten werden und die Kollegen sie ab diesem Moment mit einer gewissen Herablassung behandeln.

Es ist vollkommen klar: In einem deutschen Unternehmen kann man Karriere in Teilzeit in aller Regel nicht machen. Teilzeit, so sind sich alle Studien einig, ist der Karrierekiller Nummer eins. Den Grund beschreibt ein Führungskräftecoach so: »Mitarbeiter haben ein Recht auf die ganze Chefin. (...) Ein bisschen Führung geht eben nicht.«[15] Was für ein Satz, beinhaltet er doch genau das, was Frauen und auch Männern bei der Vereinbarkeit von Familie und Beruf Schwierigkeiten bereitet: der unbedingte Glauben an die Präsenzkultur. Nur wer da ist – und zwar physisch präsent –, arbeitet wirklich.

Die Imageschädigung der Teilzeit ist so stark, dass, selbst wenn Frauen nur zeitweise ihre Arbeitszeit reduzieren, sich diese Phase enorm auf ihren zukünftigen Verdienst auswirkt.

Teilzeit wertet dauerhaft ab und bringt einen in schlechtere Verhandlungspositionen. Selbst dann, wenn man in dieser Zeit Fürsorgearbeit für andere geleistet und mit der phasenweisen Teilzeit die Verbindung in den Job gehalten hat. Das ist zwar konsequent, wenn man Erwerbsarbeit und gesellschaftliche Leistung getrennt betrachtet und berechnet. Es ist und bleibt aber eine himmelschreiende Ungerechtigkeit. Frauen ersparen durch ihre Fürsorge der Gesellschaft enorme Kosten – können die negativen Effekte dieser gesellschaftlichen Entlastung für sich selber aber nicht mehr aufholen.

Ganz abgesehen davon, dass die phasenweise Reduzierung auf Teilzeit gar nicht in allen Unternehmen möglich ist. Ein Rückkehrrecht auf eine Vollzeitstelle besteht nur in den drei Elternzeitjahren. Wer sich gerne eine längere und intensivere Familienzeit nehmen möchte oder irgendwann im Laufe seines Lebens noch mal einen erhöhten Zeitbedarf für die Familie hat, der hat heute noch keinen Anspruch darauf, später wieder aufzustocken. Politisch wird das zwar mittlerweile angedacht, aber auch hier hat die Wirtschaft sofort wieder Bedenken angemeldet.

Selbstverständlich haben Unternehmen ihre Zwänge und Anforderungen – auch und vor allem, was die Verlässlichkeit und die (Ver-)Planbarkeit des Personals angeht. Und selbstverständlich müssen diese Zwänge mitbedacht werden, wenn es darum geht, für die Zukunft neue Wege – etwa der Arbeitszeitgestaltung – zu finden. Aber nur der Hinweis »Das können wir unmöglich organisieren« ist und bleibt zu wenig. Denn wohin das führt, sieht man an der jetzigen Situation: Fast kaum jemand arbeitet so viel oder auch so wenig, wie er eigentlich möchte. Viele Menschen sind massiv unzufrieden mit ihren Arbeitszeiten. Viele Frauen arbeiten weniger, als sie eigentlich wollen, viele Männer – und darunter vor allem die Väter – viel mehr.[16]

Wohin es führen kann, wenn man sich wirklich öffnet und sich die Mühe macht, auf die Bedürfnisse der Mitarbeiter einzugehen, sieht man umgekehrt an den wenigen beispielhaften

Unternehmen, die genau diesen Weg gehen, indem sie etwa Wertguthaben eingeführt haben, die den Mitarbeitern mehr Flexibilität im Lebensverlauf ermöglichen. Sie wissen, dass sie so Fachkräfte halten und gewinnen können.[17]

Viel häufiger aber fallen Politik und Wirtschaft andere Wege ein: etwa die Forderung, die Familienphase so kurz wie möglich zu halten. Schon wer die vom Gesetzgeber ermöglichten drei Jahre nimmt, ist in den meisten Unternehmen weg vom Fenster. Möglichst schnell mit möglichst viel Wochenarbeitszeit zurückzukommen ist der Rat, den Mütter und Väter bekommen. Wer sich anders entscheidet, ist selber schuld.

Dabei könnte die Teilzeit sehr wohl ein Instrument zur Vereinbarkeit beider Lebensbereiche sein. Wenn Unternehmen sie nicht starr auslegen würden, sondern den Lebenssituationen ihrer Angestellten – zum Beispiel Geburt der Kinder, Pflege von kranken Angehörigen – anpassen könnten. Das erfordert natürlich ein hohes Maß an Toleranz und Entgegenkommen beider Seiten. Aber dann könnte die Teilzeit tatsächlich ein Element einer lebenslaufbezogenen Arbeitszeit sein, wie sie viele Soziologen fordern. Und damit für Männer und Frauen das Leben von Familie und Beruf möglich machen. Weil sie nur so ihre Arbeitszeit immer wieder ihren aktuellen Lebensumständen anpassen könnten. Und das über einen sehr langen Zeitraum hinweg und nicht nur, wenn die Kinder klein sind.

Solange sich Unternehmen in der Teilzeitfrage also nicht bewegen und der Gesetzgeber nicht die entsprechenden Regelungen schafft, hat die reduzierte Arbeitszeit in den allermeisten Fällen für die Frauen immer noch die Konsequenz, dass sie auf Karriere, Einkommen und Rentenansprüche verzichten.

Zu solch einer lebenslaufbezogenen Arbeitszeit, die mehrfache Aus- und Umstiege oder Teilzeitphasen ermöglicht, gehört auch, dass Menschen selbst nach längeren Auszeiten wieder aktiv in den Arbeitsmarkt eingegliedert werden. Dass sie *substantielle* Angebote bekommen, wie sie ihren Wiedereinstieg gestalten können. Dass Unternehmen ernsthaft bereit sind, diese – wie gesagt oft gut ausgebildeten – Menschen zu beschäftigen. Mit Aufgaben, die ihren Qualifikationen entsprechen. Unternehmen, die sagen:»Das ist ja toll, dass Sie sich so intensiv um Ihre Kinder/kranke Mutter gekümmert haben. Offenbar sind Sie bereit, Verantwortung zu übernehmen. Für andere. Das ist eine Eigenschaft, die wir hier gut gebrauchen können.«

Eine kluge Gestaltung solcher Übergänge müsste weit über das hinausgehen, was wir heute unter Wiedereingliederungsprogrammen verstehen. Da werden Juristinnen Kurse angeboten, wie man eine Bewerbung schreibt. Gestandene Betriebswirtschaftlerinnen schickt man zum Zeitmanagement-Seminar. Das sind leider allzu oft die kläglichen Angebote, die etwa die Arbeitsagenturen den Frauen machen. Wenig hilfreich sind diese Maßnahmen, denn es krankt an etwas ganz anderem: Die Rückkehrerinnen finden kaum ein Unternehmen, das ihre zusätzlichen Qualifikationen aus der Auszeit wirklich als Gewinn betrachtet.

Noch viel zu oft wird eine Auszeit ausschließlich negativ gesehen: Mit der Pause gingen sämtliche Qualifikationen ohne Wenn und Aber verloren, außerdem verliere man den Anschluss an neue Entwicklungen im Job. Ob das wirklich so ist, muss erst noch bewiesen werden. Gut qualifizierte Frauen und Männer sind es gewohnt, sich innerhalb kurzer Zeit in neue Themen und Prozesse einzuarbeiten. Zudem ist es in den meisten Unternehmen mittlerweile üblich, dass man Kontakt zu pausierenden Mitarbeitern und Kollegen hält.

Viel wichtiger wäre aber, dass man auch anerkennt, was diese Menschen in ihren Familien- und Fürsorgephasen gewinnen. Vielleicht, weil diese Zusatzqualifikationen so schwer messbar sind. Und weil es keine Noten dafür gibt. Am Ende bekommt man kein Zeugnis, in dem steht, die Mitarbeiterin XY ist fantastisch mit einem begrenzten Budget umgegangen. Sie hat diese Mittel zum Wohl des Unternehmens sinnvoll eingesetzt. Ihr Organisationstalent ist sensationell, sie schafft es, in begrenzter Zeit schnell und effektiv komplexe Aufgaben zu bewältigen. Zudem kommuniziert sie klar und einfühlend und nimmt Menschen bei Veränderungsprozessen mit.

Dass Frauen schlechtere Mitarbeiterinnen werden, nur weil sie zeitweilig andere Schwerpunkte gesetzt haben, steht dabei gar nicht fest. So ist im Ersten Gleichstellungsbericht der Bundesregierung nachzulesen:

> »Ob Frauen tatsächlich in und nach Familienphasen, in denen eine Teilzeiterwerbsarbeit mit Familienarbeit kombiniert wird, an Humankapital verlieren, lässt sich allerdings in Frage stellen. (...) Theoretisch wie empirisch wäre (...) zu klären, ob Frauen tatsächlich durch Teilzeitarbeit in Kombination mit Familienarbeit weniger Humankapital bilden, oder ob nicht gerade angesichts der wachsenden Bedeutung von ›soft skills‹ Familienarbeit Kompetenz steigernd wirken kann.«[18]

Frauen sind dazu bereit, sich um andere zu kümmern. Und sie sind offensichtlich auch bereit, das Risiko dafür nahezu allein zu tragen. Denkt man dies konsequent zu Ende, ist es eines der großen Rätsel unserer Zeit, warum überhaupt noch jemand Kinder in die Welt setzt und nicht alle pflegebedürftigen Menschen in Heime abgeschoben und dort auf eigene oder Staatskosten gepflegt werden.

Das noch größere Rätsel aber ist, warum wir tatenlos zusehen und es zulassen, dass die Bereitschaft, zeitweilig diese menschlich lohnenden und zutiefst Sinn gebenden Aufgaben zu übernehmen, den Frauen für ihr gesamtes weiteres Berufsleben das Genick brechen darf.

Christina Schneider hat das bei einem Termin in der Arbeitsagentur erlebt: Sie hatte schon geahnt, dass nicht viel Positives für sie herauskommen würde, aber was dann kam, war zu viel für die 42-Jährige: »Sie können es ja als Praktikantin bei einer PR-Agentur versuchen«, war der aufmunternde Tipp des Beraters, nachdem sie ihren Lebenslauf geschildert hatte. Abschlüsse in Betriebswirtschaft und Geschichte, jahrelange Leitung der Öffentlichkeitsarbeit einer angesehenen kulturellen Einrichtung. Zwei Sprachen fließend, zwei weitere gut.

Den Job in der Pressestelle eines Unternehmens musste sie aufgeben, als sie mit ihrem Mann in eine andere Stadt zog. Da hatte sie schon ein Kind, nach dessen Geburt sie aber früh wieder eingestiegen war. Nach dem Ortswechsel kam das zweite Kind, trotzdem arbeitete sie weiter: freiberuflich im Veranstaltungsmanagement. Und nun, nur zwei Jahre nach dem letzten großen Projekt und mitten in einem neuen, der Besuch bei der Arbeitsagentur. Weil das zweite Kind jetzt zur Schule geht und Raum und Zeit frei werden für neue Aufgaben. Und dann das: Praktikantin. Mit so einem Lebenslauf und ihren Erfahrungen. Im Nachhinein hat sie gedacht: Diesen Termin hätte ich mir lieber erspart.

Frauen bleiben in Minijobs kleben

Das andere Instrument, das viele Frauen nutzen, um neben der Familie wenigstens ein kleines eigenes Einkommen zu haben, sind die sogenannten Minijobs. Über sieben Millionen Arbeitnehmer arbeiten in dieser geringfügigen Beschäftigungsform, bei der sie bis zu einer Grenze von derzeit 450 Euro von der Einkommensteuer und von der Sozialversicherung befreit sind. Mehr als zwei Drittel davon sind Frauen.

Sie haben ihre Gründe dafür. Kinderbetreuung außerhalb der regulären Kindergarten- und Schulzeiten ist in Deutschland immer noch teuer. Und die meisten Kindergärten und Schulen enden hierzulande tatsächlich nach wie vor noch zwischen zwölf und 13 Uhr.

»Für mich macht es überhaupt keinen Sinn, mehr Stunden zu arbeiten«, sagt etwa Liane Watermann. Sie hat zwei Kinder, eins geht noch in den Kindergarten, das andere in die zweite Klasse der Grundschule. Ihr Mann ist Abteilungsleiter in einer

Versicherung. Der Kleine geht von neun bis zwölf in die »Sternengruppe«. Gerade mal genug Zeit, um in der kleinen Boutique um die Ecke die Tür aufzuschließen, den Kaffee zu kochen, die Ware auszupacken und die erste Kundin zu bedienen. Seit zwei Jahren arbeitet Liane dort und verdient 450 Euro, steuer- und abgabenfrei. »Wenn ich mehr arbeiten würde, müsste ich für für meinen Sohn die Übermittagsbetreuung bezahlen, würde nach Steuerklasse fünf versteuert und müsste mich selber krankenversichern. Das lohnt sich für uns überhaupt nicht«, sagt Liane. So ist das ein netter Zuverdienst, den die Familie in Urlaube oder kleine Anschaffungen stecken kann.

Zum Problem wird das Ganze erst später. Wenn die jährliche Rentenprognose eine Rente unterhalb des Existenzminimums ausweist. Wenn der Partner sich trennt, stirbt oder arbeitslos wird und nun die Frauen wieder zur Haupternährerin werden müssen. Dann erleben sie die »Klebewirkung« dieser Jobs, wie es der Soziologe Carsten Wippermann nennt, der im Auftrag des Bundesfamilienministeriums eine Studie über die sogenannten Minijobs durchgeführt hat.[19] Nach seinen Erkenntnissen erfahren trotz einer abgeschlossenen beruflichen Qualifikation Frauen mit Minijobs schon nach kurzer Zeit eine Dequalifizierung. Viele finden nach mehreren Jahren im Minijob gar keine reguläre Beschäftigung mehr. Und wenn sie doch die Chance bekommen, haben sie in Einstellungsgesprächen eine schlechtere Verhandlungsposition und bekommen ein deutlich geringeres Gehalt als diejenigen, die vorher nicht im Minijob gearbeitet haben. Selbst bei gleicher Qualifikation und Tätigkeit.

Eingeführt worden waren die Minijobs als arbeitsmarktpolitisches Instrument, um Langzeitarbeitslosen und vor allem Frauen, die für ihre Familie länger aus dem Beruf ausgestiegen waren, eine Brücke in die regulären Jobs zu bauen. Diese Funktion erfüllen sie aber definitiv nicht. »Minijobs sorgen (...) im Lebenslauf von Frauen für systematisch schwindende Chancen einer eigenen finanziellen Existenzsicherung«, fasst es Wippermann zusammen.[20]

Den Frauen kann man allerdings keinen Vorwurf daraus machen, dass sie diesen vermeintlich bequemen und gut zu vereinbarenden Weg gehen – sind doch die Anreize eines steuer- und abgabenfreien Einkommens zu hoch. Auch für die Unternehmen sind die geringfügig Beschäftigten zu bequem, um die Finger davon zu lassen. Gerade Branchen wie der Handel, die Gastronomie oder auch der Pflegesektor können ein saisonales oder konjunkturbedingtes Mehr an Arbeitsaufkommen leicht mit ihnen abfedern.

Der Vorwurf gilt dem Gesetzgeber: Gut gemeint, schlecht gemacht, könnte man sagen. Und von der Politik fordern, die Anreize für die Beschäftigten und die Unternehmen wieder abzubauen. Denn dieser Weg führt für die Beschäftigten ganz klar in eine Einbahnstraße – aus der geringfügigen Beschäftigung in die Altersarmut. Unsere Forderung lautet: Schafft die Minijobs ab und sorgt dafür, dass Mütter und Väter nach ihrer Familienzeit auf vernünftigen Wegen zurück in den regulären Arbeitsmarkt kommen.

Carsten Wippermann legt in dem Fazit seiner Studie sogar noch eins drauf: Der Minijob als ausschließliches Beschäftigungsverhältnis ist »ein Programm zur Erzeugung lebenslanger ökonomischer Ohnmacht und Abhängigkeit von Frauen«.[21] Denn der Minijob ist nichts anderes als die Vernichtung jeglicher Perspektive.

Frauen in Vollzeit geht die Luft aus

Eines wollen wir nicht vergessen: Es gibt genug Frauen, die es tatsächlich versuchen. Die tatsächlich einen Vollzeitjob, Kinder, Ehe, Eltern, Freunde unter einen Hut bringen wollen. Aus dem eigenen Anspruch heraus, unabhängig zu sein, aus wirtschaftlicher Notwendigkeit, weil ein Gehalt einfach nicht reicht. Oder weil ihnen ihr Job schlichtweg ungeheuren Spaß macht. So wie uns. Oft aber geht ihnen die Puste aus. Und dabei wollen wir jetzt nicht die unzähligen Burn-out-Statistiken bemühen, die seit einigen Jahren durch die Medien geistern. Viel faszinierender ist, dass Wissenschaftler unter den Frauen, die einen qualifizierten Beruf, eine nahezu lückenlose Berufsbiografie, ein hohes Einkommen und Verantwortung haben, einen volkswirtschaftlich beängstigenden Trend feststellen: Hoch qualifizierte Frauen hören nach einer jahrzehntelangen erfolgreichen Berufstätigkeit einfach auf, als Angestellte zu arbeiten.

Unternehmen verlieren Frauen in zwei Phasen: in der Zeit der Familiengründung und mit Mitte 40 beziehungsweise Mitte 50. Die dazugehörige Studie trägt den klangvollen Titel: »Karrierekorrekturen beruflich erfolgreicher Frauen in der Lebensmitte«[22] und stellt fest, dass viele dieser Frauen – fast dreißig Prozent – auf dem Höhepunkt ihrer bis dahin respektablen Karrieren aussteigen. Ihr persönliches Resümee: »No Return on Investment.« Ihnen erscheint das Kämpfen in den großen unternehmerischen Strukturen zunehmend sinnlos. Der Spagat zwischen Familie, Beziehungen und Arbeit ist ihnen auf Dauer zu groß. Und der Gewinn, ob finanziell, intellektuell oder persönlich, zu gering. Wenn sie es sich leisten können, schmeißen sie hin.

Noch mal zum Mitschreiben: Selbst Frauen, für die Beruf *und* Familie ein Anliegen waren, die sich dafür viele Jahre qualifiziert haben, die in einem spannenden Job sind, der sie ausfüllt und in dem sie einiges erreicht haben, hören nach Jahren des Durchhaltens erschöpft und desillusioniert auf.

Das bedeutet aber nicht, dass sie jetzt zu Hause Topflappen und Mützen häkeln. Die meisten der in der Studie befragten Frauen suchen alternative Wege der Produktivität. Sie wollen – und hier zitieren wir das Fazit der Studie, weil es so vieles auf den Punkt bringt – »ihre Interessen, Überzeugungen, Erfahrungen und Begabungen nunmehr mit angemessenem Zeit- und Energieaufwand in einem Umfeld der Sinnhaftigkeit, Wertschätzung und Kooperation zur Geltung kommen lassen – und zwar außerhalb von unternehmerischen Strukturen und Kulturen, die durch männliche Dominanz und Macht geprägt sind und ihnen keine attraktiven Optionen für die Zukunft bieten«.[23]

Nein, nicht alle diese Frauen werden jetzt Yoga-Lehrerin oder Atemtherapeutin – aber viele. So viele überqualifizierte Waldorflehrerinnen hatte das Land noch nie. Sie sind trotz ihres Ehrgeizes, ihres Fleißes, ihrer jahrzehntelangen Erfahrung in ihrem Beruf mehr oder weniger freiwillig aus den Konzernen ausgeschieden. Was für ein Verlust an fachlichem Know-how für die Firmen. Für die Frauen aber die Chance, ihr Wissen und ihre Erfahrung neu und anders zu investieren. Ohne auf die Spielregeln in den Unternehmen, die sie nicht festgelegt haben, Rücksicht nehmen zu müssen. Auf die sie – so zumindest ihre subjektive Sicht – keinen oder nur sehr wenig Einfluss nehmen können. Und mit denen sie sich zunehmend unwohl fühlen.

Die Regeln machen die anderen

Denn die Regeln, nach denen Arbeit in Unternehmen funktioniert, sind Regeln für Menschen, die dem Unternehmen immer und mit voller Kraft zur Verfügung stehen, die nichts anderes im Kopf haben als ihren Job. Für Menschen mit Kindern, Beziehungen und sozialen Verpflichtungen sind diese Regeln nicht gemacht. Wer sich diesen Dingen trotzdem widmen möchte, hat ein Problem. Unter Umständen sogar ein großes.

Ein Beispiel: Katja Kießlings Traum war es, Werbetexterin bei einer großen Agentur zu sein. Dafür gab sie alles: Nach dem Abi die Lehre in einer kleinen Werbeagentur, das Studium und daneben immer wieder freiberufliche Tätigkeiten. Dann bekam sie endlich die Festanstellung. Jahrelang hatte sie dort eine verantwortungsvolle Position. Ja, sie hatte alles richtig gemacht. Doch dann wurde sie schwanger. Der Chef war nicht begeistert, die Kollegen merklich kühler im Umgang. Ein Jahr Elternzeit – wie sollen wir das überbrücken? Auf Teilzeit zurück – wer soll die ganze Arbeit machen? Kurz vor der Geburt kam der Auflösungsvertrag. Katja war entsetzt und ging vor Gericht. Mit dem Erfolg, dass immerhin die Abfindung deutlich höher ausfiel. Ihren heiß geliebten Job war sie trotzdem los.

»Kind da, Job weg« ist ein weit verbreitetes Phänomen. Gerade bei Frauen in verantwortlichen Positionen oder auf dem Weg nach oben. Die Aussagen sind überall die gleichen: Teilzeit – geht bei uns nicht. Homeoffice – das möchten die Kollegen nicht. Feierabend um 16 Uhr – wir sind doch hier nicht auf dem Amt. Und schon ist man draußen.

Viele dieser Frauen sind aber nicht für ein Leben zwischen Putzlappen und Sommerfest geschaffen. Also machen sie sich selbstständig, gründen Unternehmensberatungen, Kuchenmanufakturen oder Internetportale. Sie wollen arbeiten – und hätten das mit den richtigen Angeboten und Rahmenbedingungen sicher auch gerne weiterhin für ihre früheren Arbeitgeber getan. Nur dass die sie leider nicht mehr wollten.

Bemerkenswert ist doch, dass die meisten Frauen so still sind. Das Entsetzen darüber, dass ausgerechnet ihnen so etwas passiert, macht sie sprachlos. Und sie suchen den Fehler bei sich. Vielleicht hätte ich doch nach drei Monaten wieder zurückkommen sollen? Vielleicht gleich wieder in Vollzeit? Vielleicht bin ich ja auch selber schuld?

Seid ihr nicht! Denn die oft unausgesprochenen Regeln, um in den meisten Unternehmen am Ball zu bleiben, sind: keine Ausfallzeiten, Präsenzpflicht, Vollzeit. Kinder, klar, gerne, wenn sie nicht weiter auffallen. Diese Haltung wird natürlich nicht überall so offen kommuniziert wie in obigem Beispielfall, ist es doch heutzutage politisch korrekt, sich die Plakette »familienfreundlich« ans Revers heften zu können. Aber die dahinterstehende Botschaft ist: Wer Familie leben will, muss dafür auf Einkommen verzichten und das daraus möglicherweise erwachsende Risiko selber tragen. Man kann eben nicht alles haben.

Schon gar keine Karriere. Und deshalb streben viele Frauen und vor allem Mütter das auch gar nicht an, weil sie ganz genau wissen, was es bedeutet. Wenn sie es aber dennoch versuchen wollen, ohne ihre Kinder und ihr Geschlecht zu verraten, beißen sie meist auf Granit.

Bollwerke gegen alles, was anders ist

Ein Grund dafür ist: Die meisten Männer und Frauen in den Führungsetagen deutscher Unternehmen haben genau diese Regeln beachtet. Warum sollten sie diese jetzt nicht auch von anderen einfordern? Führungskräfte in Betrieben funktionieren manchmal wie Kinder einer Grundschulklasse: Warum sollte der/die es leichter haben als ich? Ich musste mich schließlich auch anstrengen, zurücknehmen, verzichten.

Mentalitätsmuster – so nennen Soziologen diese Bollwerke in Unternehmen gegen alles, was anders ist und andere Bedürfnisse hat als man selbst. Und deshalb ferngehalten werden muss. Laut einer Studie des Bundesfamilienministeriums gibt es drei unterschiedliche Grundhaltungen unter Führungskräften:[24]

Zum einen die konservative Haltung: Ihre Vertreter finden, dass Führung die ganze Aufmerksamkeit verlangt; Familie sollte nur im Hintergrund eine Rolle spielen. Frauen in Führungspositionen wirken für die Vertreter dieser Position wie verbissene Einzelkämpferinnen.

Zum anderen existiert die aufgeschlossene Haltung: Frauen im mittleren Management sind für diese Vertreter selbstverständlich. Aber auch sie glauben, dass es, um ganz nach oben zu kommen, ein hohes Maß an Zeit und Härte braucht. Eigenschaften, die sie Männern und Frauen, die sich offen zu Familie und Kindern bekennen, nicht zutrauen.

Und dann wäre da noch die scheinbar moderne individualistische Grundhaltung: Hier spielt es keine Rolle mehr, ob Männer oder Frauen sich auf einen Posten bewerben. Menschen mit dieser Haltung gehen selbstverständlich davon aus, dass Männer und Frauen gleich qualifiziert sind. Es kommt ihnen angeblich allein auf die Persönlichkeit an. Allerdings seien Frauen, die nach oben kommen, oft nicht authentisch. Selbst Personaler, die für sich diese Haltung in Anspruch nehmen, sagen, dass Frauen in Topjobs vermännlichen und in ihrem Verhalten häufig nicht mehr echt wirken.

Natürlich finden es Chefs mit einer individualistischen Grundhaltung toll, wenn sich Männer und Frauen – in einer (aber bitte) kurzen Elternzeit – um ihre Kinder kümmern. Aber dann sollten sie dem Unternehmen auch schnell und umfassend wieder zur Verfügung stehen.

Alle drei Haltungen haben die gleichen Auswirkungen: Jeder, der sich und sein Leben nicht den innerbetrieblichen Regeln anpasst, wird misstrauisch beäugt und hat es schwer, Anerkennung und Verständnis für seine Bedürfnisse zu finden. Dass da die Aufstiegschancen schwinden, ist ohnehin klar. Aus Unternehmenssicht stellt es sich häufig so dar: Die Zukunft ist weiblich, dagegen haben wir überhaupt nichts. Wenn sich die Frauen bitte unseren Anforderungen und unserem Zeitmanagement anpassen.

Die Macht der Stereotype

Faszinierend aber ist: Selbst wenn sich die Frauen diesen Regeln beugen, haben sie längst nicht die gleichen Chancen wie die Männer. Dazu sind die Vorurteile zu groß, mit denen Männer und Frauen heutzutage immer noch konfrontiert werden, zu oft noch wird in geschlechtsspezifischen Stereotypen gedacht.[25] Das würde natürlich niemand offen zugeben – zumal diese Prozesse oft unbewusst ablaufen. Einige Unternehmensberater haben deshalb schon empfohlen, Führungskräfte zuerst in Sensibilisierungskurse zu diesem Thema zu schicken, bevor sie über Maßnahmen zur Frauenförderung überhaupt nachdenken.

Als »männlich« gelten Eigenschaften wie Durchsetzungskraft, Ehrgeiz und Aggressivität. Männer gelten als Antreiber, innovativ und visionär. Frauen dagegen werden eher Eigenschaften wie Emotionalität und ein hohes Sicherheitsbedürfnis zugeschrieben. Sie gelten als intuitiv, empathisch und am Wohl von anderen orientiert.

Diese Stereotype sind kulturell tief verwurzelt und offenbar so hartnäckig, dass sie laut dem Gleichstellungsbericht der Bundesregierung die Karriereverläufe von Männern und Frauen bis heute maßgeblich prägen.

Wie etwa das »Think manager – think male«-Stereotyp, nach dem das Image erfolgreicher Führungskräfte eher auf die Beschreibung eines »typischen« Mannes als einer »typischen« Frau passt. Meint: Erfolgreiche Führungskräfte sind dominant, eigeninitiativ und durchsetzungsstark, Frauen sind das nicht. Das führt tatsächlich dazu, dass Frauen bei gleichem Verhalten und gleicher Qualifikation in Führungskompetenzen nachweislich anders beurteilt werden als Männer.

Danach werden Frauen seltener aufgabenorientierte, sondern eher personenorientierte Führungskompetenzen zugeschrieben. Auch die weiblichen Führungskräfte betonen oft selber, dass sie besonders gut mit Menschen umgehen können. Kein Wunder also, dass Frauen in den Geschäftsleitungen eher im Bereich Personal und weniger in den Bereichen Controlling und Finanzen zu finden sind. Ausgerechnet die aber gelten in Unternehmen als wichtiger und prestigeträchtiger – und werden in der Regel auch besser bezahlt.

Frauen in der Zwickmühle: Agieren sie den Geschlechterstereotypen entsprechend, haben sie von Anfang an schlechtere Chancen aufzusteigen. Setzen sie sich durch und zeigen vermeintlich typisch männliches Verhalten, wird ihnen das nicht abgenommen. Weil sie sich nicht so verhalten, wie das von Frauen erwartet wird. Nach dem Motto: Ist sie hart, ist das schlecht. Ist sie es nicht, erst recht. Oder: Wenn die so aggressiv ist, dann können wir auch gleich das Original nehmen.

Ein Beispiel: Die über Jahre erfolgreiche Projektmanagerin Sarah Prinz führt ihr Team mit harter Hand. Die Zahlen müssen stimmen, der Ton ist zuweilen ruppig. Dass Sarah alleinerziehende Mutter von zwei Kindern ist, hat ihren Aufstieg zwar verlangsamt, aber nicht verhindert. Sie ist oft am Limit, aber stolz darauf, alles zu schaffen. Mit einem hätte sie allerdings nicht gerechnet. Auf einer Konferenz wirft ihr die Betriebsratsvorsitzende vor, das Team sei mit ihrem Führungsstil total unzufrieden, sie müsse dringend etwas ändern: »Sie haben doch Kinder zu Hause. Führen sie ihr Team doch mal wie eine Familie, vielleicht wird es dann besser!« Alle männlichen Führungskräfte, die so etwas schon einmal gehört haben – bitte bei uns melden!

Dass viele Frauen vor diesen widersprüchlichen Erwartungen zurückschrecken, überrascht nicht. Haben sie sich trotzdem getraut und es gegen alle Widerstände geschafft, wird ihre Arbeitsleistung in einer hohen, von Männern dominierten Hierarchieebene nachweislich genauer beobachtet, strenger bewertet, und Fehler werden schneller moniert, als dies bei Männern der Fall ist.[26] Fazit aller Wissenschaftler: Männer und Frauen haben – egal ob mit Kindern oder ohne – auch wegen der subtilen Wirkung dieser Stereotype immer noch nicht die gleichen Chancen.[27]

Neben den strukturellen Benachteiligungen kommen, wie gezeigt, noch andere Gründe hinzu, fest steht aber in jedem Fall: Der Anteil von Topmanagerinnen in der deutschen Wirtschaft ist nach wie vor extrem gering. So belief sich der Frauenanteil in den Vorständen und Geschäftsführungen der 200 größten deutschen Unternehmen im Jahr 2013 (ähnlich wie 2012) auf gerade mal 4,4 Prozent[28] (in absoluten Zahlen waren das 40 Frauen gegenüber 866 Männern). Grund zum Jubel gab es bei den Dax-30-Unternehmen: Hier hat sich der Frauenanteil in den Vorständen von 2011 auf 2012 verdoppelt! Allerdings nur auf 7,8 Prozent ...[29] Und ging 2013 bereits zurück, unter anderem, weil die weiblichen Vorstände bei E.ON, SAP und Siemens ausschieden. Und somit die positive Entwicklung der vergangenen Jahre auch schon wieder gestoppt wurde. Nebenbei: Alle Vorsitze bei den

Dax-30-Unternehmen hatten auch 2013 wie schon in der Vergangenheit Männer inne.

In den Aufsichts- und Verwaltungsräten sah es ein bisschen besser aus: Die Top-200-Unternehmen hatten 2013 immerhin einen Frauenanteil von knapp 15 Prozent (plus zwei Prozentpunkte im Vergleich zum Vorjahr), die Dax-30-Unternehmen einen von 21,9 Prozent.[30] Verglichen mit Ländern, in denen es eine gesetzliche Quote gibt, ist das allerdings immer noch ein verschwindend geringer Anteil. Und wenn mal eine Frau aus einer Topposition ausscheidet, wird auch der Frauenanteil im schlimmsten Fall gleich wieder halbiert. Na ja, zumindest stark reduziert ... Denn in absoluten Zahlen sprechen wir je nach Jahr von zwölf bis 15 weiblichen Vorstandsmitgliedern in den Dax-30-Unternehmen insgesamt. Fazit der DIW-Expertinnen: »Zudem sind Frauen als *Vorsitzende* (kursiv d. die Autorinnen) von Spitzengremien in allen untersuchten Unternehmensgruppen nach wie vor der große Ausnahmefall.[31] (...) Die Ergebnisse verdeutlichen, dass der Anstieg des Frauenanteils in Spitzengremien kein Selbstläufer ist, sich lediglich in kleinen Schritten vollzieht und auch weiterhin erhebliche Anstrengungen nötig sind.«[32]

Die glorreiche weibliche Zukunft lässt also immer noch auf sich warten. Aber wie sieht sie denn überhaupt aus, diese weibliche Zukunft? Dass Frauen in der Zukunft noch mehr berufliche Chancen haben werden als jetzt schon und in der Vergangenheit? O.k. Dass Frauen dasselbe Leben führen können wie Männer, unabhängig von ihrem Geschlecht? Das tun sie heute schon. Oder bedeutet es, dass wir das eine gegen das andere ausspielen? Eine offenbar männliche Gegenwart gegen eine weibliche Zukunft?

Und welche Zukunft soll das überhaupt sein? Eine, in der Frauen genauso viele Stunden getrennt sind von ihren Familien wie heute nur die Männer? In der sie die Funktionen, Plätze und Aufgaben der Männer übernehmen, ohne dass aber grundsätzlich das Zusammenleben sich ändert und die Aufgaben neu verteilt werden? Das alles steht fast zu befürchten und ist doch arg einseitig.

Aber Platz für grundsätzlich andere Lebensmodelle gibt es auf dem deutschen Arbeitsmarkt so gut wie nicht. Es gibt nur eine enorme Erwartungshaltung gegenüber den Frauen und da wiederum vor allem gegenüber den Müttern. Sie ist extrem hoch. Wir finden: Wenn alles so bleibt, wie es ist, zu hoch.

Es muss sich was tun, damit Teilzeitbeschäftigung keine Sackgasse ist, aus der man nie wieder rauskommt. Damit die Betreuung von Angehörigen nicht ein so großes individuelles Risiko ist, dass sie kaum noch einer machen möchte. Es muss sich was tun, damit die wenigen Frauen, die in Unternehmen durchstarten, nicht die Lust an der Karriere oder die Lust an der Familie verlieren. Es muss sich dringend etwas ändern, damit unsere Gesellschaft das Kümmern um Kinder, Eltern, Partner, Menschen wieder als wertvoll empfindet – und damit Männern und Frauen Mut macht, auf die nächste Karrierestufe und eine Gehaltserhöhung zunächst zu verzichten, um Verantwortung für andere zu übernehmen.

Wir müssen uns endlich ehrlich fragen: In was für einer Zukunft wollen wir eigentlich leben?

Die Zukunft sollte nicht männlich oder weiblich, sondern menschlich sein

Ohne Angst vor zu viel Pathos antworten wir jetzt: in einer menschlichen! In einer Zukunft, die nicht mehr entweder männlich oder weiblich ist, in der Geschlechter nicht mehr miteinander konkurrieren, sondern an einem Strang ziehen. In der Arbeit und Gemeinschaft den gleichen Wert besitzen. In der nicht mehr das eine hinter dem anderen zurückstehen muss, sondern beides gemeinsam gelebt werden kann. Aber alles zu seiner Zeit.

Klingt romantisch. Und viele Männer und Frauen, die wir kennen, schütteln schon bei einer ersten Diskussion darüber abschätzig den Kopf: Ihr träumt wohl, das gab es noch nie. Welche Sozialromantik-Laus ist euch denn über die Leber gelaufen? Denkt nur an unsere Mütter und Großmütter, die hatten es noch schwer. Unsere Sorgen heute – das sind doch alles Luxus-Probleme. So gut wie jetzt ging es noch niemandem vor uns. Stimmt. Aber ist es nicht Aufgabe gerade unserer Generation – aufgewachsen wie die Made im Speck –, eine neue Realität zu schaffen? Und die zu unterstützen, die ungewöhnliche Wege gehen wollen? Soziologen denken diese Realität seit Jahren. Allerdings ohne Gehör zu finden.

Die Präsenzkultur ist von gestern

So fordert zum Beispiel die Präsidentin des Wissenschaftszentrums in Berlin, Jutta Allmendinger, die 32-Stunden-Woche. Die Idee: Männer reduzieren, Frauen erhöhen ihre Stundenzahlen auf 32 Wochenstunden. Und sichern sich damit Einkommen, Rentenansprüche und Zeit für sich und ihre sozialen Kontakte.

Gesamtwirtschaftlich wäre das sogar ein Gewinn: Denn die vielen Paare, die jetzt noch – oft unzufrieden – mit einer »Er 100 Prozent, sie null bis 50 Prozent-Lösung« leben, würden, wenn beide 75 Prozent arbeiten, dasselbe, wenn nicht sogar ein höheres Einkommen haben. Diese Rechnung lässt sich fast beliebig variieren – am Ende kommt sowohl unter emanzipatorischen, familientechnischen als auch unter finanziellen Aspekten etwas Besseres heraus. Das wäre ein echter Gewinn: für die Individuen und die Gemeinschaft.

Toll, rufen alle und nicken eifrig. Um sich dann wieder auf ihrem Bürostuhl zu verschanzen. Denn das, was diese Ideen im Keim erstickt, sind die geltenden Hauptverdiener-Regeln in unseren Köpfen. Und da vor allem die Präsenzkultur. Es ist faszinierend, wie tief sie in uns verankert ist. »32 Stunden, das bekomme ich doch nie hin. Da sitzt mein Chef ja tagelang ohne mich im Büro (und wird mich im schlimmsten Fall nicht vermissen).« Oder: »Mein Konkurrent zwei Büros weiter macht das einfach nicht mit und bootet mich aus, nur weil er länger im Haus ist als ich.«Außerdem:»Mein verantwortungsvoller, wichtiger, statusträchtiger Job ist nie und nimmer in 32 Stunden zu schaffen. Die Meetings, Abendessen, Mittagessen und Kaffeerunden sind total wichtig, Schatz, da werden Kontakte geknüpft, Geschäfte gemacht, da geht es richtig zur Sache – ehrlich. Und teilen, nein teilen lässt sich meine Führungsaufgabe nun wirklich nicht!«

Und sie sind auch noch stolz drauf. So geht die kinderlose Kollegin lächelnd an uns vorbei, wenn wir mit fliegenden Fahnen Richtung Ausgang streben, um die Kinder noch vor dem Zubettgehen zu sehen, und flötet:»Ach, der Chef schätzt es ja so, wenn ich abends um acht mit ihm im Aufzug nach unten fahre.« Als wäre allein das ein Qualitätsmerkmal.

So hält ein Manager in der mittleren Führungsebene 50 Wochenstunden für das absolute Minimum zur Erledigung seiner Aufgaben. Und so muss sich die Kollegin mit zwei kleinen Kindern mit aller Kraft an ihre Vollzeitstelle klammern, um sich auf keinen Fall dem Vorwurf auszusetzen, sie gebe nicht alles für den Job.

In dieser Mischung aus preußischer Pflichterfüllung und protestantischem Arbeitsethos wird die Idee einer 32-Stunden-Woche, einer Lebensverlaufsperspektive, einer Teilung von Führungsaufgaben und Verantwortung, Utopie bleiben.

Eine Lebensbilanz schaffen

Aber nehmen wir doch nur mal für eine Sekunde an, dass in Zukunft auch das Erziehen von Kindern, das Kümmern um alte Menschen, die Übernahme von Verantwortung für andere einen realen Wert haben und eine (finanzielle) Rolle bei der Berechnung der Lebensleistung eines jeden Menschen spielen. Dann würden wir uns dafür zwangsläufig mehr Zeit und Raum nehmen. Dann würden Frauen nicht mehr versuchen, das Thema

Kind tunlichst totzuschweigen, und lieber Kopfschmerzen vorschützen, um schneller nach Hause gehen zu können.

Dann hätte man vielleicht sogar die Führungskräfte im Boot, die darüber entscheiden, wie die Chancen im Unternehmen verteilt sind – und die derzeit die Mütter nicht unbedingt als Erstes im Blick haben.

Viel zu lange haben wir versucht, für eine weibliche Zukunft nach männlichen Spielregeln zu arbeiten und zu leben. Und wir müssen uns vorwerfen lassen, dass wir es nicht geschafft haben, diese Spielregeln auf den Prüfstand zu stellen. Als falsch erkannt haben wir sie längst. Aber eigene Spielregeln haben wir (noch) nicht aufgestellt. Wie auch? Dazu sind wir an den entscheidenden Stellen immer noch viel zu wenige. Und uns noch gar nicht einig, wie sie denn aussehen könnten, diese Spielregeln.

Welch ein Akt der Emanzipation, der Befreiung, wäre es, wenn wir uns, Männer und Frauen, Raum schafften für ein Leben mit Zeit, gemeinsamen Aufgaben in der Familie – und einer Arbeit, die uns ernährt und Spaß macht.

Das wäre eine Zukunft, wie wir sie uns vorstellen könnten. Eine Zukunft, in der Powerfrauen nicht weibliche Klone männlicher Alphatiere sind. Und Männer nicht den Verlust ihrer Männlichkeit befürchten müssen, wenn sie sich um ihre Familie kümmern. Keine weibliche, keine männliche, sondern eine menschliche Zukunft.

Lüge Nummer 5:
Anderswo ist alles besser

Das Märchen vom skandinavischen Erfolgsmodell und dem französischen Schlaraffenland

Anderswo ist alles besser – zumindest wenn man die Debatte über unser Vereinbarkeitsproblem im internationalen Vergleich verfolgt. Fast überall, so scheint es, vor allem aber in den nordischen Ländern und Frankreich, scheinen die Frauen das mit dem Beruf und den Kindern besser hinzukriegen. Nur wir hier in Deutschland, wir scheitern permanent an dieser winzigen Herausforderung. Allein: So ist es nicht. Jeder Vergleich in dieser komplexen Frage muss misslingen – weil anderswo alles anders ist. Das heißt noch lange nicht, dass es auch besser ist. Denn jede Kultur hat ihre Besonderheiten, ihre Stärken und Schwächen, ihre Traditionen und Familienbilder. Alles hängt mit allem zusammen – wer nur die Rosinen aus dem Kuchen pickt, wird niemandem gerecht. Natürlich ist es interessant hinzuschauen. Dann aber bitte gründlich.

Frauenleben in Frankreich – Bonjour Tristesse

Oh là là – die Französinnen! So elegant, so organisiert – und so viele Kinder haben sie. Sehnsuchtsvoll und ein bisschen neidisch blicken wir auf unser Nachbarland. Die Geburtenrate ist so hoch, dass die Grande Nation in absehbarer Zeit nicht aussterben wird. Und dann arbeiten sie noch so fleißig, die Damen – und zwar im Büro und nicht zu Hause! Sieben von zehn Müttern haben einen bezahlten Job – einen richtigen. Das sind insgesamt rund zehn Prozent mehr als bei uns, und die meisten der deutschen Mütter arbeiten Teilzeit.[1]

Vor allem wegen ihres ganztägigen Einsatzes in der Arbeitswelt wird die französische Mutter hierzulande immer wieder zum Ideal verklärt. Sie rauscht durch das morgendliche Paris, sagt dem Baby schnell »Adieu« und widmet sich dann wichtigeren Aufgaben. Sie arbeitet im Ministerium, ist Architektin oder macht etwas Kreatives. Dabei sieht sie sensationell aus, trägt die neueste Mode und ist mit ihrem Leben voll und ganz zufrieden. Sie verdient gut und ist stolz und unabhängig. Ach, seufzen wir in unseren schwachen Stunden, genau das wollen wir auch!

Wie machen die das bloß, fragen sich nicht nur verzweifelte Politiker, die den Familien in Deutschland seit Jahrzehnten sehr viel Bares in die Hand geben – ohne dass wesentlich mehr Kinder geboren werden oder Mütter mehr arbeiten. Aber auch die Frauen in Deutschland sind verzagt: Sie sind ihn leid, den ewigen Vorwurf, die Französinnen kriegten das doch spielend hin mit der Familie und dem Beruf. Warum nur, heißt es immer wieder, schaffen das die deutschen Mütter nicht?! Irgendwie ahnen alle, dass es etwas damit zu tun haben muss, dass viel mehr Kinder in Frankreich früher in Krippen, Vorschulen und Ganztagsschulen gehen. Aber reicht das aus, um das französische *Working-Mum*-Wunder mit dem dazugehörigen Kindersegen zu erklären?

Betreten wir die große Tummelwiese der Alles ist möglich-Lügen, diesmal unter der Überschrift: Anderswo ist alles besser! Denn leider stimmt das schöne Bild nicht, das wir uns von unseren Nachbarinnen machen. Da wäre etwa die Sache mit den vielen kleinen Jules, Lilous und Emmas: Warum nur haben die Franzosen keine Angst vor einer Familie mit, sagen wir, mindestens drei Kindern?[2] In Deutschland ist die Sache eindeutig: Hier hat nur jede siebte Familie drei oder mehr Kinder, und der Anteil dieser Familien ist in den vergangenen Jahren noch weiter gesunken. Während der Anteil der Ein-Kind-Familien kontinuierlich wächst.[3]

Einen ersten Hinweis auf die Lust an der Großfamilie gibt uns die Geschichte: Eine hohe Geburtenrate war und ist in Frankreich von jeher ein ausdrückliches Ziel der Familienpolitik – ohne Wenn und Aber.[4] Schon Ende des 19. Jahrhunderts begann die Geburtenziffer zu sinken – und weil es für eine Weltmacht nun mal viele kleine Franzosen und Französinnen braucht, hat man etwas dagegen unternommen. Mit Erfolg: Die Geburtenzahlen stabilisierten sich und stiegen in der ersten Hälfte des 20. Jahrhunderts wieder an.[5] Der ausdrückliche Wunsch des Staates nach vielen Kindern hat also eine lange Tradition – und ist im Gegensatz zu uns ideologisch unbelastet.

Die Tatsache, dass man Mütter und ihre Kinder braucht, wurde schon früh erkannt – und entsprechend gefördert. Das Credo »Familie ist für das Land wichtig« gehört zum französischen Wohlfahrtsstaat wie das Baguette zum Käse.

Das Familienbild ist von jeher traditionell, eine starke kirchliche und eine zivilgesellschaftliche Familienbewegung im 19. Jahrhundert trugen ihren Teil dazu bei. Bis in die 60er/70er Jahre des 20. Jahrhunderts hinein wurden Mutterschaft und Mehr-Kind-Familien aktiv gefördert. Frauen bekamen eine finanzielle Unterstützung, wenn sie Kinder zu Hause versorgten, um einen Anreiz für weitere Geburten zu bieten.[6] Interessant ist, warum die damals üblichen und recht üppigen Leistungen für Mütter Mitte der 70er reduziert und schließlich ganz gestrichen wurden: Es mangelte plötzlich an Arbeitskräften, vor allem im Dienstleistungssektor – man besann sich auf die Mütter.[7] Irgendwie kommt einem diese Herangehensweise bekannt vor.

Wer früher startet, ist schneller am Ziel

Die politische Debatte über die »Vereinbarkeit« von Familie und Beruf nahm also in Frankreich schon vor 40 Jahren Fahrt auf – viel früher als bei uns. Die erwerbstätige Mutter wurde bereits damals zum Leitbild, die öffentliche Kinderbetreuung deshalb stark ausgebaut.[8] Das kann man den unbedingten Willen zur Gleichstellung der Geschlechter nennen. Man könnte aber auch sagen, dass Frauen immer in dem Bereich viel wert sind, in dem sie gerade gebraucht werden. Werden Arbeitskräfte gebraucht, kürzt man ihnen die Unterstützung als Mutter; gibt es zu wenig Arbeit, schickt man sie wieder nach Hause an den Herd. So geschehen in den 50er Jahren in Deutschland, als für die männlichen Kriegsheimkehrer Arbeitsplätze gebraucht wurden, die bis dahin die Frauen eingenommen hatten. Und selbst das so moderne Dänemark schreckte davor nicht zurück: Dort schien es wegen der hohen Arbeitslosigkeit und wirtschaftlicher Stagnation während der 90er Jahre plötzlich opportun, die Frauen mit einem Erziehungsgeld und einem Erziehungsurlaub von einem Jahr im Anschluss an die Elternzeit wieder zurück ins Haus zu locken.[9]

Werden jedoch Arbeitskräfte knapp und sind die Sozialkassen leer, setzen Regierungen alles daran, den Frauen, die sich um ihre Familien kümmern wollen, ein schlechtes Gewissen zu machen und sie um jeden Preis in die Arbeitswelt zu locken.

Das ging in Frankreich wesentlich einfacher als in Deutschland, weil das Fundament für Fremdbetreuung von Kleinkindern sehr früh gelegt wurde. Schon Ende des 19. Jahrhunderts entstanden Vorschulen für die Kinder von Arbeitern. Hintergrund war ein republikanisches Gleichheitsideal. Die Schulen waren für die zwei- bis siebenjährigen Kinder der unteren Schichten gedacht, deren Eltern beide arbeiten mussten. Damit diese Kinder die gleichen Bildungschancen wie der Nachwuchs wohlhabender Familien hatten, sollten sie so früh wie möglich viel lernen.

Nach dem Zweiten Weltkrieg erlebten die Vorschulen einen Boom, und in den 60er und 70er Jahren gingen auch verstärkt Kinder höherer gesellschaftlicher Schichten in die *Écoles maternelles*, in die »mütterlichen« Schulen. Von Anfang an unterstanden sie dem französischen Bildungsministerium, gelten also nicht als familienpolitische, sondern als Bildungsinstitution.[10]

Diese Ganztagsschulen sind – außer dem Beitrag für das Mittagessen – kostenlos. Jedes Kind in Frankreich kann heute ab dem dritten Lebensjahr kostenlos und den ganzen Tag zur Schule gehen (außer mittwochs, da sind viele Einrichtungen für die Kinder halb- oder ganztags geschlossen). Das ist in der Tat ein fundamentaler Unterschied zu unserem System. Eine französische Besonderheit, die Arbeitnehmer immer wieder vor Probleme stellt. Dennoch bedeutet das: Wenn Eltern für die Kita nichts bezahlen müssen, bleibt vom Gehalt der Mütter auch substantiell etwas übrig. Ganz im Gegensatz zur Situation bei uns, wo viele Frauen jahrelang ihr Einkommen fast ausschließlich in die Betreuung stecken. Ein Problem übrigens, das arbeitende Frauen von Kindern *unter* drei Jahren in Frankreich auch haben. Denn günstige Plätze für die ganz Kleinen sind ebenfalls rar und schwer zu finden. Oder nicht jedermanns Sache.

Die Geschichte vom französischen Schlaraffenland wird aber so erzählt: Für jedes Baby findet sich schon nach ein paar Wochen ein Platz in einer Krippe – mit qualifizierten Erzieherinnen, Rundum-sorglos-Betreuung und ewig langen Öffnungszeiten.[11] Die Mütter geben ihre Kinder gerne ab, und alle sind glücklich und zufrieden.

Realität ist aber eher: Im ländlichen Raum sind die Betreuungsplätze für die ganz Kleinen ebenso knapp wie hier, selbst im Ballungsraum Paris, der Hochburg der Kinderkrippen, fehlen Tausende Plätze. Etwa 28 Prozent der Kinder unter drei Jahren werden in öffentlichen Kitas betreut – etwa genauso viele wie in Deutschland. Der Rest, also fast drei Viertel aller Kleinkinder unter drei Jahren, bleibt zu Hause. Entweder bei der *Nounou*, der Kinderfrau also, oder der Mutter.[12] Die französische Regierung bessert bei der Kleinkindbetreuung regelmäßig nach und kommt doch nicht hinterher. Auch die Öffnungszeiten passen oft nicht zu den Arbeitszeiten der gestressten Eltern – Tagesmütter und Babysitter müssen die Kinder aus der Betreuung holen und extra bezahlt werden. Dass fast jede Frau bald nach der Geburt ihren Säugling mit Begeisterung in die Krippe bringt, gehört ebenso in den Bereich der Mythen und Sagen: Schätzungsweise 50 bis 60 Prozent der Kleinkinder werden ausschließlich von der eigenen Mutter betreut.[13]

Die voll berufstätige Mutter, die ihr Baby schon nach kurzer Zeit abgibt – am besten nach Ende des Mutterschutzes, also zehn Wochen nach der Geburt –, ist wohl in erster Linie ein großstädtisches Phänomen. Und selbst dort läuft nicht immer alles nach Plan. Eine Krippe in der Nähe der Wohnung oder des Arbeitsplatzes – da muss man schon Glück haben. Aber viele Frauen finden eine Lösung – der Druck auf sie ist schließlich enorm – und sind wesentlich schneller zurück im Job als Mütter in Deutschland. Und trotzdem sollten wir in Zukunft wohl eher sagen: »Die Pariserinnen schaffen das doch auch.« Oder besser noch: »Manche Pariserinnen machen das so.« Dann wäre das Bild realistischer – und die Frage, warum sie das tun und ob sie damit glücklich sind, ist dabei noch nicht einmal gestellt worden.

Viele Französinnen wählen diesen Weg keineswegs aus freien Stücken, sondern weil sie müssen: Der Arbeitgeber gesteht nur maximal drei Monate Auszeit (Mutterschutz plus Urlaub) zu, der Krippenplatz ist andernfalls weg. Auch ziehen Kollegen hemmungslos über die junge Mutter her, wenn sie sich länger aus dem Job verabschiedet. Im Rest des Landes – und das ist ja bekanntlich der weitaus größere Teil – leben jedoch Millionen Frauen, die ihre Kinder genauso gerne zu Hause haben wie viele Familien in Deutschland. Umfragen zufolge ist immerhin ein Drittel der Franzosen der Meinung, dass das Kind in den ersten drei Jahren von der Mutter betreut werden sollte.[14] Mit drei (!) Jahren gehen dann dort alle Kinder und in Deutschland rund 90 Prozent in eine Form der Betreuung – das haben wir dann durchaus gemeinsam.

Auch die Qualität der Krippenbetreuung ist bei unseren Nachbarn nicht unumstritten: zu formalistisch, wenig individuell und viel zu strukturiert, so die Kritiker. Raum für individuelle Entwicklung, die Förderung spezifischer Kompetenzen und spielerisches Lernen? Oft Fehlanzeige. Stattdessen Frontalunterricht für Dreijährige in den *Écoles maternelles*, ein strenger Stundenplan und viel Disziplin.[15]

Wer sich in Frankreich für eine etwas individuellere Betreuung der Allerkleinsten entscheidet, muss tief in die Tasche greifen: Eine Kinderfrau, eine *Nounou*, die im besten Fall ins Haus kommt, ist für gut situierte Eltern die erste Wahl. Die Kosten für sie belaufen sich aber schnell auf über 1000 Euro im Monat. Häufig teilen sich zwei Familien deshalb eine Kinderfrau. Dennoch unterstützt auch hier der Staat diese Betreuungsform, indem er die Sozialabgaben zumindest für geprüfte Kinderpfleger/-innen teilweise oder ganz übernimmt. Ein Umstand, der uns hierzulande Freudentränen in die Augen treiben würde. Zudem können alle Kinderbetreuungskosten zur Hälfte von der Steuer abgesetzt werden.[16]

Geld oder Kita – das ist hier die Frage

Tatsache ist: Das doppelte Ideal der berufstätigen Mutter mit mehreren Kindern war in unserem Nachbarland schon sehr früh in der Welt, und viele Maßnahmen sind seit Jahrzehnten darauf ausgerichtet. Dazu gehört auch, dass traditionell ein wesentlich höherer Anteil der Ausgaben für Familien in die öffentliche Betreuung fließt. Generell investiert Frankreich über 3,5 Prozent seines Bruttoinlandsprodukts (BIP) in die Familienförderung; über die Hälfte davon, etwa zwei Prozent, gehen direkt in die Kinderbetreuung. In Deutschland dagegen macht der Anteil für die Familienförderung nur knapp 2,8 Prozent des BIP aus, wovon wiederum ein Drittel über Steuererleichterungen an die Eltern fließt. Im Durchschnitt der Industrieländer halten das nur zehn Prozent der Staaten so.[17] Grundsätzlich setzt Deutschland mehr auf Geld als auf Infrastruktur. »So werden etwa drei Viertel der familienbezogenen Leistungen als Geldleistung bzw. über steuerliche Maßnahmen gewährt (direkte Transfers plus Steuerentlastungen)«, schreibt das Mannheimer Zentrum für

Europäische Wirtschaftsforschung (ZEW).[18] Damit fließe vergleichsweise viel Geld an Familien der Mittel- und Oberschicht, und zwar quer durch alle Altersgruppen der Kinder. In anderen Ländern – dazu gehört auch Frankreich – werden Geldleistungen dagegen gezielter eingesetzt, um Armut zu bekämpfen.

Auch ein Blick auf den Umfang der Familienförderung nach Alter der Kinder ist hilfreich: Familien benötigen gerade in der Phase der Familiengründung und mit kleinen Kindern die größte Unterstützung. Für diese Haushalte haben andere Länder passgenauere Angebote. Die Kosten für die Hilfen für Kleinkinder werden in Frankreich breiter verteilt. Ein großer Teil kommt aus Arbeitgeberbeiträgen und dem allgemeinen Sozialbeitrag, den jeder zahlt. Auch Selbstständige zahlen Beiträge. Einen geringen Teil übernimmt der Staat.[19]

Französische Mütter sollen nicht nur arbeiten – sie sollen auch möglichst viele Kinder haben. Die Anzahl der Kinder spielt eine so große Rolle, dass manche Leistungen – wie etwa das Kindergeld – erst ab dem zweiten Kind gezahlt werden.[20] Auch deshalb kehren viele Mütter nach der Geburt des ersten Kindes relativ schnell an den Arbeitsplatz zurück: Sie können sich etwas anderes schlicht nicht leisten. Mit zunehmender Kinderzahl sinkt aber übrigens auch in Frankreich, genau wie in Deutschland, ihre Präsenz am Arbeitsplatz.[21] Allerdings nicht in einem so großen Ausmaß wie bei uns.

Allheilmittel Familiensplitting?

Mut zur Großfamilie macht parallel dazu das französische Steuersystem. Generell gilt: Je größer die Familie, desto großzügiger wird sie finanziell unterstützt. Auch Frankreich entlastet Familien, genau wie Deutschland, über ein Splittingsystem. Allerdings wird dort die Zahl der Kinder beim Steuertarif berücksichtigt. Für die ersten beiden Kinder gilt ein Splittingfaktor von 0,5; jedes weitere Kind sowie jeder Elternteil schlägt mit dem

Faktor 1,0 zu Buche. So wird also das Einkommen einer Familie mit drei Kindern in vier Einkommen aufgeteilt und dann besteuert. Das ist erheblich günstiger, als wenn der Fiskus nur einmal auf das Gesamteinkommen zugreift. In Deutschland spielen Kinder im Rahmen des Ehegattensplittings gar keine Rolle – allerdings haben wir steuerliche Freibeträge für Kinder, die in den meisten Einkommensgruppen fast den gleichen Effekt oder gar einen höheren haben wie der Kindersplittingfaktor in Frankreich. Zudem ist in Frankreich die Steuerersparnis gedeckelt: Für das erste und zweite Kind beträgt sie pro Jahr maximal 2159 Euro, für das dritte und jedes weitere Kind 4318 Euro (Stand 2014). Generell führt das Familiensplitting dazu, dass Haushalte mit Kindern niedriger besteuert werden als Haushalte ohne Kinder.

Steuerlich wesentlich bessergestellt als in Deutschland werden Alleinerziehende: Sie bekommen einen Splittingfaktor von 1,5. Mit einem Kind kommt man so auf den Faktor zwei, hat also den gleichen Vorteil wie ein erwachsenes Paar. Ein weiterer wichtiger Unterschied: Die steuerlichen Vorteile für Familien sind nicht an die Ehe gebunden. Die Regelung gilt auch für Eltern, die nicht verheiratet sind, jedoch in einer eingetragenen Partnerschaft leben (*pacte civil de solidarité*). Diese war zwar ursprünglich für Homosexuelle gedacht, wird mittlerweile aber auch von einem großen Teil der heterosexuellen Paare eingegangen.

Familien, die wegen eines geringen Einkommens nicht von den Steuervorteilen profitieren, bekommen zahlreiche Hilfen bei der Kindererziehung und Betreuung. In Frankreich gibt es also – ähnlich wie in Deutschland – eine Zweiteilung: massive steuerliche Entlastungen für kinderreiche Gutverdiener auf der einen und substantielle Geldleistungen für Familien, in denen das Geld knapper ist, auf der anderen Seite. Das eine schließt das andere jedoch nicht aus. Und das ist der Unterschied zu uns: Während in Frankreich auch besser verdienende Menschen etwa bei den Kosten für private Kinderbetreuung unterstützt werden, müssen Familien das hier weitgehend – bis auf die steuerliche Absetzbarkeit mit einer Höchstgrenze von 4000 Euro – selbst organisieren und bezahlen. Ein weiterer Faktor ist möglicherweise – zumindest für eine bestimmte Schicht – die Qualität der Arbeit. Denn die Französinnen sind offenbar besser ausgebildet und kommen so auch an besser bezahlte Jobs. Während in Deutschland nur jede vierte Frau als hoch qualifiziert gilt, ist es in Frankreich mehr als jede dritte.[22] Der Schluss daraus ist einfach: Wer ein hohes Einkommen und einen guten Job hat, für den steigen die persönlichen Kosten enorm, wenn er darauf verzichtet. Es ist also aus ökonomischer und persönlicher Sicht für diese Frauen besser, im Beruf als bei den Kindern zu bleiben. Und da Fremdbetreuung in Frankreich seit Jahrzehnten selbstverständlich ist, entstehen auch keine großen moralischen Konflikte.

Ein Vorteil: die 35-Stunden-Woche

Erleichternd kommt hinzu: Ihre hoch qualifizierte Arbeitskraft müssen die Frauen nicht so umfassend auf den Markt werfen wie wir: Unsere Nachbarn haben schon seit zwölf Jahren (seit 2002) die 35-Stunden-Woche. Die Franzosen und auch die Französinnen arbeiten nach unserem Verständnis also gar nicht Vollzeit, sondern eher vollzeitnah – genau so also, wie das kluge Köpfe in jüngster Zeit auch für Deutschland immer lauter fordern. Eine Forderung, die bei uns aber vor allem von den Arbeitgebern umgehend zurückgewiesen wird. Allerdings – auch das ist Teil der Wahrheit: Frankreich ist das Land der zahlreichen Überstunden. Das erhöht den Druck auf die voll arbeitenden Mütter und manifestiert sich in steigenden Burn-out-Zahlen.

Das Prinzip der »freien Wahl« –
Auch in Frankreich gibt es ein Betreuungsgeld

Was nun wirklich überrascht: Im Land der viel arbeitenden Mütter bekommen Familien auch staatliche Unterstützung für die Betreuung daheim. Denn obwohl Mutter und Job viel selbstverständlicher als Einheit gedacht werden, werden Familien generell gefördert und unterstützt. Das tut der Staat mit einem mehrstufigen Betreuungsgeld, das je nach Familiensituation fast 570 Euro im Monat (Stand 2013) erreichen kann.[23] Arbeitet ein Elternteil in Teilzeit, wird das Betreuungsgeld gekürzt, aber weitergezahlt.[24] Außerdem ist das Elterngeld für Familien ab drei Kindern für ein Jahr etwa um die Hälfte höher als das reguläre Elterngeld. Allerdings gelten für das Betreuungsgeld bestimmte Einkommensgrenzen, die je nach Familiensituation und Kinderzahl zwischen rund 32 000 Euro (Paare mit einem Einkommen und einem Kind) und knapp 57 000 Euro liegen (Doppelverdiener/Alleinerziehende mit drei Kindern).[25]

Dass über das französische Betreuungsgeld in Deutschland so wenig gesprochen wird – ein Zufall? Wohl kaum. Vielmehr würde es einige Politiker ganz schön in Not bringen, wenn sie erklären müssten, warum Leistungen, die Menschen in der Familie erbringen, hierzulande nicht angemessen honoriert werden. Frankreich hingegen leistet sich so etwas wie eine »Wahlfreiheit«. Natürlich gilt auch dort, dass ein eigenes sozialversicherungspflichtiges Einkommen eine Frau mehr absichert als jede Form von staatlicher Unterstützung. Dennoch steht bei unseren Nachbarn, entgegen der gängigen Meinung, gerade nicht nur die Erwerbstätigkeit der Mütter hoch im Kurs, sondern auch der Wunsch, Eltern die freie Wahl zu lassen, wie sie als Familie leben wollen.

In Anspruch nehmen das Elterngeld übrigens fast ausschließlich die Mütter – hier fällt unseren Nachbarinnen das traditionell konservative Familienbild auf die Füße: Für die Kinder ist *Maman* zuständig – da gibt es kein Vertun. Anreize für eine Beteiligung der Väter an der Erziehungsarbeit gibt es nicht. Die 14 Tage bezahlte Vaterzeit, die Männer seit 2002 nehmen können, haben wohl eher symbolischen Charakter. Das neue Gleichstellungsgesetz, das im Januar 2014 von der Nationalversammlung in erster Lesung verabschiedet wurde, will nun aber mehr Anreize für Väter schaffen: So wird für Eltern von Kindern, die nach dem 1. Juli 2014 geboren werden, der sechsmonatige Erziehungsurlaub um weitere sechs Monate verlängert, wenn der zweite Elternteil ihn nimmt. Ansonsten bleibt es bei einem maximalen Erziehungsurlaub von 30 Monaten, in dem ein Erziehungsgeld gezahlt wird.

Hinzu kommt eine Arbeitskultur, die es Männern noch schwerer macht als hierzulande, in Elternzeit zu gehen. Und obwohl der *Gender Pay Gap*, also das geschlechtsspezifische Lohngefälle, laut Statistischem Bundesamt mit 14,7 Prozent in Frankreich nicht ganz so groß ist wie in Deutschland, verdienen auch dort in den meisten Familien die Frauen weniger als ihre Männer.[26] Deren Erwerbsunterbrechung käme die Familie also teurer.

L'amour, l'amour!

Letztlich ist die Frage der Vereinbarkeit – jenseits von Kitas und Splittingtarifen – auch immer eine Frage der Kultur: Die französische Frau versteht sich traditionell als emanzipiert und unabhängig. Dazu gehören ein eigenes Einkommen – und Kinder. Vor dem Eintritt ins ultimative Familienidyll steht allerdings ein Schild. Auf dem steht: »L'amour, l'amour!« Soll heißen, über der Beziehung zu den Kindern, so gern man sie auch hat, steht die Beziehung zum Partner. Das Paar, und vor allem dessen romantische Beziehung, ist die zentrale Einheit in der Familie, um die sich alles dreht. Dass Kinder zum Mittelpunkt des Interesses werden – undenkbar. Das Selbstbild der Frauen wird nur zu einem kleinen Teil aus dem Aspekt »Mutter« gespeist. Viel wichtiger ist es, für den Partner als Frau und Liebespartnerin attraktiv zu bleiben. Die Stöckelschuhe gehören zum Bild der perfekten Frau und Mutter wie die perfekte Figur wenige Wochen nach der Geburt. Intimität ist wichtig – deshalb ist das elterliche Bett für die Kleinsten tabu. Die Forderung nach einer fairen Arbeitsteilung ist es in dieser Logik auch.

Die Rolle des Kindes ist klar definiert: Es wird traditionell nicht als Individuum gesehen, sondern als Teil einer Gesellschaft, in die es sich so früh wie möglich einfügen muss – und dafür wird von klein auf sehr viel getan. Kinder gelten in Frankreich als »unbeschriebenes Blatt«: Nur wenn sie möglichst früh mit möglichst vielen unterschiedlichen Menschen und Eindrücken konfrontiert werden, können sie sich optimal entwickeln. Diese Haltung geht auf den Philosophen Jean Jacques Rousseau zurück und wird in Frankreich bis heute nicht grundsätzlich in Frage gestellt. Die Erziehung im Kollektiv gilt als das Beste für das Kind – das ist eine kulturelle Norm, auf die sich eine ganze Gesellschaft geeinigt hat und die deshalb auch viele Eltern aus vollem Herzen wünschen und unterstützen.

Das ist ein anderer Blick auf Kinder, als wir ihn haben. Man muss das gar nicht besser oder schlechter finden. Man muss ihn aber kennen, um unterschiedliche Entscheidungen und Prioritäten verstehen zu können.

In Frankreich sind die »Macht«-Verhältnisse deshalb eindeutig: Eltern und Erzieher sagen, wo es lang geht, die Kinder gehorchen. Da sie das von klein auf in der Gruppe lernen, wirken sie auf Außenstehende oft »besser erzogen«, vor allem im Vergleich zu den häufig sehr individualistischen Sprösslingen der Deutschen. Auch das muss man nicht unbedingt bewerten – aber feststellen, dass die Eltern hier und dort ganz unterschiedliche Ansprüche an sich, ihre Kinder und ein glückliches Familienleben haben, sollte man schon. Davon abgesehen, dass es auch in Deutschland sehr vielen Eltern gelingt, ihre Kinder zu respekt- und rücksichtsvollen Menschen zu erziehen.

Liebe mit Abstand

Auch wenn die Liebe zwischen den Partnern sehr ernst genommen wird, die Liebe zu den Kindern prägt oft eine gewisse Distanz. Nicht, dass die Franzosen ihre Kinder nicht gern hätten und mit ihnen schmusten – aber, bitte, alles im Rahmen!

So ist es etwa nicht unüblich, dass erst die Kinder zu Abend essen und dann die Eltern – um wenigstens ein paar Minuten zu zweit zu haben. Das ist gut und schön und täte vielleicht auch der einen oder anderen deutschen Familie ganz gut – entspricht aber überhaupt nicht unseren Bedürfnissen: Hier ist vielen Eltern und Kindern zumindest eine gemeinsame Mahlzeit am Tag wichtig.

Ja, auch französische Eltern lieben ihre Kinder, aber: »Es gibt schon einen gewissen Abstand«, sagt Nathalie Dubois, eine in Deutschland lebende Dolmetscherin, die das Verhältnis zu ihren Eltern zwar als sehr gut beschreibt, aber durchaus große Unterschiede sieht, wie Familienmitglieder in Frankreich und in Deutschland miteinander umgehen.

Eine neue Entwicklung: Gegenwehr

Immer mehr Familien in Frankreich jedoch wollen diese Distanz so nicht mehr leben – und verschaffen sich zunehmend Gehör. Sie wehren sich gegen den erbarmungslosen *Regard des autres*. Gegen den »Blick der anderen«, die sehr genau darauf achten, wer welche privaten Entscheidungen trifft und erbarmungslos missachten, wenn diese nicht der gesellschaftlichen Norm entsprechen.

Auch in unserem Nachbarland haben viele Eltern das Gefühl, zu wenig Zeit mit ihren Kindern zu verbringen. Auch sie wollen den Nachwuchs nicht mehr bis zu zehn Stunden am Tag in fremde Hände geben. Auch sie wollen eine Verbindung und eine zärtliche Nähe zu ihren Kindern, und das nicht nur ein paar

Minuten am Tag. Wer mehr Nähe zu den Kindern will, geht andere Wege. Frauen reduzieren ihre Arbeitszeiten, steigen gar zeitweise ganz aus, wechseln in weniger anspruchsvolle Jobs. Sie merken: Die vielen Stunden, Tage und Wochen im Job haben ihnen in Sachen Gleichberechtigung in der Familie nichts gebracht. Außer enormen Stress.

Statistiken zeigen, dass Mütter in Frankreich 90 Prozent der Hausarbeit leisten, die Rollenverteilung innerhalb der Familie ist noch viel extremer als hier: Männer erwarten, dass die Frauen erstens arbeiten, zweitens gut aussehen, drittens abends eine frische Mahlzeit auf den Tisch bringen und viertens dafür sorgen, dass die Kinder möglichst wenig stören. Unsere Nachbarinnen – sie müssen »Superwomen« sein! Dass sich die wenigsten darüber beschweren, liegt an ihrem Selbstverständnis. Wir wollen das nicht bewerten, aber Tatsache ist: Die Französinnen haben es in dieser Frage fast noch schwerer als wir, weil sie den Preis, den sie zahlen, nicht benennen dürfen.

Nathalie Dubois ist deshalb froh, dass sie ihre beiden Kinder in Deutschland großziehen konnte – und viel Zeit zum Singen, Basteln und Lesen hatte. Auch die Nachmittage auf dem Spielplatz mit anderen Müttern hat sie genossen. In Frankreich hätte es das so nicht gegeben; weil die Kinder bis 17 Uhr versorgt sind, sieht man sie kaum im öffentlichen Raum. Den Rest des Nachmittags sitzen sie stundenlang über den Hausaufgaben.

Ein Leben, das Dubois als Kind und Jugendliche in Frankreich ganz normal fand – für ihre Töchter aber nicht wollte. »Ich war sehr erstaunt, womit sich deutsche Jugendliche in ihrer Freizeit beschäftigen«, beschreibt sie ihre ersten Eindrücke, als sie als Teenager nach Deutschland kam. »Die haben in Bands gespielt, geschrieben, gemalt – die waren alle so viel kreativer als ich.« Sie empfand das als ungeheure Qualität – und findet sogar, dass das möglicherweise ein Grund für Deutschlands starke wirtschaftliche Stellung ist. Die Menschen, die heute wichtige Positionen in deutschen Unternehmen haben, sagt sie, sind in einem so freien Umfeld aufgewachsen, dass sie heute das nötige Selbstbewusstsein und die Kreativität haben, innovativ zu denken und zu lenken.

Dubois kennt den Druck auf ihre Freundinnen in Frankreich und ist froh, dass sie dem hier nicht so extrem ausgesetzt war – allerdings sind ihre Kinder auch schon groß. Sie hofft nur, dass ihre Töchter nicht auch eines Tages in die gleiche Lage kommen wie ihre Cousine: Die musste ihre Tochter mit drei Monaten abgeben, um ihren guten Job als Juristin bei einer internationalen Organisation nicht zu verlieren. »Sie ist doch noch so klein«, sagte sie unter Tränen – und wäre gern noch ein paar Monate bei ihrem Baby geblieben. Sie ging dann aber wieder zur Arbeit. Weil die Familie ihr Einkommen brauchte und sie Angst um ihre Karriere hatte.

Immer mehr Müttern geht es so wie der Cousine von Nathalie Dubois – und sie ziehen Konsequenzen. In einem Umfeld, das noch viel extremer auf andere Lebensentwürfe reagiert, als das hier der Fall ist. Während es in Frankreich kein Wort für »Rabenmutter« gibt, ist der diffamierende Begriff der »Gluckenmutter« (*mère poule*) weit verbreitet! Eine Mutter, die – so das Bild – wie eine Henne permanent ihre Flügel über den Kleinen ausbreitet, erfährt immer wieder und von allen Seiten, dass sie die Sache der befreiten Frau verrät.

Trotzdem trauen sich ein paar Frauen, über den Schmerz zu sprechen, den sie empfinden, wenn sie kranke Kinder morgens in aller Herrgottsfrühe aus dem Bett reißen und mit Fiebersaft gedopt in der *Crèche* abgeben müssen. Sie machen öffentlich, dass es ihnen das Herz zerreißt, ihre Kinder nur im Vorbeigehen zu sehen und kaum Zeit mit ihnen zu haben.

Rund um den deutschstämmigen Kinderarzt Adrian Serban in Lyon hat sich sogar eine Organisation gegründet, die das Thema »Bindung« mehr ins Bewusstsein unserer Nachbarn rücken will.[27] Denn erstaunlich genug: Damit hat sich dort bislang kaum jemand ernsthaft beschäftigt. Die Erkenntnisse der frühen Bindungsforschung von John Bowlby seit Ende der 50er Jahre wurden bei unseren Nachbarn jahrzehntelang schlicht ignoriert – von neueren Forschungsergebnissen ganz zu schweigen.

Nicht erstaunlich ist dagegen, dass diese Frauen als hoffnungslos rückständig und konservativ diffamiert werden, und das, obwohl den meisten nicht einmal ein Leben als Hausfrau vorschwebt. Sie wollen weiter arbeiten – nur nicht mehr so früh nach der Geburt und zu Bedingungen, die sie zwingen, ihre Familien zu vernachlässigen. Aber das ist im Land der Simone de Beauvoir und der Élisabeth Badinter, den Vorreiterinnen der Frauenbewegung früher und heute, so ungeheuerlich, dass man sich wundert, dass einige überhaupt den Mut haben aufzubegehren.

Hinzu kommen ein paar grundsätzlich andere Einstellungen unserer Nachbarinnen: Auch wenn der Anteil der stillenden Mütter in den letzten Jahren in Frankreich stetig gestiegen ist (die meisten stillen allerdings höchstens ein paar Wochen), empfinden viele das Stillen eines Säuglings immer noch als animalisch. Wer nicht stillt, kann sich auch leichter von seinem Säugling trennen – nur folgerichtig ist also, dass mehr Öffentlichkeit über die Vorteile des Stillens auch politisch nicht unbedingt erwünscht ist. Denn diese totale Abhängigkeit des Babys von seiner Mutter – und umgekehrt – macht eine schnelle Rückkehr an den Arbeitsplatz zumindest komplizierter. Die Selbstverständlichkeit, mit der wir das Kind und seine Bedürfnisse in den Vordergrund stellen, kennen unsere Nachbarinnen in dieser Form nicht.

Trotzdem vom Nachbarn lernen?

Unsere französischen Geschlechtsgenossinnen bewegen sich jedoch in einem Rahmen, der im Gegensatz zu unseren Verhältnissen sehr unterstützend ist: Sie profitieren von einer Politik, die sich die Gleichstellung der Geschlechter seit Jahrzehnten als Querschnittsaufgabe mehrerer Politikbereiche zum Ziel gesetzt hat: Arbeitsmarkt- und Sozialpolitik, Bildungspolitik *und* die finanzielle Unterstützung für Familien bilden ein schlüssiges Gesamtkonzept, vom dem wir hierzulande nur träumen können.[28] So wird die Erwerbstätigkeit von Müttern gezielt gefördert, sämtliche Gesetze werden auf dieses Ziel hin abgeklopft. Auch der gesetzliche Mindestlohn wird von Experten als ein Grund dafür genannt, dass Frauen ein Einkommen haben, das ihre Existenz sichert. Die gleiche Bezahlung von Männern und Frauen – ein wichtiger Aspekt für berufliche Gleichstellung – hat Frankreich im Gegensatz zu Deutschland mittlerweile in den Gesetzesrang erhoben, ein Gleichstellungsgesetz für die Privatwirtschaft macht auf dieser Schiene Druck. Während wir Doppelverdiener-Haushalte systematisch finanziell benachteiligen, wird in Frankreich sehr genau darauf geachtet, dass genau das nicht passiert. Die Folgen sind bei uns unübersehbar: Immer nur gegen hohe Grenzsteuersätze anzuarbeiten (er liegt in Deutschland für die Zuverdienerin bei fast 50, in Frankreich bei knapp 23 Prozent) ist extrem frustrierend – und letztlich demotivierend. Auch die Unterstützung für die Familie als solche ist in Frankreich umfassender: Unabhängig davon, ob Menschen verheiratet sind, alleinerziehend oder einfach so zusammenleben – von den umfassenden Beihilfen und Zuschüssen profitieren alle, die Kinder großziehen.

Generell haben Frauen in Frankreich im Rahmen einer Politik des Sowohl-als-auch einen größeren Spielraum, ihr Berufs- und Familienleben zu gestalten. Während Frauen in Deutschland viel häufiger und grundsätzlicher – zumindest wenn es um Karriere geht – vor der Frage des Entweder-oder stehen.

Wir sprechen also von völlig unterschiedlichen Kulturen, was den Umgang mit Familie und Beruf und den jeweiligen Stellenwert in der Gesellschaft angeht. Interessant ist übrigens noch, dass berufstätige Mütter auch in Frankreich im Durchschnitt weniger Kinder haben als Hausfrauen – machen wir also auch hier ein für alle Mal Schluss mit dem Mythos der supererfolgreichen Madame, die Karriere und mehrere Kinder spielend organisiert. Denn – von den berühmten Ausnahmen wie immer abgesehen: So ist es einfach nicht.

Apropos Ausnahmen: Auch in Frankreich arbeiten sehr viele Frauen im sozialen Dienstleistungsbereich und dort wiederum oft mit niedrigen Gehältern. Sie sind Grundschullehrerinnen, Krankenschwestern, Sozialarbeiterinnen, Verkäuferinnen und machen anderen Menschen die Haare. Nur wenige Frauen erreichen Spitzenpositionen etwa als Professorinnen.[29] Frauen sind also hier wie dort im Dienstleistungsbereich über- und in der Industrie deutlich unterrepräsentiert. Auch Frauen in Spitzenpositionen in der Wirtschaft waren in Frankreich viele Jahre eine Seltenheit – bis Frankreich 2011 eine Frauenquote von 40 Prozent in den Vorständen börsennotierter Unternehmen sowie in Betrieben mit mehr als 500 Mitarbeitern oder mehr als 50 Millionen Euro Jahresumsatz beschloss. Seitdem ist der Frauenanteil dort enorm gestiegen: in den Unternehmen im CAC-40-Aktienindex um zehn Prozentpunkte von 12,3 Prozent im Oktober 2010 auf 22,3 Prozent im Januar 2012.[30] Damit ist Frankreich fast allein verantwortlich für einen EU-weiten Anstieg des Frauenanteils in Führungspositionen der größten Unternehmen.[31] So viel nur am Rande zur vermeintlich begrenzten Wirkmacht von gesetzlichen Regelungen.

Aber zurück zu unserem eigentlichen Thema: Uns wird seit Jahren eingeredet, dieses Sowohl-als-auch sei, von ein paar kleinen Schwierigkeiten abgesehen, auch hier möglich und letztlich eine gesellschaftlich anerkannte Norm. Das ist schlicht falsch, denn es wird nicht annähernd so viel dafür getan wie in Frankreich, wo jedes Kind schon vor seiner Geburt mit dem sogenannten Geburtszuschuss von knapp 900 Euro begrüßt wird.

Quelle surprise! Die Franzosen kritisieren ihre eigene Familienpolitik

Allerdings: Während wir uns unentwegt anhören dürfen, wie wunderbar es im Land des Savoir-vivre zugeht, fragen sich kluge Köpfe dort, ob wirklich alles in Ordnung ist mit ihrer Familienpolitik. So kritisieren einige, dass trotz des Primats der »freien Wahl« davon oft keine Rede sein kann. Zu häufig finden Eltern nicht die Betreuungsform ihrer Wahl: weil es sie nicht gibt oder weil sie sich diese nicht leisten können. Ein weiterer Kritikpunkt ist, dass auch in Frankreich die Öffnungszeiten der Kitas nicht flexibel genug sind für die Anforderungen des modernen Arbeitslebens und oft mit den Notwendigkeiten der Eltern kollidieren.

Hinzu kommt: Für gut ausgebildete Akademikerinnen ist das Betreuungsgeld von gut 550 Euro ein Witz – sie entscheiden sich oft aus finanziellen Gründen für den Beruf, obwohl sie vielleicht ihre Kinder gern selbst betreuen würden. Auch ist die Ausstattung mit Krippenplätzen regional extrem unterschiedlich: Je nach Departement stehen für 100 Kleinkinder zwischen zwei und 30 Plätze zur Verfügung.[32]

Kritik gibt es auch daran, dass Familien mit vielen Kindern, mit kleinen Kindern und mit hohem Einkommen besonders von der Förderung profitieren. Das führe zu einer Ungleichbehandlung der Familien, die weniger Kinder hätten, zudem stiegen die Kosten für Kinder mit deren steigendem Alter und nicht umgekehrt. So ist auch zu hören, dass von einer Vereinbarkeit von Familie und Beruf überhaupt keine Rede sein könne, solange nicht für viel mehr Kleinkinder endlich die benötigten Betreuungsplätze geschaffen würden. Da der französische Staat aber die enormen Ausgaben scheut, setzt er in dieser Frage auf einen Ausbau der Tagespflegestellen, so sollen in Zukunft Tagesmütter etwa vier statt drei Kinder aufnehmen dürfen. Schlimmer noch: Wegen der wirtschaftlich schlechten Situation will Staatspräsident Hollande angeblich den Arbeitgeberanteil für die

Kleinkindbeihilfen kürzen oder gar streichen – was nach Ansicht einiger Experten schlicht das Ende einer umfassenden Unterstützung für Familien wäre.

Es dürfte klar geworden sein, dass sich tief verankerte Einstellungen und Institutionen einer Gesellschaft nicht ohne Weiteres auf andere Länder übertragen lassen. Vielmehr sollten wir uns fragen, wo unsere Stärken sind, diese ausbauen und sehen, ob wir das, was wir noch allzu oft als Makel und Mangel empfinden, nicht umgekehrt auch als Stärke bewerten könnten. Wir sollten aufhören, die Alles ist möglich-Lüge unserer Nachbarn zum Ideal zu erheben. Einem Ideal, unter dem viele offen oder verdeckt ebenso leiden wie wir. Auch wir können Emanzipation – aber anders!

Die kleinen Schwedinnen möchten aus dem Småland abgeholt werden

Schweden ist schön. An malerischen Seen stehen kleine rote Holzhäuschen mit weißen Fensterläden und breiten Bootsstegen. Über das weite Land ziehen Elche und Schwärme von Wildgänsen, auf deren Rücken man manchmal einen kleinen Jungen winken sieht. Die Kinder fahren nach der Schule in kurzen Hosen mit dem Fahrrad ins nächste Dorf, kaufen sich Fleischwurst und Brot und ziehen dann singend und lachend um die Bauernhöfe ihrer Eltern. Und die Städte und Provinzen haben so lustige Namen wie Uppsala, Trollhättan und Västernorrland.

Schweden ist unser Småland. Pippi Langstrumpf und Karlsson vom Dach waren die Helden unserer Kindheit, unsere erste Wohnung war ein Ikea-Showroom und Knäckebrot in den 80ern unser Chips-Ersatz. Heute lesen wir unseren Kindern immer noch begeistert *Michel aus Lönneberga* vor und essen nach dem Samstagseinkauf Fleischbällchen mit Preiselbeeren. Selbst die grausamen Tötungsarten der schwedischen Gewaltverbrecher in den unzähligen Schweden-Krimis finden wir im Land der

Steinpilze und Blaubeersträucher irgendwie anziehend. »Bullerbü-Syndrom« nennt der frühere Präsident des Goethe-Instituts in Stockholm, Berthold Franke, diese Verklärung des Landes in einem viel diskutierten Aufsatz für eine schwedische Zeitung.[33] Bullerbü – das sei die Sehnsucht nach einem natürlichen Leben und einer menschlichen Gesellschaft, die Deutschland vor allem nach dem Zweiten Weltkrieg verloren gegangen sei.[34] Egal, wie man es auch nennt: Wir lieben Schweden!

Småland – auf den ersten Blick perfekt

Es ist aber auch schön da oben im Norden: In jeder, wirklich in jeder Umfrage, Statistik oder Studie, die man zur Hand nimmt, liegen die Schweden ganz weit vorn. Nirgendwo anders in Europa sind die Menschen so glücklich wie in den skandinavischen Ländern Schweden, Dänemark, Norwegen und Island. Nirgendwo anders geht es so gerecht zu. Nirgendwo anders sind die Gehaltsunterschiede zwischen den Menschen und damit die sozialen Unterschiede so gering.[35] Statussymbole sind verpönt. Selbst bei den Vorstandsvorsitzenden großer Unternehmen herrscht eine gewisse Bescheidenheit, und Politiker kommen lieber mit dem Fahrrad als mit der Limousine ins Parlament.

Diese Gleichheit vermittelt offenbar soziale Sicherheit: »Den meisten Menschen kann man trauen«, meinen nach einer britischen Untersuchung 66 Prozent der Schweden.[36] Das Vertrauen in das und die Zufriedenheit mit dem eigenen Staats- und Gemeinwesen ist hoch, höher als in den meisten anderen Länder Europas.[37]

Wahrscheinlich sind die Schweden auch deshalb bereit, viel in ihren Staat zu investieren. Der Spitzensteuersatz liegt bei weit über 50 Prozent und ist damit einer der höchsten in Europa. Trotzdem ist die Steuerehrlichkeit enorm. Das mag zum einen daran liegen, dass es in Schweden kein Steuergeheimnis gibt. Ein Anruf beim Finanzamt oder ein Klick im Netz genügen, und man erfährt, wie viel der Nachbar oder Kollege im vergangenen Jahr versteuert hat.

Zum anderen liegt es aber wohl auch daran, dass die Schweden mit ihren Steuern den größten Wohlfahrtsstaat der Welt finanzieren – also direkten Nutzen von ihren Steuern haben. Dabei wird der Großteil – gut 30 Prozent – von den Kommunen eingezogen, die damit unter anderem den öffentlichen Nahverkehr, das Gesundheitswesen sowie Schulen und Kitas finanzieren. »Angesichts der Bedeutung der Kommunen ist es kein Wunder, dass die Bürger bereit sind, hohe Steuern zu zahlen. Sie sehen vor Ort, was damit geschieht«, erklärte der Grünen-Politiker Karl-Martin Hentschel die Steuerehrlichkeit der Schweden.[38]

Dieses Vertrauen in ihren Staat haben die Schweden selbst in den Zeiten der Wirtschaftskrise nicht verloren. Als 2008 die meisten Regierungen in Europa unter Druck gerieten, hielt das schwedische Parlament einen klaren Kurs: An den Sozialleistungen wurde nicht gekürzt. Von Anfang an erklärte die Regierung ihre Maßnahmen und garantierte, dass alle im Rahmen allgemeiner Konjunkturprogramme gleich behandelt würden. Dieses Mitnehmen der Bevölkerung und eine strenge Haushaltsdisziplin machen Experten dafür verantwortlich, dass Schweden schon 2010 wieder ein positives Wachstum verzeichnen konnte.[39]

Kurz: Den 9,5 Millionen Schweden geht es glänzend – sie wissen das und haben keinen Grund, an ihren öffentlichen Institutionen zu zweifeln. Der Historiker Lars Trägårdh erklärt dieses Staatsvertrauen, das fast ein wenig unwirklich erscheint, zusammen mit einem Historikerkollegen in seinem Buch *Ist der Schwede ein Mensch?* mit der Sehnsucht nach Unabhängigkeit.[40] In einem Interview mit der Zeitschrift *Geo* erklärt Trägårdh diese für uns erstaunliche Akzeptanz des Staates mit der Tatsache, dass die Schweden – anders als zum Beispiel die Amerikaner – den Staat nicht als Grenze ihrer Freiheit, sondern als deren Garantie betrachten. Der solidarische, auf sozialer Gleichheit aufgebaute Wohlfahrtsstaat macht sie unabhängig von traditionellen Fesseln wie Kirche, Hierarchien und willkürlichen

Chefs. Der Mensch kann in Schweden auch allein gut leben – sorgt doch der Staat immerzu für ihn. Eine Familie oder enge Bindungen braucht er dafür nicht unbedingt. »Der Staat war immer gut zu uns. Es gibt hier keine Geschichte von Gewalt und Unterdrückung«, so Trägårdh wörtlich.[41]

Demnach war Schweden schon früher eine Gesellschaft freier Bauern gewesen, die sogar als ein eigener Stand in die ersten Parlamente einzogen. Undenkbar in den anderen Ländern Europas, wo zur selben Zeit Kaufleute und Handwerker in den Städten ihre Rechte gegenüber dem Adel hart erkämpfen mussten und die Auflösung der Leibeigenschaft auf dem Land erst langsam begann. Mitte des 19. Jahrhunderts wurden dann auch noch die Adelsprivilegien zur Vergabe von Regierungsämtern abgeschafft. In diesen Jahren wuchs auch der große Beamtenapparat, der bis heute Bestand hat. »Eine freundliche Bürokratie«, schreibt das Magazin *Geo* in seiner Lobeshymne über Schweden weiter, »die sich nicht als Beherrscher, sondern als Dienstleister der Gesellschaft verstand.«[42]

Das Familienmusterland

Als wäre das alles nicht genug, ist das Land mit den kleinen Holzhäuschen auch noch das Musterland der europäischen Familienpolitik. Egal, welche familienpolitische Maßnahme in Deutschland geplant wird, in Schweden gibt es sie schon. Ausbau der Kinderbetreuung – seit Mitte der 60er Jahre. Elternurlaub – seit Mitte der 70er Jahre. Vätermonate – seit Mitte der 90er Jahre. Wer wissen will, wie all die neu eingeführten und erst noch angedachten Maßnahmen zur Steigerung der Müttererwerbsquote und Einbindung der Väter in die Fürsorgearbeit in Deutschland wirken werden, sollte nach Schweden schauen.

Hier ist alles schon geregelt. Der Blick auf die nackten Zahlen ist entsprechend beeindruckend: Drei von vier Müttern mit

Kindern unter sechs Jahren arbeiten. Das ist die dritthöchste Beschäftigungsquote von Müttern in der EU. Gleichzeitig ist die Geburtenrate mit 1,9 Kindern pro Frau relativ hoch.[43] Während die Eltern arbeiten, sind die Kinder in staatlichen oder immer öfter auch privaten Kindertagesstätten untergebracht. Ein Platz ist allen Eltern ab dem ersten Lebensjahr ihres Kindes garantiert, und zwar ganztags. Die meisten Einrichtungen sind von 6.30 Uhr bis 18.30 Uhr geöffnet. Und die Beiträge sind erschwinglich: Die Eltern zahlen für die Betreuung ihres ersten Kindes drei Prozent, für die ihres zweiten zwei Prozent und des dritten Kindes ein Prozent des monatlichen Familieneinkommens, aber nicht mehr als insgesamt 146 Euro im Monat. Ab dem vierten Kind zahlen die Eltern nichts. Die Kosten liegen damit weit unter dem europäischen Durchschnitt von zwölf Prozent des Nettoeinkommens.[44] Und sind im Gegensatz zu Deutschland für alle gleich und nachvollziehbar: Bei uns kann der Unterschied für die Betreuung je nach Wohnort mehrere Hundert Euro betragen.[45]

Da auch in Schweden die Beiträge nur einen Bruchteil der Kosten für einen Betreuungsplatz decken – gerade einmal elf Prozent –, legt der Staat den Rest drauf. Egal, ob es sich um staatliche oder private Kitas handelt. Alle diese Einrichtungen sind an das zentral festgelegte Bildungsprogramm der Regierung gebunden und gehören damit in den vom schwedischen Bildungs- und Wissenschaftsministerium definierten Bereich des lebensbegleitenden Lernens. Über die Hälfte der Mitarbeiter hat ein dreijähriges Hochschulstudium absolviert, der Rest des Personals ist als Erzieher oder Erzieherin ausgebildet.[46] 2012 waren 84 Prozent der Kinder zwischen einem und fünf Jahren in Kindertagesstätten betreut, bei den Fünfjährigen lag der Anteil bei 95 Prozent. Eine Betreuungsquote, die ebenfalls weit über dem europäischen Durchschnitt liegt.

Eine der wichtigsten Säulen der schwedischen Familienpolitik ist die sogenannte »Elternversicherung«. Sie wurde 1974 eingeführt und gewährt Eltern, die nach der Geburt ihres Kindes in ihrem Beruf pausieren möchten, für 16 Monate ein Elterngeld. Die Höhe ist abhängig vom vorherigen Einkommen und beträgt zurzeit 80 Prozent des Bruttoverdienstes für 13 Monate. Die restlichen drei Monate erhalten Mütter oder Väter einen Pauschalbetrag. Um die Väter stärker an der Familienarbeit zu beteiligen, darf seit 1995 der gesamte Erziehungsurlaub nicht nur von einem Elternteil genommen werden. Zwei Monate muss derjenige übernehmen, der nicht zu Hause geblieben ist.[47]

Und als Schmankerl obendrauf bekommt man in Schweden noch das sogenannte »Vabba«. Das ist ein »außerordentliches Elterngeld«, das allen Vätern und Müttern für die Betreuung kranker Kinder zusteht. Es beläuft sich auf 80 Prozent des Bruttolohnes – und zwar pro Kind und pro Elternteil an 60 (!) Tagen im Jahr. Zusammengenommen können sich Eltern an 120 Tagen im Jahr mit nur geringen Lohneinbußen freinehmen, wenn ihr Kind krank ist.[48] An den ersten sieben Tagen sogar ganz ohne Attest eines Arztes. Wir werden schon beim Schreiben grün vor Neid!

In Småland sorgt jeder für sich selber

Diese Bilderbuchbedingungen sollten aber eines nicht verschleiern: In Schweden schafft man Müttern und Vätern keine Freiräume, damit sie sich intensiv um die Familie kümmern, sondern um sie als verlässliche Arbeitskräfte zu behalten. Das ist das oberste Ziel. In Schweden ist Familienpolitik immer auch Wirtschafts- und Gleichstellungspolitik.[49] Und deshalb haben alle Maßnahmen, die Eltern entlasten und die Berufstätigkeit fördern, nie die Familie als sich selbst und aus sich heraus unterstützende Einheit im Blick. Sondern vor allem den Einzelnen und seine Eigenverantwortung. Das Fundament dazu hatte schon Mitte der 40er Jahre die schwedische Nobelpreisträgerin und Sozialpolitikerin Alva Myrdal (1944) gelegt. Ihr Ziel war es, dass Frauen berufstätig sind. Und dass sie sich für Kinder nicht in ihrem Beruf einschränken müssen. Müttern mehr Zeit für die Familie zu geben war ihr nicht wichtig.[50] Durchgesetzt hat sich dieser Politikansatz in den 1960er Jahren. In dieser Zeit erlebte auch Schweden – ähnlich wie Deutschland – ein »Wirtschaftswunder«. Arbeitskräfte waren rar. Doch statt wie Deutschland die Arbeitskräfte im Ausland zu suchen, begann man in Schweden, Frauen – insbesondere Mütter – in den Arbeitsmarkt zu integrieren.[51] Also auch hier: Sobald die Wirtschaft Arbeitskräfte braucht, erinnert sie sich an die Mütter.

Gesellschaftlich unterstützt wurde diese Wirtschaftspolitik durch eine in Schweden seit Langem geführte öffentliche Diskussion über Gleichstellungsfragen. Schon Ende des 19. und Anfang des 20. Jahrhunderts hatten Frauen eigene soziale und zivile Rechte, die nicht auf die Familie ausgerichtet waren. Seit 1874 hatten Ehefrauen das Recht, über ein eigenes Einkommen zu verfügen, seit 1921 sind sie voll geschäftsfähig. In dem Ehegesetz aus diesem Jahr wurde sogar explizit der Ehefrau und dem Ehemann die gemeinsame Verantwortung für Hausarbeit, Kindererziehung und die finanzielle Versorgung aufgetragen. Undenkbar in Deutschland, wo Frauen noch in den 70er Jahren das schriftliche Einverständnis ihres Ehemannes brauchten, um einen Beruf ausüben zu dürfen.

Entsprechend selbstbewusst präsentierten sich die schwedischen Frauen schon Ende der 60er Jahre. Als die Wirtschaft dringend mehr Arbeitskräfte brauchte und nach den Müttern rief, forderten diese früh Unterstützung – so wurde die öffentliche Kinderbetreuung massiv ausgebaut. Um die Mütter dann auch relativ schnell auf den Arbeitsmarkt zu ziehen, folgten in einem für andere europäische Länder unglaublichen Tempo und in einer beachtlichen Konsequenz weitere Maßnahmen und Gesetze.

Eines der wichtigsten und gleichzeitig dirigistischsten war die Einführung der verbindlichen Individualbesteuerung 1971. Seitdem – und nach einer weiteren großen Steuerreform Anfang der 90er Jahre – werden Männer und Frauen in Schweden unabhängig voneinander besteuert. Und auch die Steuerabzugsmöglichkeiten sind innerhalb einer Ehe nicht übertragbar.

Damit wurde die Zweiverdiener-Familie das politische Leitbild in Schweden und die finanzielle Unabhängigkeit beider Ehepartner voneinander das bestimmende Prinzip der Gesetzgebung.[52] Das Alleinverdiener-Modell war damit für Familien faktisch abgeschafft. Es konnte sich einfach keiner mehr leisten. 600 000 *Hemmafruar*, Hausfrauen, verließen innerhalb von nur 18 Monaten Heim und Herd und wurden berufstätig – eine angesichts der Bevölkerung von damals acht Millionen Menschen unglaubliche Zahl.[53] Die *Adult Worker*, die arbeitenden Erwachsenen, die – ob mit Kindern oder ohne – durch ihre Steuern und Abgaben den Sozialstaat stützen und die laut Lissabon-Strategie der Europäischen Union für alle Mitgliedstaaten bis 2010 Leitbild werden sollten, sind in Schweden seit den 70er Jahren Realität.

40 Jahre Gleichstellung – aber immer noch Unterschiede

Also alles tipptopp im Land der Zimtschnecken und Kiefernholzregale? Je tiefer wir uns in die Statistiken, Hymnen und Analysen über das schwedische System vertiefen, umso differenzierter wird das Bild. Und umso deutlicher tauchen die Wahrheiten hinter der Hochglanzoberfläche auf.

So ist auch nach 40 Jahren aktiver Gleichstellungspolitik der Arbeitsmarkt in Schweden wie in fast allen europäischen Ländern immer noch zwischen den Geschlechtern aufgeteilt. Während Männer in der freien Wirtschaft Karriere machen, arbeiten auch in Schweden die meisten Frauen in Pflegeberufen oder im öffentlichen Dienst. Mehr als die Hälfte der berufstätigen Mütter kommen dort unter, denn der öffentliche Dienst bietet ihnen eine Möglichkeit, Beruf und Familie einigermaßen unter einen Hut zu bekommen: Sie sind in Teilzeit. Fast 40 Prozent der Frauen arbeiten mit reduzierter Stundenzahl – damit liegt Schweden weit über dem EU-Durchschnitt. Bei den Vätern von Kindern unter sechs Jahren sind es nur sechs Prozent. Denn auch in Schweden sind Teilzeitstellen nach wie vor Karriere-Killer.

Auch beim Gehalt kann von Gleichstellung keine Rede sein. Trotz der Einkommenstransparenz verdienen die Schwedinnen im Durchschnitt immer noch 14 Prozent weniger als die Schweden für die gleiche Arbeit in der gleichen Zeit.[54] Und auch wenn prozentual mehr Frauen in Aufsichtsräten und Vorständen schwedischer Unternehmen sitzen, sind generell Frauen in der freien Wirtschaft seltener zu finden als Männer.[55] Denn in Skandinavien ticken die Unternehmen in letzter Konsequenz wie überall. So gab in einer Umfrage eines schwedischen Wirtschaftsmagazins unter 1800 Personalchefs jeder zehnte offen zu, nicht gern mit jungen Eltern zusammenzuarbeiten.[56]

In Topjobs gelten auch im Norden die Spielregeln: Verfügbarkeit, lange Arbeitszeiten, absolute Flexibilität. Feierabend um 16 Uhr oder jedes Wochenende frei gehören nicht dazu. Darum verspürt auch im Familien-Wunderland die Hälfte der Eltern Druck bei der Arbeit und in der Familie. Und auch hier wächst die Zahl derer, die an Erschöpfungszuständen leiden.[57] Auch sind es nach wie vor die Frauen, die vorwiegend in Elternzeit gehen – die Väter nehmen hauptsächlich die beiden für sie reservierten Monate in Anspruch.[58] Nur noch einmal zur Erinnerung: Die Elternzeitregelung gibt es in Schweden seit 1974! Und es gibt auch immer noch Väter, die noch nicht einmal die acht Wochen für sich einrichten können.

»Allerdings habe ich auch erlebt, dass schwedische Firmen Männer beim Einstellungsgespräch regelrecht auffordern, ihre Elternzeit wirklich zu nehmen. Damit zeigen sie, wie modern sie sind«, berichtet Dagmar Lund. Acht Jahre hat die Mutter von drei Kindern in der Nähe von Stockholm gelebt und mit ihrem Mann eine kleine Bäckerei betrieben. Dabei ist ihr sofort aufgefallen, wie selbstverständlich hier Männer mit Kinderwagen durch die Straßen spazieren. Diese Gleichberechtigung ziehe sich durch den gesamten Alltag. »Kinder sind etwas sehr Wichtiges für die Gesellschaft. Auf Kinder nimmt man Rücksicht, egal ob als Vater oder als Mutter«, erzählt Lund weiter. Auch nehme man sich Zeit für die Familie. »Die Schweden fangen frühmorgens in ihrem Job an, hören aber auch früh auf – selbst in einigen Führungspositionen.« Und so sei es völlig normal, dass man an Wochentagen nachmittags schwedische Männer mit ihren Kindern auf dem Bolzplatz Fußball spielen sehe.

Ohnehin sei die Arbeitsbelastung bei der Mehrzahl der Beschäftigten viel niedriger als in Deutschland. »Die Schweden wissen sehr genau, welche Pausen und Urlaubstage ihnen zustehen und wann ihr gewerkschaftlich festgelegter Feierabend ist – und nutzen ihn auch«, so Lund. Sie definierten sich selber bedeutend weniger über Leistung, als man das in Deutschland tue. Symptomatisch sei ein Fall aus ihrem Bekanntenkreis. »Ein deutscher Bekannter von uns hat als Pfleger im schwedischen Gesundheitssystem angefangen. Seine Vorgesetzten schätzten seine deutsche Arbeitsmentalität sehr«, erzählt Lund. »Seine Kollegen aber baten ihn nach einiger Zeit, nicht so schnell zu arbeiten. Das würde sie alle zu sehr unter Druck setzen.«

Die berufstätige Mutter steht auch in Småland unter Druck

Genauso aber hat auch die Berufstätigkeit in Schweden einen enormen Stellenwert. So gut wie niemand kann sich nach dieser 40-jährigen gleichstellungs- und familienpolitischen Tradition noch vorstellen, nicht berufstätig zu sein. »Hausfrauen gelten als ›überholt‹ und müssen sich die Frage gefallen lassen, womit sie sich eigentlich den ganzen Tag lang beschäftigen. Kinderbetreuung und Hausarbeit als Vollzeitjob werden mit Skepsis betrachtet«, schildert die schwedische Soziologin Ingrid Jönssen in ihrem Aufsatz über Berufs- und Familienleben das gesellschaftliche Klima in Schweden.[59]

Die berufstätige Mutter ist die Norm. Nach dem Elternurlaub, also ziemlich genau nach 18 Monaten, kehrt sie in ihren

Beruf zurück. Noch einmal: Über 80 Prozent der ein- bis fünfjährigen Kinder werden in Schweden in einer Kita betreut.[60] Und das, obwohl sich viele Frauen laut Umfragen gewünscht hätten, nach dem Elternurlaub länger zu Hause zu bleiben.[61] Sie können es sich aber einfach nicht leisten. Es ist eine finanzielle Notwendigkeit in Schweden, dass beide Partner schnell wieder arbeiten, weil die Sozialpolitik klar auf die Doppelverdiener-Familie ausgerichtet ist. Und die gesellschaftliche Norm hat sich dieser Ausrichtung komplett angepasst.

Das Faszinierende ist: Trotz aller Errungenschaften und einer jahrzehntelangen Gleichstellungsgesetzgebung sind es auch in Schweden immer noch die Mütter, die ihr Leben dem Balanceakt zwischen Beruf und Familie unterordnen. Eine Studie hat in den vergangenen Jahren in Schweden für Aufmerksamkeit gesorgt:»Der Alltag berufstätiger Mütter – Strategien, Lösungen und Anpassungen«.[62] Soziologen befragten Mütter aus zwei Gruppen: mit Hochschulbildung und mit einfachem Schulabschluss. Alle Frauen lebten in einer Partnerschaft, hatten Kinder und berichteten über die gesamte Zeit ihrer Mutterschaft. Ergebnis: Auch im Super-Gleichstellungs-Musterland ist die Aufgabenverteilung zwischen Müttern und Vätern immer noch traditionell – Papa bringt, wenn er Zeit hat, die Kinder in die Vorschule oder Schule, kümmert sich aber ansonsten darum, dass Haus, Garten und Auto in Ordnung sind. Mama hingegen rast nach der Teilzeitstelle in den Supermarkt, erledigt die Einkäufe, kocht, putzt und macht die Wäsche.»Die Erfahrungen der berufstätigen Mütter warfen auch ein Licht auf die Widersprüche zwischen den Absichten der öffentlichen Politik und der alltäglichen Praxis. Die Reformen der Geschlechtergleichheit (...) haben (...) keinen grundlegenden Wandel bezüglich der unterschiedlichen strukturellen Positionen von Männern und Frauen auf dem Arbeitsmarkt, in der Betreuung und in der Hausarbeit zur Folge gehabt«, fasst Soziologin Jönssen zusammen.[63] Es scheint also nicht nur eine Frage der Regelungen und Gesetze zu sein, dass Berufstätigkeit und Familienleben nicht zusammenpassen. Es scheint an den Lebensbereichen als solchen zu liegen. Und an den tief sitzenden Rollenbildern, die selbst per Gesetz nicht in den Griff zu bekommen sind. Männer wenden sich auch unter den günstigsten Bedingungen nicht konsequent partnerschaftlich der Fürsorge zu, solange man sie nicht zwingt. Auch in Schweden nicht.

Die Quadratur des Kreises ist einfach nicht möglich. Die permanente Berufstätigkeit beider Partner trotz Familie, der *Adult Worker*, der die ganze Zeit für sich selber sorgen kann und den Haushalt schmeißt, ist eine Kopfgeburt. Selbst wenn man unter optimalen gesellschaftlichen Voraussetzungen mit wenig Menschen ein Familienmusterland schafft, von dem wir hierzulande nur träumen können. Småland eben.

Schweden kann nicht unser Vorbild sein

Lasst uns also endlich in Ruhe mit den Schwedinnen. Warum bekommen die das hin und ihr nicht? Hört einfach auf damit! Es ist nicht wahr – und es bringt uns alle keinen Schritt weiter. Schweden, Frankreich, Finnland, Italien, Deutschland, Spanien. Überall sucht man zur Sicherung des Sozialstaates nach einem Weg, Müttern die Berufstätigkeit zu ermöglichen. Überall trifft man dabei auf unterschiedliche kulturelle Voraussetzungen, aber ähnliche strukturelle Probleme.

Der Vergleich mit Schweden ist auch deshalb nicht zulässig, weil wir nur sehr, sehr wenig Ähnlichkeit mit dem kleinen Volk im Norden Europas haben. Da können wir so viel Köttbullar essen, wie wir wollen.

In Schweden leben 9,5 Millionen Menschen auf 450 000 Quadratkilometern. Das sind 21 Einwohner pro Quadratkilometer. In Deutschland leben 80 Millionen Menschen auf 357 000 Quadratkilometern – also 226 Einwohner pro Quadratkilometer. In Schweden geht mancher immer noch angeln und jagen, um sich zu versorgen – nicht, um sich vom Business-Stress zu erholen.

Menschen mit so viel Raum um sich herum haben andere Probleme als Menschen, die verzweifelt die Ruhe im Stadtpark suchen.

Sie und ihre Familie hätten die Zeit in Schweden sehr genossen, erzählt Dagmar Lund. Auch wenn sie in ihrer Bäckerei – ganz »unschwedisch«, aber sehr deutsch – fast rund um die Uhr gearbeitet haben. Vor allem die Freiheit in diesem riesigen Land hat sie beeindruckt: »Deutschland und Schweden sind einfach nicht zu vergleichen.« Im Land der ewig langen Winter und der kurzen Sommer laufe das Leben in anderen Bahnen. »In Schweden hast du ein Gefühl großer Ruhe und Sicherheit. Die Schweden legen Wert darauf, nicht gestört zu werden, in Ruhe zu leben. Sie lassen dafür aber auch alle anderen in Ruhe. Es interessiert niemanden, ob du deinen Rasen mähst oder dein Auto wäschst, wie dein Haus aussieht oder was du anhast. Die Menschen in Deutschland gehen ganz anders mit sich um, vergleichen sich mehr und reiben sich viel öfter aneinander.«

Natürlich hat diese Freiheit auch eine Kehrseite. »Zu Schweden bekommt man nicht leicht Kontakt. Das war vor allem am Anfang nicht so einfach«, sagt Lund. Und sie erinnert sich auch an die vielen Menschen, die sehr allein in ihren roten Holzhäuschen an den malerischen Seen gelebt haben. Geburtenrate hin oder her: 24 Prozent der Schweden leben allein. Vor allem alte Menschen. Mehr als in jedem anderen Land der Europäischen Union.[64] »Wir beharren auf unserer Freiheit, unserer Autonomie. Und natürlich ist der Preis dafür unsere Einsamkeit«, versucht der Historiker Trägårdh die schwedische Mentalität zu erklären.[65] Kritiker bemängeln auch, dass die Schweden Neuem gegenüber nicht gerade aufgeschlossen seien. »Wenn Schweden von Europa sprechen, dann reden sie vom Kontinent da unten. Sie leisten sich eine *Splendid Isolation* wie einst das britische Empire. Sie haben ein anderes Bedürfnis nach Nähe und Austausch. Sie schweigen gerne an ihren 96 000 Badeseen. Sie möchten sich nicht aufdrängen. Die Angst vor allzu großer Nähe führt zu einer gewissen Armut an Kontakten außerhalb des gewohnten Kreises, einem Mangel an Offenheit gegenüber anderen«, so das prägnante Urteil des Stockholm-Korrespondenten der *Zeit*, Tilmann Bünz.[66] Das kann man mögen, muss man aber nicht. Es ist in jedem Fall anders, als in der Mitte Europas in ständigem Austausch mit anderen zu leben. Daran messen lassen sollten wir uns aber auf keinen Fall.

Wie wir leben wollen

»Alles ist möglich«, das Versprechen an unsere und die nächste Generation von Frauen, ist eine Lüge. Familie und Beruf passen noch immer nicht zusammen. Jedenfalls nicht, wenn man beides gleichzeitig, gut und intensiv erleben und erledigen möchte. Wenn alles so bleibt, wie es ist, haben Frauen in Zukunft entweder keine Kinder oder keine Karriere. Das ist eine fatale Entwicklung für eine Gesellschaft. Wir können damit nicht zufrieden sein. Dabei müssen sich Familie und Beruf gar nicht ausschließen, nicht einmal Familie und Karriere. Doch dafür müssen wir ganz anders an die Vereinbarkeit herangehen.

Der Beruf ist vor allem für Frauen wichtiger geworden. Neben der Emanzipationsbewegung der 60er Jahre hat die europäische Forderung nach dem »arbeitenden Erwachsenen«, der sich jederzeit allein versorgen kann, neue Normen gesetzt (siehe Kapitel eins). Gleichzeitig aber wurden Verantwortung für und Rücksicht auf andere immer unwichtiger. Auch wir haben zu Beginn unserer beruflichen Laufbahn den Abschied von den alten Rollenbildern als großen gesellschaftlichen Fortschritt empfunden. Solange wir keine Kinder hatten.

Erst mit ihnen haben wir gemerkt, dass wir die Rollenbilder nicht etwa überwunden hatten, sondern lediglich in ein neues gepresst wurden: das der berufstätigen Mutter. Die nach ganz bestimmten Mustern funktionieren muss. Sie ist gut organisiert und immer verfügbar. Allerdings vor allem für den Job – nicht für die Familie. Dieses Bild entsprach auch unserem eigenen Ehrgeiz und unserem Leistungswillen. Deshalb haben wir so lange versucht, diesem Bild zu entsprechen. Wir haben Jahre gebraucht, um zu merken, dass wir instrumentalisiert wurden.

Instrumentalisiert für die Sicherung der Sozialsysteme und des wirtschaftlichen Wachstums.

Beides ergibt in globalisierten Märkten Sinn – dazu noch mit einer Bevölkerung, die in den meisten Industrieländern schrumpft und altert. Frauen werden auf dem Arbeitsmarkt gebraucht, die Familienpolitik musste sich anpassen. Diese Politik hat in den vergangenen Jahren gesellschaftlich durchaus viel bewegt. Leider aber hat sie einen entscheidenden Punkt vergessen: Wenn die Mütter alle arbeiten, wer kümmert sich dann um diejenigen, die sich nicht selber helfen können, also Alte, Kranke, Kinder? Die einzige Antwort, die Politik und Wirtschaft bislang darauf gefunden haben, ist: Fremde! Wir sind auf dem Weg in eine »Betreuungsgesellschaft«,[1] in der nur noch derjenige etwas wert ist, der sein Kümmer-Gen beim Pförtner abgibt und bestmöglich organisiert, dass andere sich mit seinen Lieben beschäftigen. Diejenigen aber, die noch selbst für ihre Kinder oder Eltern da sein wollen, lassen wir gnadenlos im Stich.

Der Ausweg: Ein Leben in Wellen

Wir müssen uns von linearen Lebensläufen und dem Primat der Erwerbsarbeit verabschieden und die Gesellschaft fit machen für die On-off-Biografie. Eine Biografie, in der Zeiten der Sorge gleichberechtigt und sozial abgesichert neben Erwerbszeiten stehen. Und zwar immer wieder im Wechsel. Das gilt für Männer wie für Frauen. Ja, wir können alles haben, eine Familie und einen guten Beruf – aber nicht alles zur gleichen Zeit und mit derselben Hingabe. Denn das Leben ist kein Pfeil, der, einmal abgeschossen, schnurgerade in den Himmel fliegt, um sich dann ab 50 sanft nach unten zu neigen. Das Leben gleicht vielmehr einem aufgewühlten Meer, dessen Wellen uns in stetigem Wechsel auf und ab tragen. Und es verläuft für jeden anders. Schon heute tun nicht alle das Gleiche in den jeweiligen Lebensphasen, werden aber in ein Raster gepresst. Und so versuchen wir verzweifelt, diesen Wellen zu trotzen, uns ihnen entgegenzustellen. Das kann nicht gelingen.

Wir leben länger und bleiben in der Regel länger fit als alle Generationen vor uns. Nutzen wir diese zusätzlichen Jahre sinnvoll – entzerren wir die Rushhour des Lebens und verteilen wir die Aufgaben in Familie und Job besser über unser ganzes Leben. Schwimmen wir mit den Wellen statt gegen sie. Denn es geht bei dieser Frage um alles – unsere Existenz, unsere Zuversicht, unser Glück.

Nur wenn wir in manchen Lebensphasen genügend Zeit für unsere Liebsten aufwenden und in anderen alles für den Beruf geben – und dabei von Unternehmen gefördert und der Gesellschaft getragen werden –, haben wir die Chance auf ein Leben jenseits von Stress, Druck, Überforderung und schlechtem Gewissen.

Könnten wir eine On-off-Biografie leben, gäbe es eine Zeit für die Ausbildung, eine Zeit für den Beruf, eine Zeit für die Familie und eine Zeit für uns selbst. Diese Zeiten folgen nicht unbedingt chronologisch aufeinander. Wem mit Mitte zwanzig der Beruf wichtig ist, dem kann fünf Jahre später die Familie wichtig sein und wiederum einige Zeit später eine neue Ausbildung für eine neue Perspektive. Entsprechende Konzepte und Lösungsvorschläge für eine soziale Absicherung und arbeitsrechtliche Organisation dieser sogenannten »Lebensverlaufsperspektive« liegen schon lange in den Schubladen der Gelehrten – und der Ministerien.[2] Sie werden aber ignoriert.

Denn dieser abgesicherte Wechsel zwischen unterschiedlichen Lebensphasen ist der Gegenentwurf zum linearen Lebenslauf, der immer noch als das Ideal für Karrierewege und vor allem für unser Rentensystem gilt. Eine die Existenz sichernde Rente bekommt man in Deutschland nur durch Erwerbsarbeit – und auch nur dann, wenn man 45 Jahre ununterbrochen im Job war und ein bestimmtes Mindesteinkommen hatte. Das schaffen heutzutage vielfach nicht mal mehr die Männer. Alle anderen gesellschaftlichen Leistungen wie etwa das

Großziehen von Kindern oder die Pflege von Alten bildet dieses fast ausschließlich auf Erwerb ausgerichtete System nur minimal ab. Ideen, die Rente an den realen Bedürfnissen der Menschen sowie ihrer gesamtgesellschaftlichen Leistung jenseits des Erwerbs auszurichten, haben hierzulande politisch (noch) keine Chance. Dabei ist das bestehende Modell von gestern und hat sich längst überholt. Weil es sich am Alleinverdiener-Modell orientiert, das es immer seltener gibt. Und weil es davon ausgeht, dass Frauen über die Renten ihrer Ehemänner abgesichert sind – ein Hohn angesichts der Scheidungsraten und der Lebenswirklichkeit. Das wissen alle – nur ändern will es keiner.

Wir brauchen aber Menschen, die für andere da sind. Mal mehr, mal weniger. Dass ihnen das immer noch zum Nachteil gereicht, könnte die institutionalisierte On-off-Biografie verhindern. Sie ist für viele von uns gar nichts Neues. Unsere Generation ist längst daran gewöhnt, mehrfach den Arbeitsplatz zu wechseln, sich weiterzuqualifizieren oder noch einmal etwas Neues zu beginnen. Diskontinuierliche Biografien sind heute die Regel und nicht die Ausnahme – für Frauen sowieso. Darauf eingestellt ist unser Sozialsystem nicht.

Dabei ist es ein großer Fehler, die Bereitschaft von Menschen, sich um andere zu kümmern, ausschließlich als Makel oder Manko zu begreifen. Es ist vielmehr eine Chance. Eine Chance, die wir für die Zukunft nutzen können. Wer jetzt so lebt, tut das aber auf eigenes Risiko. Das müssen wir ändern. Denn sonst sind in Zukunft immer weniger Menschen bereit, dieses Risiko einzugehen.

Schon Ende der 90er Jahre kam der Familienforscher Hans Bertram zu dem Schluss, dass wir in dieser Frage umdenken müssen: »Erst wenn wir wirklich akzeptieren, dass ein langes Leben sinnvollerweise eher als ›Patchwork‹ oder als ›Kette‹ unterschiedlicher Tätigkeiten gelebt werden sollte, wird sich die Frage der Vereinbarkeit von Familie und Beruf nicht mehr in der Schärfe stellen wie heute, wo sie immer mit einer geschlechtsspezifischen Diskriminierung verbunden ist«, schrieb er schon

1997.[3] Es ist erschreckend, wie weit wir noch immer von einem solchen Patchwork-Leben entfernt sind. Es ist erschreckend, dass wir noch nicht einmal begonnen haben, die entsprechenden Rahmenbedingungen dafür zu schaffen. Sondern mehr oder weniger tatenlos dabei zusehen, wie alle Menschen in eine Richtung gedrängt werden. Eine Richtung, die zwar ihre Erwerbsbiografie sichert – aber vieles andere zerstört.

Wie weit wir von Lösungen entfernt sind, die für ein Leben im Gleichgewicht sorgen könnten, beschreibt der achte Familienbericht für die Bundesregierung von 2012, also 15 Jahre nach dem Bertram-Befund: »Das (...) sequenzielle Lebens- bzw. Berufsmodell mit einer Zeit(um)verteilung über den Lebensverlauf, das sich viele Mütter und Väter wünschen, wurde aber bisher weder von den Arbeitgebern (einschließlich des öffentlichen Dienstes) noch von den Bildungseinrichtungen so entwickelt, dass die faktische Benachteiligung im beruflichen Aufstieg von denjenigen, die in einer bestimmten Sequenz ihres Lebens die Fürsorge stärker betonen als die berufliche Entwicklung, tatsächlich aufgehoben wurde.«[4]

In all den Jahren hat sich also fast nichts verändert. Im Gegenteil: Die Aufforderung, alles zur gleichen Zeit zu erledigen, alles möglich zu machen, wird sogar immer lauter.

Gleichstellung? Noch immer ein Traum

Bevor wir eine gerechtere und sinnvollere Verteilung von Arbeit und Sorge für andere im Lebensverlauf erreichen, muss die Politik allerdings zuerst für etwas Grundsätzliches eintreten: die Gleichstellung der Geschlechter. Sie ist trotz aller Bemühungen, Gesetze und Regelungen noch längst nicht Wirklichkeit. Ohne die gleichen Chancen für Männer und Frauen brauchen wir aber mit Reformen gar nicht anzufangen. Machen wir also zuerst eine aktive Gleichstellungspolitik und dann Familien-, Arbeits- und Sozialpolitik. Das haben wir viel zu lange versäumt. Hätten wir

an Gleichstellung gedacht bei der Einführung der Minijobs –
vielleicht wäre die Geschichte anders ausgegangen. Andere Länder tun das längst: Sie überprüfen Gesetze daraufhin, welche
Auswirkungen sie auf die Stellung von Frauen in der Gesellschaft haben. Sie achten darauf, was Gesetzesänderungen für
Familien bedeuten. Die Politik muss andere Prioritäten setzen,
wenn ihr Familie wichtig ist: Arbeit muss sich auch an Familie
orientieren und nicht nur umgekehrt. Den Rahmen dafür setzt
die Politik.

Die Probleme sind strukturell – nicht individuell!

Um das zu erkennen, reicht ein kurzer Blick auf den Arbeitsmarkt. Noch immer bekommen Frauen weniger Geld für die
gleiche Arbeit – schon das macht eine faire Aufgabenteilung innerhalb einer Familie aus finanziellen Gründen fast unmöglich.
Und noch immer haben Frauen nicht die gleichen Zugangschan-
cen zu den gut bezahlten und sicheren Positionen. Für Mütter
sieht die Situation noch schlimmer aus. Frauen werden oft systematisch benachteiligt, mit schlechteren Einstiegsgehältern
abgespeist, in ihren Karrierewünschen behindert oder gar nicht
erst als Führungskräfte aufgebaut. Führungsqualitäten bekommt man nämlich nicht unbedingt in die Wiege gelegt – aber
man kann sie sich aneignen. Auch Männer müssen das lernen,
Frauen bekommen noch viel zu selten die Chance dazu. So lange
das so ist, müssen wir über Gleichstellung im Beruf gar nicht
reden. Von Gleichstellung in der Familie ganz zu schweigen.
Dass wir trotzdem so tun, als seien das individuelle und nicht
zutiefst strukturelle Probleme, macht die Alles ist möglich-Lüge
erst möglich.

Wo ist das Gesetz, das gleiche Gehälter für Männer und
Frauen auch in der Privatwirtschaft garantiert? Wir haben es
nicht, obwohl wir es dringend bräuchten. Wir dürfen die Gehälter nicht nur dem Verhandlungsgeschick des Einzelnen überlas-

sen. Denn es gibt eine Diskriminierung der Geschlechter, siehe Kapitel vier, die immer im Raum steht, wenn Arbeitgeber mit Arbeitnehmern verhandeln, ohne dass sie beiden Seiten zu jeder Zeit bewusst ist. Und Unternehmen fahren sehr gut damit, dass Frauen häufig lieber Freude am Job und Zeit für die Familie wollen statt mehr Geld. Das ist bequem und ein Prinzip der Marktwirtschaft – für mehr Chancengleichheit sorgt es nicht. Untrennbar damit verbunden ist das Thema Transparenz: Erst wenn alle in der Firma wissen, wer wie viel auf welcher Stufe verdient, können Frauen auch gleiche Gehälter verlangen.

Kulturwandel verzweifelt gesucht

Wenn wir akzeptieren würden, dass das Leben in Wellen verläuft, könnten wir gezielt Lösungen erarbeiten. Wir brauchen kluge Konzepte für die Übergänge zwischen den einzelnen Lebensphasen. Die sehen für jeden Beruf, jede Frau, jeden Mann und jede Familie möglicherweise anders aus. Deshalb brauchen wir individuelle und passgenaue Angebote für die Gestaltung dieser Übergänge.

Das klingt komplizierter, als es ist. Der öffentliche Dienst ist voll von Beispielen, wie eine individuelle Personalpolitik aussehen könnte. Lehrer und Lehrerinnen, Richterinnen und Beamte können nach mehrjährigen Kinderpausen auf familienkompatible Stellen zurückkommen – und trotz Familienarbeit sogar mit einer guten Pension rechnen. Für alle anderen gilt: Wenn der Arbeitgeber nicht mitspielt, ihnen etwa erst gute Teilzeitstellen mit der Möglichkeit, später wieder aufzustocken, anbietet, tragen sie das Risiko für alle ihre Entscheidungen allein. Um das zu verändern, müssten wir den Blickwinkel ändern:

- Betrachten wir die Arbeitszeit über ein ganzes Leben und nicht nur über einen Abschnitt. 40 Stunden Lebensarbeitszeit können bedeuten, dass man in einer Lebensphase

25 Stunden, in einer anderen, längeren Phase 45 Stunden pro Woche arbeitet.[5]

- Wir brauchen einen neuen Blick auf Arbeitnehmer. Die neu entdeckte Vielfalt in den Firmen – »Diversity« genannt – darf sich nicht nur auf unterschiedliche Nationalitäten und Geschlechter beziehen, sondern auch auf Alter und Familienstand. »Teams können in Unternehmen anders zusammengesetzt werden. Mit Müttern, Vätern, Menschen ohne Kindern jüngeren und älteren Arbeitnehmern, die sich gegenseitig auch in ihren privaten Interessen unterstützen. Allerdings müssen wir aufpassen, das nicht einer zum ›Opfer‹ des anderen wird und ein fairer Interessenausgleich stattfindet«, sagt Professor Ute Klammer, verantwortlich für den ersten Gleichstellungsbericht der Bundesregierung, die zur Lebensverlaufsperspektive forscht.

  Ist das gewährleistet, kann in diesen Teams auf die unterschiedlichen Lebensphasen und Bedürfnisse Rücksicht genommen werden. Wir achten noch zu sehr auf die Arbeitszeit des Einzelnen. Und empfinden jede Reduzierung auch als Reduktion seiner Leistung. Leichter wäre es, wenn wir die Arbeitsleistung eines ganzen Teams betrachten. Das geht natürlich nur, wenn es einen Solidaritätsgedanken innerhalb des Teams gibt, der vom Unternehmen, zum Beispiel durch entsprechende Verträge, gefördert wird. Alle müssen eine Wertschätzung erfahren und die Sicherheit haben, dass auch auf ihre Bedürfnisse Rücksicht genommen wird.

- Wir brauchen ein gesetzliches Rückkehrrecht auf Vollzeit, damit Teilzeit zur Chance wird.

- Wir brauchen keine Zwangsverrentung. Machen wir es möglich, dass jeder so lange arbeiten darf, wie er will und kann. Finden wir auch hier kluge Teilzeitmodelle, die älteren Mitarbeitern noch eine sinnvolle Arbeit ermöglichen, während gleichzeitig junge Familienväter in Teilzeit einen Fuß in die Tür bekommen. Wenn sich zwei Menschen in so unterschiedlichen Lebensphasen eine Stelle teilen könnten, wäre schon viel gewonnen. Wir alle sind länger leistungsfähig. Warum sollen wir uns das nicht zunutze machen, um in den intensiven Familienphasen kürzerzutreten und später wieder durchzustarten?

- Machen wir die »Sitzenbleiber« nicht zum Ideal, an dem sich alle anderen orientieren müssen. Unzählige Überstunden und stolz präsentierte lange Bürozeiten sind kein Ausweis von Qualität.
- Kein Meeting nach 16 Uhr. Chefs müssen wissen und respektieren, dass Menschen ein Leben neben dem Job haben. Und es auch selber vorleben. Nur wenn der Vorgesetzte früh das Haus verlässt, um seine Familie zu sehen, macht er Mitarbeitern Mut, das auch zu tun.
- Gestalten wir Arbeitszeiten häufiger nach den Bedürfnissen der Arbeitnehmer. Das wird nicht immer gehen, aber viel öfter, als wir uns heute vorstellen können. Firmen, die das schon jetzt tun, nennen das familien*bewusste* Arbeitszeit. Weil es eben nicht immer familien*freundlich* geht, man sich aber sehr wohl auf einen Modus einigen kann, der allen nutzt: den Mitarbeitern und dem Unternehmen. Arbeitszeiten müssen nicht unbedingt flexibel, sondern vor allem planbar sein. Arbeitnehmer müssen mehr mitreden können bei der Lage ihrer Arbeitszeiten und sie gegebenenfalls auch selbst organisieren. Wer als Unternehmen seinen Angestellten entgegenkommt, wird viel zurückbekommen. Da werden dann auch mal unbeliebte Dienste übernommen – weil man weiß, dass man dafür am Kindergeburtstag freinehmen kann. Unternehmen, die das praktizieren und fördern, sind überrascht von der Motivation und Leistungsbereitschaft ihrer Mitarbeiter.
- Beschäftigen wir uns mit Konzepten verschiedener Freistellungsmöglichkeiten. Modelle gibt es längst, sie werden aber nicht genutzt.[6] Der Grund dafür liegt auf der Hand: Sie gehen zum Teil von einem radikalen Paradigmenwechsel aus, der unsere sozialen Sicherungssysteme grundsätzlich in

Frage stellt. Weniger radikal und sofort umsetzbar wäre aber ein Ausbau bereits bestehender Elemente wie etwa die Einführung von Wertguthaben in Unternehmen. Mit ihnen können Mitarbeiter Geld für Freistellungen ansparen. Sie legen einen Teil ihres Gehaltes zurück, um spätere Aus- und Pflegezeiten sozial abgesichert zu finanzieren. Allerdings bieten das bislang nur sehr wenige Betriebe in Deutschland an.[7] Zeitwertkonten und Wertguthaben sind immer noch wenig bekannt, auf einzelne Branchen beschränkt und mit extremen bürokratischen Hürden belastet. Außerdem werden sie häufig lediglich für einen sanften Übergang in den Ruhestand genutzt, nicht etwa für Familienphasen mit kleinen Kindern. Und: Die Mitarbeiter müssen die Beiträge aus ihrem eigenen Einkommen leisten – egal ob sie ein Jahr aussetzen wollen, um die Welt zu umsegeln, oder ob sie den alten Vater pflegen wollen. Es ist aber ein Unterschied, ob ich mich für die Pflege von Angehörigen freistellen lasse und damit die Sozialkassen massiv entlaste oder für einen längeren Urlaub. Auch dem muss endlich Rechnung getragen werden. Indem zum Beispiel die Gesellschaft weiter in die Sozialkassen einzahlt, um denjenigen, der sich für Pflegeaufgaben eine Auszeit nimmt, nicht durch einen niedrigeren Rentenanspruch zu bestrafen.

– Machen wir die »späte Karriere« zur Regel und nicht zur Ausnahme: Niemandem ist damit gedient, wenn Menschen in der Rushhour des Lebens zwischen den Anforderungen in Familie und Beruf zerrieben werden. Der Stress in dieser Lebensphase ist so hoch, dass viele ihn vermeiden: Viel zu oft, indem sie entweder auf Kinder verzichten oder auf berufliches Fortkommen. Wir müssen diese Lebensphase entzerren – indem wir Müttern und Vätern in der Zeit, wenn ihre Kinder klein sind oder sie Eltern pflegen wollen, Freiräume für die Familie schaffen. Ohne sie beruflich ein für alle Mal auszubooten. Vor allem Frauen setzen oft eine Zeit lang aus, um Kinder großzuziehen oder ihre Eltern zu pflegen. Sie tun das ohne Absicherung. Sie müssen sich auf die Unterstützung ihrer Männer verlassen und beten, dass sie nach ein paar Jahren nicht allein dastehen. Ohne Job und ohne Rente. Studien zeigen, dass vor allem die gut ausgebildeten Frauen darauf vertrauen, dass sie wegen ihrer Qualifikation später im Job wieder Fuß fassen können. Leider erweist sich diese Hoffnung allzu oft als Trugschluss.

Es spricht aber nichts dagegen, dass qualifizierte Menschen, die eine Zeit lang kürzergetreten sind, später – durchaus auch in Führungspositionen – wieder bestehen können. Aber eben ein paar Jahre nach den kinderlosen Kollegen. Wir selber kennen Frauen, denen das gelungen ist – es sind aber noch viel zu wenige. Dabei sollten sie das Rollenmodell der Zukunft sein. Wir glauben fest daran, dass auch intensive Familienphasen keine Kompetenzen vernichten, sondern im Gegenteil welche hinzufügen. Kompetenzen, die für Arbeitgeber wertvoll sind und die ohne die Fürsorge-Phase womöglich nie erworben worden wären.

– Ohne die Männer geht es nicht: Auch bei Männern muss eine zeitweise Reduzierung ihrer Arbeitszeit für die Familie selbstverständlich werden. Wo ist das Programm »Mehr Teilzeit für Väter«? Sozial abgesichert und mit beruflichen Chancen. Wo sind die Männer, die dieses Programm endlich einfordern? Mehr Männer in den Familien sind genauso wichtig wie mehr Frauen in Jobs.

– Wir brauchen Arbeitgeber, die die richtigen Fragen stellen. Wenn ihnen werdende Eltern gegenübersitzen, lautet die wichtigste: »Wie wollen Sie und Ihr Partner das Berufs- und Familienleben in Zukunft organisieren?« Oder auch mal eine originelle Frage an Frauen: »Wie viel musst du mehr verdienen, damit ihr es euch leisten könnt, dass dein Mann sich um das Kind kümmert und beruflich kürzertritt?« Nur wenn wir werdende Eltern als arbeitendes Paar wahrnehmen, können wir ihnen Angebote machen, die zur Lebenswirklichkeit von zwei Professionals mit Kind passen. Nur wenn Arbeitgeber auch bei Männern mitdenken, dass diese vielleicht neue, andere Rahmenbedingungen brauchen, wenn sie Vater werden – eben genau deshalb, weil auch ihre Partnerin berufliche Ambitionen hat –, nur dann können individuelle und tragfähige Lösungen gefunden werden, die den Unternehmen gar nicht unbedingt schaden müssen. Und manchmal viel leichter zu organisieren sind, als sie sich heute vorstellen können.

Denn der Gewinn durch zufriedene Arbeitnehmer wird noch viel zu selten gesehen. Dabei sind die Zahlen eindeutig: 67 Prozent der Deutschen sind unengagiert an ihrem Arbeitsplatz, 17 Prozent haben gar innerlich gekündigt.[8] Wir finden es nicht zu weit hergeholt zu behaupten, dass unter den Unzufriedenen auch zahlreiche Mütter und Väter sind. Denn dass die Mehrheit der Eltern Rücksichtnahme am Arbeitsplatz auf ihre Bedürfnisse vermisst, haben wir in diesem Buch hinlänglich beschrieben und dokumentiert. Väter und Mütter brauchen konkrete Angebote, um Arbeit und Familie in Einklang zu bringen. Angebote, die weit über flexible Arbeitszeiten und (teilweise viel zu starre) Teilzeitmodelle hinausgehen. Sie brauchen nicht das Gefühl, schon mit dem ersten Kind aussortiert zu werden oder ihre Zeitstrukturen immer dem der Unternehmen unterordnen zu müssen. Hilfreich wäre da, wenn man das Paar konsequenter als Einheit betrachtet, als Team, das gemeinsam Verantwortung übernimmt für Kind(er) und Beruf. Nur dann können individuelle Lösungen gefunden und gestaltet werden, die sich auch ohne große formale Anstrengung wieder ändern lassen. Und nur so können wir das »Phänomen Japan« vermeiden, in dem wegen der Überalterung der Gesellschaft schon heute mehr Inkontinenzwindeln als Pampers verkauft werden ...

Schluss mit dem Strukturchaos in der Familienpolitik

Wir geben viel Geld, rund 200 Milliarden Euro im Jahr, für Familien und Ehen aus – und tun das unkoordiniert und mit vielen Widersprüchen. Denn Familienpolitik hat sich viel zu lange als soziale Ausgleichspolitik verstanden und als Mittel dafür fast ausschließlich finanzielle Transfers gewählt, um finanzielle Lasten von Familien zu kompensieren. Als dann die nachhaltige Familienpolitik neue Ziele (etwa die Steigerung der Mütter-Erwerbsquote) definierte, wurden einfach neue Bohlen auf das alte Gerüst gelegt – dass das nicht gut gehen konnte, hätte eigentlich von Anfang an klar sein müssen.

Und so hat sich die Familienpolitik in ihren widersprüchlichen Zielen hoffnungslos verheddert. Deutlich gemacht hat das – zum ersten Mal wissenschaftlich fundiert – die Gesamtevaluation ehe- und familienbezogener Leistungen, die einige Forschungsinstitute über mehrere Jahre im Auftrag des Familien- und des Finanzministeriums durchgeführt haben. Dabei wurden zahlreiche Zielkonflikte deutlich: Wird die wirtschaftliche Stabilität von Familien gestärkt (ein erklärtes Ziel) – etwa durch das Ehegattensplitting –, wird gleichzeitig ein anderes verfehlt, nämlich die Vereinbarkeit von Familie und Beruf. Weil dazuverdienende Frauen immer erst gegen den Steuervorteil der Einverdiener-Ehe anarbeiten müssen. Paare, in denen beide etwa gleich viel verdienen, haben hingegen keine steuerlichen Vorteile – sie werden also im Gegenteil sogar benachteiligt, selbst wenn sie Kinder großziehen. Eine absurde Situation.

Auch bei der beitragsfreien Mitversicherung in der gesetzlichen Krankenkasse trat dieser Zielkonflikt auf: Sie entlastet Familien finanziell, bestärkt aber eine traditionelle Rollen- und Erwerbsaufteilung. Denn von ihr profitiert nur die Familie, in der ein Partner wenig (maximal etwa 400 Euro) oder gar nichts verdient. Nun ist aber der Schluss, den die Forscher daraus zogen – und der so auch in der öffentlichen Debatte ist –, etwas eindimensional. Er lautet vereinfacht: Weg mit allen vermeintlichen Privilegien für mitversorgte Ehefrauen, dann erhöhen die schon ihr »Arbeitsangebot«. Aber was passiert mit den übrigen Familienmitgliedern, wenn Mütter mehr arbeiten, Väter aber nicht unbedingt weniger? Denn die Frauen, die man jetzt so gerne auf dem Arbeitsmarkt sähe, die haben vorher ja nicht nichts gemacht! Wie diese riesige Lücke, die da entsteht, gefüllt werden soll – diese Frage haben die Experten vergessen zu beantworten. Zudem fehlt das Konzept, Arbeitsplätze für Frauen auch wirklich zu schaffen. Ordentliche Arbeitsplätze, wohlgemerkt, mit einem guten Gehalt. Außerdem braucht es Konstrukte, wie man Familien dann anstelle der gestrichenen Vergünstigungen (finanziell) entlasten und unterstützen will. Möglich wäre zum Beispiel eine Beteiligung an den Kosten für die umfassende Kinderbetreuung wie in Frankreich.

Außerdem haben wir ernsthafte Zweifel daran, dass es nur die steuerlichen Entlastungen aus dem Ehegattensplitting sind, die Frauen vom Arbeitsmarkt fernhalten.[9]

Es sind oft ganz andere Gründe, warum Frauen – und vor allem Mütter – keine umfassende Erwerbstätigkeit anstreben. Wir haben sehr viele in diesem Buch genannt – sie reichen von unzureichender Kinderbetreuung, Perspektivlosigkeit im Job bis hin zu den Themen Liebe, Lust und Verantwortung. Nun sinngemäß zu sagen: »Wir müssen es für die Frauen daheim einfach unbequemer machen, dann werden sie sich schon einen Job suchen«, ist geradezu unanständig. Weil es den Wert der Fürsorge weiter reduziert und den Menschen nur als Wirtschaftsfaktor sieht. Dabei gibt es mehr zwischen Lohnzettel und Rentenbescheid. Nämlich Verantwortung. Für andere. Eine Aufgabe, die klar mit Nachteilen für einen selber verbunden ist – zum Wohl eines Dritten.

Und deshalb müssen wir genau hier ansetzen, wenn wir das Vereinbarkeitsdilemma lösen wollen: Hören wir auf damit, die Entscheidung, sich zeitweise um andere kümmern zu wollen, zu einem lebenslangen Stigma zu machen. Nehmen wir Menschen nach Fürsorgephasen wieder aktiv auf in die Welt der Teambesprechungen und Teeküchentreffen. Und schätzen wir das, was sie in der Zwischenzeit geleistet haben!

Wir können das tun, indem wir Fürsorgezeit wie Erwerbs-arbeit betrachten – in einem viel größeren Umfang als bisher. Wir könnten etwa für diejenigen, die sich eine Zeit lang um ihre alten Eltern oder ihre Kinder kümmern, einen Ausgleich in die Sozialkassen zahlen. Und zwar aus Steuermitteln und nicht aus den Kassen selber. Das ist nicht so unmöglich, wie es auf den ersten Blick scheint. Wir geben viel Geld für Familien aus. Aber unkoordiniert und für widersprüchliche Ziele. Wir müssen als Gesellschaft diskutieren, wofür wir dieses Geld ausgeben und was wir damit erreichen möchten. Das Ergebnis dieser Dis-kussion wird darüber entscheiden, wie wir in Zukunft leben werden.

Legen wir den Fokus auf die Kinder, wenn es darum geht, Geld für Familien auszugeben. Denn Familie ist dort, wo Men-schen sich um die kümmern, die sich nicht selber helfen können. Überlegen wir, wie das Geld besser bei denen ankommt, die es wirklich brauchen. Machen wir Leistungen nicht an der Institu-tion Ehe fest, denn immer mehr Kinder werden in Partnerschaf-ten ohne Trauschein geboren oder leben mit nur einem Eltern-teil. Verteilen wir das Geld so, dass alle Kinder aus allen Schichten die gleichen Chancen bekommen.

Eine Idee ist das Modell der Kindergrundsicherung, wie es führende Soziologen, Familienverbände und die Grünen seit ei-nigen Jahren fordern.[10] Der Vorschlag: Es wird ein einheitlicher Betrag an alle Kinder gezahlt, unabhängig vom Einkommen der Eltern, allerdings individuell zu versteuern.[11] Mit dem Betrag sollte mindestens das sächliche Existenzminimum eines Kindes abgedeckt werden, das zurzeit bei etwa 350 Euro im Monat liegt. Bis der Staat sämtliche Ausgaben für Bildung und Betreuung kostenlos anbieten kann, käme ein weiterer Betrag von knapp 200 Euro dazu. Die Kindergrundsicherung würde sämtliche an-deren familienpolitischen Leistungen ersetzen. So sollen vor allem Kinder vor Armut bewahrt werden.

Kritiker dieser Idee argumentieren, jeder Euro, der als Geldleistung in eine Familie fließt, mindere doch den Anreiz für die Eltern, einen Job anzunehmen. Häufig stimmt das auch. Ja, es gibt Menschen, die weder die Ausbildung noch die Disziplin haben, reguläre Arbeit zu bekommen und sie Tag für Tag zu bewältigen. Es gibt aber auf der anderen Seite auch nicht mehr genug Arbeitsplätze, mit denen Menschen mit geringer Qualifikation ihre Existenz sichern könnten, selbst wenn sie es wollten.

Ist es nicht längst so, dass Kinder bereits in der zweiten Generation von sozialen Transferleistungen abhängig sind? Dass sich Armut mit all ihren Chancen vernichtenden Begleiterscheinungen regelrecht vererbt? Diese Kinder brauchen eine Möglichkeit, sich daraus zu befreien. Es ist wie gesagt nur eine Idee, aber eine, die die Frage aus einer anderen Richtung stellt: Wie können wir alle Kinder gleich gut ausbilden, gleich gut ausstatten und ihre Fähigkeiten erkennen und fördern, damit sie nicht wegen ihrer Herkunft benachteiligt werden? Das geht in einigen Fällen sicher nicht mit rein finanziellen Transfers, sondern kann nur mit Sach- und Dienstleistungen klappen, die dem Wohl der Kinder nachweislich dienen. Aber egal, wie: Diese Kinder aufzugeben ist fahrlässig. Sie können nichts für ihre Situation. Und so, wie wir bisher benachteiligte Kinder unterstützen, funktioniert es nicht.

Für gut qualifizierte Frauen mit gutem Einkommen und einem Job, in dem sie auch als Mütter noch wertgeschätzt werden (selbst wenn sie ihr Muttersein nicht verleugnen), wäre eine Kindergrundsicherung ohnehin kein Grund, ihre Stelle aufzugeben: Denn für sie wäre der persönliche Verlust zu groß. Es gab noch nie so viele gut qualifizierte Mütter in Deutschland wie heute. Fänden sie die passenden Rahmenbedingungen für eine angemessene Berufstätigkeit, wäre das ein weitaus stärkerer Anreiz zu arbeiten als eine Kindergrundsicherung. Dagegen haben nur fünf Prozent aller Mütter keinen Berufsabschluss.[12]

Das Argument, das Geld käme eventuell gar nicht bei den Kindern an, wirkt fast zynisch, wenn man sich den Kreis der

Berechtigten ein bisschen genauer anschaut: Besonders von Armut bedroht sind in Deutschland alleinerziehende Mütter. Viele davon sind gut ausgebildet und tun alles, um ihren Kindern eine Zukunft zu ermöglichen. Für sie ist es besonders schwierig, zu arbeiten wenn die Kinder klein sind. Oft gibt es keinen Betreuungsplatz oder die Betreuungsangebote passen nicht zu den Arbeitszeiten. Die Kindergrundsicherung wäre gerade für sie in den ersten Jahren eine enorme Entlastung.

Geldleistungen dürfen aber nie in Konkurrenz zu Investitionen in die Infrastruktur für Familien stehen. Der Ausbau von guten Betreuungseinrichtungen mit qualifiziertem Personal ist für Familien mindestens genauso wichtig. Denn auch das führt zu mehr Chancengleichheit für Kinder und Eltern.

Familienpolitik kann also den Rahmen setzen, in dem Menschen individuelle Entscheidungen treffen können. Das Verhalten von Paaren vorschreiben kann, soll und darf sie nicht. Sie kann aber Prioritäten definieren. Im demokratischen Verfahren, von den Wählerinnen jederzeit wähl- oder auch abwählbar. In einem öffentlichen Diskurs. Und in aller Ehrlichkeit. Sie muss klare Linien vorgeben und dann auch die entsprechenden Strukturen schaffen, aber auch darauf achten, dass bestimmte Lebensentwürfe nicht benachteiligt werden. Eine Aufgabe, an der sie in der Vergangenheit oft genug gescheitert ist.

Im vergangenen Jahrzehnt fehlte der Mut zu sagen: Leute, von jetzt an ist alles anders. Und es fehlten der Mut und die Weitsicht, für dieses andere die passenden Strukturen zu schaffen. Stattdessen hat die Politik den zweiten Schritt vor dem ersten getan: Sie hat die umfassende Erwerbstätigkeit von Frauen zum Allheilmittel erklärt, ohne vorher auf dem Arbeitsmarkt aufzuräumen. Ohne ihren Einfluss auf Unternehmen zu nutzen, damit diese auch wirklich familienfreundlich oder zumindest familienbewusst werden. Und ohne die passenden Rahmenbedingungen zu schaffen, die vor allem Frauen – aber auch immer mehr Männer – brauchen, um ihre Kinder gut betreut zu wissen, während sie das Geld verdienen. Und ohne das Grundproblem anzugehen: Wie sorgen wir für die, die für andere sorgen?

Familienpolitik muss sich auch immer ihrer Grenzen bewusst sein: Zu ihrem relativ geringen Einfluss auf die Arbeitsmarktpolitik und die Unternehmen gesellt sich ihre Beschränktheit, was individuelle Aushandlungs- und Verhaltensmuster innerhalb einer Beziehung angeht. Sie kann aber durchaus einen Rahmen setzen, an dem sich Familien orientieren können. So, wie sie das mit der Einführung des Elterngeldes getan hat. Auch wenn sie da nun den ersten – für die Wirtschaft – unerwünschten Effekt, nämlich dass Frauen tatsächlich ein Jahr bezahlt zu Hause bleiben, schon wieder korrigiert. Denn die Reform hat zwar Fürsorge dermaßen aufgewertet, dass man dafür bis zu 67 Prozent seines vorherigen Gehalts – maximal jedoch 1800 Euro – für ein Jahr bekommt.[13] Gleichzeitig gibt es aber weniger aus dem Elterngeldtopf, wenn man schon früh wieder in den Job einsteigt. Das führt zu einem naheliegenden Effekt: Die meisten Frauen nehmen ein ganzes Jahr Elternzeit und bekommen so das volle Elterngeld, bleiben aber eben auch ein ganzes Jahr mit dem Baby zu Hause. Eigentlich eine schöne Sache, allerdings aus der Wirtschaftsperspektive schon wieder arg unerwünscht. Damit das also nicht einreißt und alte Rollenbilder keine Renaissance erleben, soll es mehr beziehungsweise länger Geld geben für Eltern, die bereits im ersten Jahr Teilzeit arbeiten. Frauen sollen also am besten gar nicht die ganzen zwölf Monate Babypause nehmen, sondern so schnell wie möglich auf den Arbeitsmarkt zurückkehren.

Aber ob das auch der Wunsch aller jungen Eltern ist? Es gibt zahlreiche Studien, die belegen, dass sie vor allem eins wollen: Zeit für die wichtigen Dinge im Leben, dann, wenn sie anstehen. Und in dem Umfang, den sie für richtig halten und der zu ihrem Leben passt. Was wir aber erleben, ist das glatte Gegenteil davon: Die Unterstützung stromlinienförmiger Lebensentwürfe, in denen Zeit für andere kaum noch vorkommt und ein Primat der Arbeitswelt herrscht.

Ein Lebensideal vorzugeben und die Menschen durch die entsprechenden Rahmenbedingungen in ein Korsett zu zwingen, in denen ihnen die Luft zum Atmen fehlt – das ist eine unerträgliche Anmaßung. Es erhöht den Druck auf diejenigen, die sich für viel Zeit mit ihren Kindern entscheiden – sie fühlen sich minderwertig, weil sie ihre »Pflichten« auf dem Arbeitsmarkt »vernachlässigen«.

Es erhöht aber auch den Druck auf die Frauen und Männer, die sich aus freien Stücken gegen Kinder entscheiden, weil auch ihnen unterstellt wird, dass sie sich einer wichtigen gesellschaftlichen Aufgabe bewusst verweigern.

Und es bringt den Kessel im Innern derjenigen zur Explosion, die alles wohlgefällig erledigen, eine feine Kinderschar beherbergen und Engagement im Job zeigen – so lange, bis sie unter dieser andauernden Überforderung zusammenbrechen, sich wegen Entfremdung vom Partner trennen oder einfach nur kraft- und freudlos durchs Leben gehen und auf bessere Zeiten hoffen.

Geholfen ist damit niemandem. Im Gegenteil: Die Grabenkämpfe werden verschärft, und der Zusammenhalt wird geschwächt statt gestärkt. Dabei brauchen wir genau das Gegenteil: Rücksicht und Toleranz für jeden Lebensentwurf, Unterstützung und Respekt für jede private Entscheidung, die irgendwie immer auch politisch ist – so oder so.

Familienpolitik kann aber, wie das Beispiel Elterngeld auch zeigt, neue Rollenbilder entwerfen und für ihre Verwirklichung kämpfen. Allerdings ist sie auch hier erst am Ziel, wenn der sorgende Mann genauso wichtig ist wie die erwerbstätige Mutter!

Und dann sollten wir uns noch kurz mit dem Klein-Klein des Alltags beschäftigen, wenn wir die Vereinbarkeitsmisere wirklich ernst nehmen wollen: Schaffen wir eine Dienstleistungskultur für Familien. Wer sich nicht mehr um den Einkauf kümmern muss, hat mehr Zeit für seine Kinder. Warum also nicht in jedem Kindergarten, jeder Grund- und jeder weiterführenden Schule ein Dienstleistungszentrum, bei dem man den Einkaufszettel und die Sachen für die Reinigung abgeben kann? Dort arbeiten auch Menschen, die die Reparatur des Autos organisieren oder das Fahrrad in die Werkstatt bringen. Auch in Unternehmen könnte eine Service-Agentur solche Aufgaben übernehmen.[14] Denkbar sind auch Hol- und Bringdienste für die Kita und die Schule. Busse, die zum Vereinstraining fahren, und so fort. Die Liste ließe sich endlos fortsetzen. Das würde Zehntausende von Arbeitsplätzen schaffen und Väter und Mütter enorm entlasten.

Familie gut, alles gut

Wir müssen das Wohlergehen von Familien zu einem zentralen Punkt all unseres Handelns machen. Unsere Vorstellung von Wohlergehen geht dabei über die Definition, die etwa UNICEF[15] für seine Berichte benutzt, weit hinaus. Wir glauben, wer sich seinen Lieben in Ruhe und Sicherheit widmen kann, führt ein zufriedeneres Leben. Wir glauben, dass wir Menschen, die wir ungefragt in die Welt gesetzt haben, ohne schlechtes Gewissen Zeit widmen sollten. Und dass Eltern und Kinder sich wohl fühlen müssen. Dafür brauchen sie einen sicheren Arbeitsplatz, ein Einkommen, das sie ernährt – und Zeit. Sie brauchen nicht das Gefühl, immer zu kurz zu springen, egal, was sie tun. Genau das ist es aber, was viele Familien so unter Druck setzt. Weil wir ein »gutes Leben« in einer marktwirtschaftlich orientierten Welt lediglich an Einkommen und Materiellem festmachen.

Wir müssen begreifen, dass Familie keine Selbstverständlichkeit mehr ist. Männer und Frauen haben heute die Wahl zwischen mehreren Lebensmodellen. Und sie entscheiden sich immer öfter gegen die Familie. Weil sie die Verantwortung für andere als einschränkend und die Gründung einer Familie als ein zu großes Risiko empfinden. Vor allem Männer scheuen davor zurück. Denn sie spüren, dass Fürsorge in unserer Gesellschaft keinen Stellenwert mehr hat. Und so stehen immer mehr junge Frauen mit ihrem Kinderwunsch allein da. Nur wenn

Familie als Wert an sich wieder wahrgenommen und unterstützt wird, hat sie überhaupt eine Chance.

Wer Familien wirklich will, muss die Gefühle von Kindern, Vätern und Müttern ernst nehmen. Wir haben das eine Zeit lang selber nicht getan. Wir haben im Gegenteil unseren mütterlichen, fürsorglichen Gefühlen nicht getraut. Kann doch nicht sein, dass uns ein gemeinsames Mittagessen mit einem Halbwüchsigen genauso wichtig ist wie die Vorbereitung einer Konferenz. Wir hatten den Wunsch, für die Kinder, die wir geboren haben, anschließend auch da zu sein, grotesk unterschätzt. Das gipfelte letztlich in der Erkenntnis: Im Job sind wir ersetzbar, für unsere Kinder aber unersetzlich. Nicht jede Mutter und nicht jeder Vater muss das so empfinden. Aber wir sollten diejenigen, denen das widerfährt, nicht geringer schätzen als diejenigen, die sich schon vier Wochen nach der Geburt wieder an den Schreibtisch setzen. Denn wenn wir das tun, rückt eine menschliche Zukunft, wie wir sie beschrieben haben und wie wir sie für konstitutiv für eine moderne Gesellschaft halten, in weite Ferne.

Wir alle sind aufgefordert, uns für einen grundlegenden Strukturwandel einzusetzen. Das beginnt im Kleinen, in jedem einzelnen Kopf und in jedem Leben. Das fängt mit der Veränderung der eigenen Haltung an und geht in letzter Konsequenz bis hin zu Reformen der Sozialsysteme, des Steuer- und des Arbeitsrechts. Es heißt, dass wir die Konstruktion unseres Wohlfahrtsstaates genau anschauen, kritisch überprüfen und Veränderungen daran diskutieren müssen. Das Spektrum der möglichen Veränderungen ist riesig – wir sollten nur endlich damit anfangen.

Wir sind bereit, für eine moderne und gerechtere Gesellschaft zu streiten. Wir scheuen uns nicht, die Hindernisse und Lügen, die uns auf dem Weg begegnen, beim Namen zu nennen. Und wir glauben daran, dass sich unsere Gesellschaft verändern lässt. Es müssen nur genügend Menschen wollen – dann ist alles möglich!

Dank

Sehr viele Menschen haben sich für uns und unser Anliegen viel Zeit genommen. Sie haben mitgedacht, mitgelesen, Links geschickt, mit uns gestritten und diskutiert, sie haben uns auf Artikel und Filme aufmerksam gemacht und uns so viele wichtige Anregungen gegeben. Danke dafür. Wir danken unseren Kindern, von denen wir oft mehr lernen als sie von uns. Und unseren Partnern, die vieles übernommen haben in Zeiten, in denen wir mit der Arbeit an diesem Buch beschäftigt waren. Besonderen Dank auch an Rebekka Göpfert und Annette C. Anton für alle ihre Unterstützung.

Anmerkungen

Lüge Nummer 1: Ich arbeite, also bin ich

1 2012 HR Beat: *Der Pulsschlag der globalen Belegschaft*, Human-Resources-Studie von Dimensional Research für die SAP-Tochter Success Factors. In dieser Studie wurden 1500 HR-Verantwortliche und Personalmanager weltweit zu Themen befragt, die Bewerbern und Mitarbeitern wichtig sind.

2 Jürgen Borchert, *Sozialstaatsdämmerung*, München 2013, S. 168.

3 Otto Graf Lambsdorff, *Konzept für eine Politik zur Überwindung der Wachstumsschwäche und zur Bekämpfung der Arbeitslosigkeit*, Neue Bonner Depesche 9, 9. September 1982.

4 Lambsdorff musste übrigens, knapp zwei Jahre nach dem Skandal, am 27. Juni 1984 von seinem Posten als Wirtschaftsminister zurücktreten. Gegen ihn war Anklage wegen Bestechlichkeit und Steuerhinterziehung erhoben worden. Rechtskräftig verurteilt wurde er dann »nur« wegen der Steuerhinterziehung. Ein Urteil, das die FDP bekanntlich nicht davon abhielt, ihn 1988 bis 1993 zu ihrem Vorsitzenden zu machen.

5 Tobias Leipbrand, Jutta Allmendinger, Markus Baumanns, Jörg Ritter, *Jeder für sich und keiner fürs Ganze? Warum wir ein neues Führungsverständnis in Politik, Wirtschaft, Wissenschaft und Gesellschaft brauchen*, Hrsg.: Egon Zehnder International, Stiftung neue Verantwortung, Wissenschaftszentrum Berlin für Sozialforschung, Berlin 2012.

6 Sara H. Konrath, Edward H. O'Brien, Courtney Hsing, *Changes in Dispositional Empathy in American College Students Over Time: A Meta-Analysis*, Ann Arbor 2010.

7 Kerstin Bund und Marcus Rohwetter, *Wahnsinns-Typen, Wie gestört muss man sein, um Besonderes zu leisten? Erstaunlich viele Chefs sind psychisch auffällig*, in: Die Zeit vom 14. August 2013, S. 21.

8   Sarah K. Schmidt, *Tyrannei der Arbeit – »Schluss mit der Ökonomisierung des Lebens«*, http://www.sueddeutsche.de/karriere/tyrannei-der-arbeit-schluss-mit-der-oekonomisierung-des-lebens-1.1779813 (30. September 2013, abgerufen am 10. April 2014).

9   Ulrich Renz, *Die Tyrannei der Arbeit. Wie wir die Herrschaft über unser Leben zurückgewinnen*, München 2013.

10 Arlie Russell Hochschild, *Keine Zeit. Wenn die Firma zum Zuhause wird und zu Hause nur Arbeit wartet*, hrsg. von Ilse Lenz et al., Geschlecht und Gesellschaft Band 29, Opladen 2002, S. 56.

11 Hochschild, *Keine Zeit*, a.a.O., S. 222.

12 Charlotte Höhn, Andreas Ette, Kerstin Ruckdeschel, *Kinderwünsche in Deutschland. Konsequenzen für eine nachhaltige Familienpolitik*, Bundesinstitut für Bevölkerungsforschung, Hrsg.: Robert Bosch Stiftung, Stuttgart 2006.

13 Zitiert aus: Claus Gorgs, *Die Ära der Alleskönner*, Financial Times Deutschland vom 9. November 2012, S. 25ff.

14 Ebd.

15 Dieser Prozentsatz wird immer wieder in der Literatur genannt, die Wissenschaftler beziehen sich dabei auf: Catherine Hakim, *Work-Lifestyle Choices in the 21st Century: Preference Theory*, Oxford 2000.

16 Ulrike Heidenreich, *Warum wird mir alles zu viel?*, http://www.sueddeutsche.de/leben/muetter-im-jahrhundert-warum-wird-mir-alles-zuviel-1.1527913 (20. November 2012, aufgerufen am 10. April 2014).

17 Hans Bertram und Nancy Ehlert (Hrsg.), *Familie, Bindungen und Fürsorge. Familiärer Wandel in einer vielfältigen Moderne*, Opladen 2011.

18 Institut für Demoskopie Allensbach, *Monitor Familienleben 2012. Einstellungen und Lebensverhältnisse von Familien*, Ergebnisse einer Repräsentativbefragung im Auftrag des Bundesministeriums für Familie, Senioren, Frauen und Jugend (BMFSFJ), Berichtsband, Allensbach 2012, S. 27.

19 Ebd., S. 28 – 30.

20 Hochschild, *Keine Zeit*, a.a.O., S. 212.

21 WSI Hans-Böckler-Stiftung, *Arbeitszeit der Vollbeschäftigten deutlich länger als vereinbart*, Abbildung, http://www.boeckler.de/39343.htm (abgerufen am 10. April 2014).

22 vgl. Hans Bertram und Birgit Bertram, *Familie, Sozialisation und die Zukunft der Kinder*, Opladen 2009, S. 195ff.

23 Matthias Kaufmann, *Deutsche Konzerne kämpfen gegen den Handy-Wahn*, http://www.spiegel.de/karriere/berufsleben/erreichbar-nach-dienstschluss-massnahmen-der-konzerne-a-954029.html (17. Februar 2014, abgerufen am 10. April 2014).

24 Professorin Ute Klammer spricht in diesem Zusammenhang von einer Veränderung der Unternehmenskultur, von einer Kultur der Anwesenheit zu einer Kultur der Verfügbarkeit. »Diese verdeckt eine noch stärkere Vermischung von Arbeits- und Privatzeit unter dem Label der Vereinbarkeit.« Ute Klammer, *Die Lebensverlaufsperspektive als Referenzrahmen und Gestaltungsaufgabe – Herausforderungen an Politik und Betriebe*, in: Hans Bertram und Martin Bujard (Hrsg.): Zeit, Geld und Infrastruktur – Zur Zukunft der Familienpolitik, Sonderband Soziale Welt 19, Baden-Baden 2012, S. 46ff.

25 Siehe dazu auch: http://care-macht-mehr.com (abgerufen am 10. Januar 2014).

26 Hans Bertram, *Familie, Ökonomie und Fürsorge*, in: Aus Politik und Zeitgeschichte, Band 53/98, S. 18, http://www.sowi.hu-berlin.de/lehrbereiche/mikrosoziologie/profbertram/publikationen/1998/familieoekonomiefuersorge.pdf (abgerufen am 15. Juli 2014).

27 Rüdiger Schulz, Michael Weber, Alexandra Stolpe, *Vorwerk Familienstudie 2012*, Institut für Demoskopie Allensbach, Wuppertal 2012.

28 Dieses Modell leben laut Statistischem Bundesamt (Mikrozensus 2012) rund 70 Prozent der Eltern in Deutschland.

29 Heribert Engstler und Sonja Menning, *Die Familie im Spiegel der amtlichen Statistik. Lebensformen, Familienstrukturen, wirtschaftliche Situation der Familien und familiendemographischen Entwicklung in Deutschland*, Hrsg.: BMFSFJ, erweiterte Neuauflage 2003, S. 130.

30 Siehe dazu u. a.: Ludwig Liegle, *Wie Kinder Verantwortung lernen. Ein Auftrag an pädagogische Fachkräfte*, http://www.kindergarten-heute.de/zeitschrift/hefte/inhalt_lesen.html?k_beitrag=2309943 (März 2010, abgerufen am 9. Januar 2014).

31 Bertram, *Keine Zeit für Liebe*, a.a.O., S. 40.

32 Ebd., S. 43.

33 Engstler und Menning, *Die Familie im Spiegel der amtlichen Statistik*, a.a.O., S. 132.

34 Dieser kurze Exkurs bezieht sich vor allem auf einen Aufsatz von Johannes Scherb, *Lissabon-Strategie (Lissabon-Prozess)*, in: Jan Bergmann (Hrsg.): Handlexikon der Europäischen Union, 4., neu bearbeitete und erweiterte Auflage, Baden-Baden 2012, http://www.europarl.europa.eu/brussels/website/media/Lexikon/Pdf/Lissabon_Strategie.pdf (abgerufen am 5. Februar 2014).

35 Dass sie dieses Ziel nicht erreicht können, war den Mitgliedstaaten schon nach wenigen Jahren klar. Sie schärften deshalb die Lissabon-Strategie immer wieder nach und ließen sie 2010 in die »Europa 2020«-Strategie münden. Eine Forderung, die Experten und Kritiker immer wieder stellten, ist aber bei keiner dieser Nachschärfungen wirklich erreicht worden: »Bei der nationalen Umsetzung dieser Strategien ... den Bürgern besser die europäische Dimension der einzelstaatlichen Maßnahmen (zu vermitteln) ...«, Johannes Scherb, *Lissabon-Strategie*, a.a.O, S. 5.

36 Bert Rürup und Sandra Gruescu, *Nachhaltige Familienpolitik im Interesse einer aktiven Bevölkerungsentwicklung*, Gutachten im Auftrag des BMFSFJ, Berlin 2003.

37 Zur Architektur der nachhaltigen Familienpolitik siehe auch: *Stellungnahme der Bundesregierung zum Bericht der Sachverständigenkommission, XXIII – XXXV*, in: BMFSFJ: Familie zwischen Flexibilität und Verlässlichkeit – Perspektiven für eine lebenslaufbezogene Familienpolitik, Siebter Familienbericht, Berlin 2006, XXXV.

38 Rürup und Gruescu, *Nachhaltige Familienpolitik*, a.a.O., S. 42ff.

39 Hans Bertram, *Keine Zeit für Liebe – oder: die Rushhour des Lebens als Überforderung der nachwachsenden Generation?*, in: Bertram und Bujard (Hrsg.): Zeit, Geld und Infrastruktur, a.a.O., S. 26ff.

40 Interview der Autorinnen mit Professor Hans Bertram, 22. November 2012.

41 Hans Bertram und Martin Bujard, *Zur Zukunft der Familienpolitik*, in: dies. (Hrsg.): Zeit, Geld und Infrastruktur, a.a.O., S. 3.

42 Im Folgenden beziehen wir uns auf die Ausführungen von Irene Gerlach, *Der Generationenvertrag im Wandel der Interpretationen*, in: Bertram und Bujard (Hrsg.): Zeit, Geld und Infrastruktur, a.a.O., S. 173ff.

43 Reichskanzler Bismarck legte damit den Grundstein unseres Rentenversicherungssystems, und zwar – wie Irene Gerlach zitiert – nicht, um ein eigenständiges Leben im Alter zu sichern, sondern

»um die Schwiegertochter davon abzuhalten, den Alten aus dem Haus zu ekeln«. Gerlach, *Der Generationenvertrag*, a.a.O., S. 171.

44 Gerlach und andere Wissenschaftler mutmaßen, dass eine solche Jugendrente mit hoher Wahrscheinlichkeit auch die massiven demografischen Einbrüche der 1970er Jahre zumindest gemindert hätte, da sie zur Reduzierung der elterlichen Kosten geführt hätte.

45 Die gesetzliche Organisation unseres Lebensverlaufes beruht bis heute auf einer klaren Dreiteilung, die Bismarck Ende des 19. Jahrhunderts als Reaktion auf die Industrialisierung (und als Bollwerk gegen die Sozialdemokraten) festgeschrieben hat: die Kindheit und Jugend als eine Lernphase, das Erwachsenenalter als Berufsphase und das Rentenalter als Erholungs- und Ruhephase. Siehe dazu auch: Hans Bertram, *Fürsorge, Bindung und vielfältige Moderne: Perspektiven für eine zukunftsorientierte Familienpolitik*, in: ders. (Hrsg.): Familie, Bindungen und Fürsorge. Familiärer Wandel in einer vielfältigen Moderne, Freiberger Studie zum familiären Wandel im Weltvergleich, Opladen 2011, S. 679 – 719.

46 Interview der Autorinnen mit Professor Ute Klammer, 21. Januar 2014.

47 Karl Brenke, *Heimarbeit: Immer weniger Menschen in Deutschland gehen ihrem Beruf von zu Hause aus nach*, DIW Wochenbericht Nr. 8/2014, http://www.diw.de/documents/publikationen/73/diw_01.c.437991.de/14-8-1.pdf (19. Februar 2014, aufgerufen am 21. Februar 2014).

48 Anja Tiedge, *Immer weniger Heimarbeit. »Viele Chefs sind Kontrollfreaks«*, http://www.spiegel.de/karriere/berufsleben/diw-experte-karl-brenke-im-interview-ueber-seine-studie-zu-heimarbeit-a-954426.html (20. Februar 2014, abgerufen am 24. Februar 2014).

49 Klammer, *Die Lebensverlaufsperspektive im Referenzrahmen*, a.a.O., S. 53.

50 So konnte sich im April 2014 sogar der Präsident des Deutschen Industrie- und Handelskammertages (DIHK), Eric Schweitzer, für die 35-Stunden-Woche für Eltern erwärmen, um dem Fachkräftemangel entgegenzuwirken. Man müsse von Modellen wegkommen, bei denen der eine Partner Vollzeit arbeitet und der andere Teilzeit mit wenigen Stunden, sagte er in der *Frankfurter Allgemeinen Sonntagszeitung* vom 6. April 2014. Damit ist er der erste wich-

tige Wirtschaftsvertreter, der sich für bessere Teilzeitmodelle in der deutschen Wirtschaft einsetzt. Auch die IG Metall will sich für eine 30-Stunden-Woche für Väter und Mütter engagieren. Es kommt also langsam Bewegung in die Geschichte.

51 Und verweist unter anderem auf eine Sonderprüfung des Bundesrechnungshofes im Jahr 2008. In diesem Bericht, der damals durchaus für Schlagzeilen sorgte, stieß man in einem Prüfungszeitraum zwischen 2004 und 2006 in allen Bundesministerien auf um die hundert externe Mitarbeiter, die teilweise seit fünf Jahren dort beschäftigt waren.

52 Nachdem jahrzehntelang der US-amerikanische Soziologe Robert Inglehart mit seinem Befund, es gebe einen eindeutigen Trend hin zu postmaterialistischen Werten in industrialisierten Gesellschaften, begründet durch ihren steigenden Wohlstand, die Debatte beherrscht hatte. Diesen Wandel hatte er in seinem viel beachteten Werk *The Silent Revolution* schon 1977 ausgemacht.

53 Markus Klein und Manuela Pötschke, *Gibt es einen Wertewandel hin zum »reinen« Postmaterialismus?*, in: Zeitschrift für Soziologie, Jg. 29/Heft 3, S. 3, http://www.zfs-online.org/index.php/zfs/article/viewFile/1051/588 (Juni 2000, abgerufen am 1. April 2014).

54 Bernhard Heinzlmaier und Philipp Ikrath, *Generation Ego: Die Werte der Jugend im 21. Jahrhundert*, Wien 2013.

55 Ebd.

Lüge Nummer 2: Alles eine Frage der Organisation

1 BMFSFJ (Hrsg.), *Familienreport 2012. Leistungen, Wirkungen, Trends*, Berlin 2012, S. 14. Die Daten stammen aus dem Mikrozensus 2011. Auch für 2012 hat sich das Bild kaum geändert: So waren laut Mikrozensus von 2012 auch in diesem Jahr 69 Prozent der Eltern mit einem oder zwei Kindern verheiratet. Der Anteil der Alleinerziehenden steigt dagegen seit Jahren: Jede fünfte Familie galt 2012 als alleinerziehend, 15 Jahre zuvor waren das nur 14 Prozent der Familien.

2 Ute Planert, *Mythos Familie*, in: Spiegel Special Nr. 4/2007: »Sehnsucht nach Familie« – Die Neuerfindung der Tradition, S. 99.

3 Ebd., S. 105.

4 Bertram, *Familie, Ökonomie und Fürsorge*, a.a.O., S. 2.

5 Soziologen verweisen, wenn sie den Begriff »traditional warm« verwenden, immer wieder auf: Arlie Hochschild, *The Politics of Culture: Traditional, Cold Modern, and Warm Modern Ideals of Care*, in: Social Politics: International Studies in Gender, State and Society, Volume 2, Oxford Journals Nr. 3/1995, S. 331–346.

6 Herbert Renz-Polster und Gerald Hüther, *Wie Kinder heute wachsen. Natur als Entwicklungsraum. Ein neuer Blick auf das kindliche Lernen, Fühlen und Denken*, Weinheim 2013, S. 100.

7 Christoph Kucklick, *Gesucht: die neue Mutter*, in: GEO Wissen »Mütter«, Oktober 2013, S. 107.

8 Ebd., S. 110.

9 Hans-Joachim Maaz, *Der Gefühlsstau. Psychogramm einer Gesellschaft*, aktualisierte Neuauflage, München 2010.

10 Bertram, *Familie, Ökonomie und Fürsorge*, a.a.O., S. 3.

11 Anonyma, *Plötzlich ein Sorgenkind*, München 2013.

12 NUBBEK ist die Abkürzung für das Projekt zur »Nationalen Untersuchung zur Bildung, Betreuung und Erziehung in der frühen Kindheit«. Es ist organisiert als multizentrische Untersuchung, also unter Beteiligung mehrerer Institute wie etwa des Deutschen Jugendinstituts (DJI) und des Staatsinstituts für Frühpädagogik (IFP) München, in acht Bundesländern mit fünf über die Bundesrepublik verteilten Studienpartnern auf der Grundlage eines gemeinsamen Forschungsplans. Im Rahmen der Studie werden ausführliche Interviews und Kindertests in Familien, Erhebungen zur pädagogischen Qualität in den außerfamiliären Betreuungsformen durchgeführt sowie Daten zur Versorgung mit Betreuungsangeboten im Lebensraum der Familien erhoben. Erste Erkenntnisse wurden im April 2012 vorgelegt.

13 Der Begriff »Prozessqualität« beschreibt die Gesamtheit der Interaktionen von Kindern mit den pädagogischen Fachkräften, mit anderen Kindern und mit dem Raum sowie den darin befindlichen Materialien, z. B. dem Spielzeug. Untersucht werden kann auch die »Strukturqualität«, das heißt Rahmenbedingungen wie etwa die Gruppengröße und die Fachkraft-Kind-Relation. Des Weiteren gibt es noch die »Orientierungsqualität«, sie bezieht sich auf Werte und Überzeugungen der für die pädagogischen Prozesse verantwortlichen Erwachsenen, wie etwa die Haltung zur Elternarbeit.

14 Wolfgang Tietze, Fabienne Becker-Stoll et al. (Hrsg.), *NUBBEK-Fragestellungen und Ergebnisse im Überblick*, April 2012, S. 14. Als PDF-Dokument abrufbar auf der Seite: http://www.nubbek. de.

15 Ebd., S. 15.

16 So gibt es zahlreiche Studien mit unterschiedlichen Ergebnissen, die sich häufig widersprechen. Wer sich dafür intensiver interessiert, dem sei etwa die Arbeit des »National Institute of Child Health and Human Development (NICHD)« in den USA empfohlen, das seit 1991 das Leben von mehr als 1000 Kindern und ihren Familien in verschiedenen Städten beobachtet. Die NICHD-Studie ist eines der ganz wenigen Langzeitprojekte. Die Kinder wurden von der Geburt an bis zu ihrem 15. Geburtstag beobachtet, jedes vierte Kind wurde schon als Baby außer Haus betreut. Ein zentraler Befund dieser Studie: Der Einfluss einer Fremdbetreuung auf die kindliche Entwicklung sei marginal. Gegenüber anderen Faktoren wie Erbanlagen und Familienverhältnissen falle er kaum ins Gewicht (zitiert nach: Alexandra Rigos, *Wann ist es Zeit für die Kita?*, in: GEO Wissen »Mütter«, Oktober 2013, S. 81). Der Befund gilt allerdings nur für Familien in ökonomisch schwierigen Situationen. Für die Mittel- und Oberschicht gilt das genaue Gegenteil: Hier fehlen den fremd betreuten Kindern sogar die Kompetenzen und Ressourcen ihrer gut ausgebildeten und erziehungskompetenten Mütter, schreiben die Autoren des Achten Familienberichts und berufen sich dabei ebenfalls auf NICHD-Daten. »Für Kinder aus der Mittel- und Oberschicht bleibt das Bildungsangebot in den Kindertageseinrichtungen hinter der familiären Bildungsanregung zurück«, heißt es wörtlich (BMFSFJ (Hrsg.), *Zeit für Familie, Familienzeitpolitik als Chance einer nachhaltigen Familienpolitik*, Achter Familienbericht, 2012, S. 76). Auch der Zeitpunkt, wann Mütter wieder in den Beruf einsteigen, spielt offenbar eine Rolle: Während des ersten Lebensjahres beeinflusse er die Entwicklung des Babys ungünstig, generell aber habe die Berufstätigkeit der Mutter einen positiven Einfluss (ebd.).

17 Anne-Marie Slaughter, *Why women still can't have it all*, http://www.theatlantic.com/magazine/archive/2012/07/why-women-still-cant-have-it-all/309020/ (Juli/August 2012, abgerufen am 27. Juni 2014).

18 Jutta Allmendiger im *Brigitte*-Interview, http://www.brigitte.de/ frauen/job/jutta-allmendinger-1149815/ (Januar 2013, abgerufen am 27. Juni 2014).

19 Interview der Autorinnen mit Professor Hans Bertram, 22. November 2012.

20 Ebd.

21 Jutta Allmendinger im *Brigitte*-Interview, a.a.O.

22 Hochschild, *Keine Zeit*, a.a.O., S. 62.

Lüge Nummer 3: Der neue Mann tut, was er kann

1 Matthias Keller und Thomas Haustein, *Vereinbarkeit von Familie und Beruf – Ergebnisse des Mikrozensus 2012*, Hrsg.: Statistisches Bundesamt, S. 9, https://www.destatis.de/DE/Publikationen/ WirtschaftStatistik/Bevoelkerung/VereinbarkeitFamilieBeruf_122012.pdf?_blob=publicationFile (abgerufen am 27. Juni 2014). Olga Pötzsch, Julia Weinmann, Thomas Haustein, *Geburtentrends und Familiensituation in Deutschland*, Hrsg.: Statistisches Bundesamt, November 2013, S. 56, https://www.destatis.de/DE/Publikationen/Thematisch/Bevoelkerung/HaushalteMikrozensus/Geburtentrends5122203129004.pdf?_blob=publicationFile (abgerufen am 27. Juni 2014).

2 Stand: Mai 2013.

3 Studie in Auftrag gegeben von der Väter gGmbH in Hamburg. In einem mehrstufigen Erhebungsverfahren aus der Analyse vorhandener Studien und Artikel zum Thema, Experteninterviews, qualitativen Interviews mit Vätern sowie einer repräsentativen Online-Befragung von Vätern im Alter von 25 bis 45 Jahren (n=1000) sollten neue Trends in der Selbst- und Fremdwahrnehmung von Vätern sichtbar gemacht werden.

4 Väter gGmbH, *Trendstudie »Moderne Väter«. Wie die neue Vätergeneration Familie, Gesellschaft und Wirtschaft verändert*, S. 41, http://vaeter-ggmbh.de/wp-content/uploads/2013/01/130124_Trendstudie_Einzelseiten_FINAL.pdf (27. Dezember 2013, abgerufen am 27. Juni 2014).

5 Interview der Autorinnen mit Gerald Hüther, 25. November 2013.

6 Nicol Ljubic, *Väter 2014: Zwischen Wunsch und Wirklichkeit*, Studie im Auftrag der Zeitschrift *Eltern*, http://www.eltern.de/vaeterstudie (abgerufen am 27. Juni 2014).

7   Das bestätigt eine Analyse des Bundesinstituts für Bevölkerungs-
    forschung mit Mikrozensus-Daten von 2010. »Gemessen an der
    durchschnittlichen Wochenarbeitszeit arbeiten Väter, die mit
    mindestens einem Kind im Haushalt leben, wesentlich länger als
    kinderlose Männer – und das über die gesamte Dauer ihres Er-
    werbslebens hinweg. Der Vergleich der wöchentlichen Arbeitszeit
    von Vätern und Kinderlosen im Lebensverlauf zeigt, dass sich mit
    Anfang 30 die Schere zu öffnen beginnt. So arbeiten Väter im Alter
    zwischen 25 und 39 Jahren durchschnittlich etwa 2 Stunden pro
    Woche länger als kinderlose Männer. In der Altersgruppe der 40-
    bis 59-Jährigen beträgt die Mehrarbeit sogar knapp 5 Stunden.
    Während bei kinderlosen Männern ab dem 40. Lebensjahr die
    Zahl der geleisteten Wochenstunden bereits kontinuierlich ab-
    nimmt, steigt sie bei Vätern nochmals leicht an.« Siehe: Martin
    Bujard und Katrin Schiefer, *Arbeitszeit von deutschen Vätern*,
    http://www.familienhandbuch.de/familie-und-beruf/arbeitszeit-
    von-deutschen-vatern (24. September 2012, abgerufen am 28. Mai
    2014).

8   Eike Schrimm, *Väter Studie: »Einige halten den Druck nicht aus«*,
    http://www.sueddeutsche.de/leben/vaeter-studie-einige-maen-
    ner-halten-den-druck-nicht-aus--1.252976 (17. Mai 2010, abgerufen
    am 27. Juni 2014). Die Soziologen Andrea Bambey und Hans-Walter
    Gumbinger haben 1500 Väter im Jahr 2010 befragt, wie sie die
    neuen Rollenanforderungen meistern. In Paarinterviews wurde
    anschließend überprüft, ob sich die Erkenntnisse aus Fragebogen
    und Gespräch decken. Darüber hinaus wurde auch mit einigen
    Kindern gesprochen. Aus den Ergebnissen haben die Wissen-
    schaftler sechs Vater-Typen gebildet.

9   Ebd.

10 Rainer Volz und Paul M. Zulehner, *Männer in Bewegung. Zehn Jahre
    Männerentwicklung in Deutschland*, Studie im Auftrag des BMFSFJ,
    2008, S. 36.

11 Ebd., S. 35.

12 Bild der Frau (Hrsg.), *Der Mann 2013: Arbeits- und Lebenswelten –
    Wunsch und Wirklichkeit*, Studie des Instituts für Demoskopie
    Allensbach, S. 15, http://www.axelspringer.de/downloads/21/
    16383966/BdF_Studie_Ma_776_nner1-86_finale_Version.pdf (abge-
    rufen am 27. Juni 2014).

13 A. T. Kearney, *Wie familienfreundlich sind Unternehmen in Deutsch-land?*, Studie im Rahmen der Initiative 361° – Die Neuerfindung der Familie, S. 5, http://www.atkearney.de/de/361_grad_publika-tion/-/asset_publisher/rbaP2ycIYD6y/content/wie-familien-freundlich-sind-unternehmen-in-deutschland- (September 2012, abgerufen am 27. Juni 2014). Befragt wurden knapp 1800 Beschäf-tigte in mehr als 400 Unternehmen in Zusammenarbeit mit dem Wissenschaftszentrum Berlin für Sozialforschung und dem infas Institut für angewandte Sozialwissenschaft.

14 Ebd.

15 Keller und Haustein, *Vereinbarkeit von Familie und Beruf*, a.a.O.

16 Ebd.

17 Väter gGmbH, *Trendstudie »Moderne Väter«*, a.a.O., S. 51.

18 Kai-Uwe Müller, Michael Neumann, Katharina Wrohlich, *Bessere Vereinbarkeit von Familie und Beruf durch eine neue Lohnersatzleis-tung bei Familienarbeitszeit*, in: DIW Wochenbericht Nr. 46/2013, S. 10, http://www.diw.de/documents/publikationen/73/diw_ (ab-gerufen am 27. Juni 2014).

19 Lena Hipp und Stefan Stuth, *Management und Teilzeitarbeit – Wunsch und Wirklichkeit*, WZBrief Arbeit, Wissenschaftszentrum Berlin für Sozialforschung, http://www.wzb.eu/sites/default/ files/publikationen/wzbrief/wzbriefarbeit152013_hipp_stuth.pdf (Mai 2013, abgerufen am 27. Juni 2014).

20 Deutsches Jugendinstitut e. V., *Väter*, in: DJI Bulletin Nr. 83/84, S. 7, http://www.dji.de/fileadmin/user_upload/bulletin/d_bull_d/ bull83-84_d/DJIB_83-84.pdf (abgerufen am 27. Juni 2014).

21 Ebd.

22 Männerstudie 2013 des Instituts für Demoskopie Allensbach, hier zitiert nach: Miriam Hollstein und Marcel Leubecher, *Den Män-nern reicht es mit der Gleichberechtigung*, www.welt.de/politik/ deutschland/article120518094/Den-Maennern-reicht-es-mit-der-Gleichberechtigung.html?config=print# (30. September 2013, ab-gerufen am 2. Januar 2014). Befragt wurde ein repräsentativer Querschnitt von 947 Männern im Alter von 18 bis 65 Jahren sowie eine Vergleichsgruppe mit 546 Frauen gleichen Alters.

23 *Meinungen und Einstellungen der Väter in Deutschland*, Studie der Gesellschaft für Sozialforschung und statistische Analysen (Forsa) im Auftrag der Zeitschrift *Eltern*, S. 20, http://www.eltern.de/c/

images/pdf/Ergebnisbericht_Vaeterumfrage_2013.pdf (30. Oktober 2013, abgerufen am 27. Juni 2014).

24 Christoph Schäfer, *Karriere zählt mehr als Frau und Kind*, http://www.faz.net/aktuell/wirtschaft/menschen-wirtschaft/studie-karriere-zaehlt-mehr-als-frau-und-kind-12679063.html (25. November 2013, abgerufen am 30. Juni 2014). Die ganze Studie zum Nachlesen: http://newsroom.vorwerk.de/assets/Uploads/Vorwerk-Familienstudie-2013.pdf (abgerufen am 30. Juni 2014).

25 So ein Ergebnis der »Bielefelder Ehe- und Erziehungsstudie«, bei der Wissenschaftler fünf Jahre lang 315 Familien begleiteten (zitiert aus Geo Wissen »Väter«, Nr. 46/Oktober 2010). Für Kinder sei »Quality« ohnehin oft gleichbedeutend mit »Quantity«, das gehe aus den Daten der Studie hervor, schreibt Susanne Paulsen in dem zitierten Geo-Wissen-Artikel »Wie Väter ihre Kinder prägen« weiter.

26 BMFSFJ (Hrsg.), *Familienreport 2012*, a.a.O., S. 76.

27 Robert Habeck, *Verwirrte Väter oder: Wann ist ein Mann ein Mann*, Gütersloh 2008, S. 161.

28 Bild der Frau (Hrsg.), *Der Mann 2013: Arbeits- und* Lebenswelten, a.a.O. Die Meinungsforscher befragten 947 Männer im Alter von 18 bis 65 Jahren sowie 546 altersgleiche Frauen als Vergleichsgruppe.

29 Ebd., S. 69.

30 Ebd., S. 71.

31 Hayke Lanwert, *Spätes Glück – wenn alte Männer Väter werden*, http://www.derwesten.de/panorama/spaetes-glueck-wenn-alte-maenner-vaeter-werden-id6400013.html (25. Februar 2012, abgerufen am 10. März 2014).

32 Uly Foerster, *Alte Väter. Vom Glück der späten Vaterschaft*, Köln 2010.

33 Lanwert, *Spätes Glück*, a.a.O.

34 Gerald Hüther, *Männer. Das schwache Geschlecht und sein Gehirn*, Göttingen 2009, S. 75.

35 BMFSFJ (Hrsg.), *Familienreport 2012*, a.a.O., S. 64f.

36 Hüther, *Männer*, a.a.O., S. 33.

37 Der folgende Abschnitt bezieht sich auf: Hüther, *Männer*, a.a.O.

38 Ebd., S. 37f.

39 Ebd., S. 39.

242

40 Alexander Mitscherlich, *Auf dem Weg zur vaterlosen Gesellschaft*, Neuausgabe, München 1973, S. 195.

41 Ebd.

42 Ebd.

43 Ebd.

44 Neue Erkenntnisse aus den USA, dass diese Paare wegen des ganzen Stresses und dess vielen Redens über Organisatorisches jedoch möglicherweise ein eingeschränktes Sexualleben haben, lassen wir jetzt einfach mal außer Acht.

Lüge Nummer 4: Die Zukunft ist weiblich

1 Claudia Kirsch, *Können Frauen alles haben?*, Brigitte, Ausgabe 19/2012, S. 101.

2 Vgl. § 1570 BGB sowie Anna Renkamp und Martin Spilker, *Das neue Unterhaltsrecht. Mehr Fairness nach der Trennung?*, TNS Emnid-Studie im Auftrag der Bertelsmann-Stiftung, http://www.bertelsmann-stiftung.de/bst/de/media/xcms_bst_dms_28424_28425_2.pdf (2009, abgerufen am 7. April 2014).

3 Kirsch, *Können Frauen alles haben?*, a.a.O., S. 101.

4 Jutta Allmendinger, *Frauen auf dem Sprung – das Update 2013*, Studie des Wissenschaftszentrums Berlin für Sozialforschung.

5 Statistisches Bundesamt (Hrsg.), *Frauen und Männer auf dem Arbeitsmarkt*, S. 4, https://www.destatis.de/DE/Publikationen/Thematisch/Arbeitsmarkt/Erwerbstaetige/BroeschuereFrauenMaennerArbeitsmarkt0010018129004.pdf?__blob=publicationFile (2012, abgerufen am 10. April 2014).

6 Ebd., S. 40. Diese Zahlen beziehen sich auf die sogenannte »unbereinigte Lohnlücke«, die die gesamte Ursachenkette für die Entstehung der Lohnlücke abbildet. Denn für rund zwei Drittel des Gender Pay Gap lassen sich die Ursachen rechnerisch bestimmen: dass Frauen seltener in Führungspositionen zu finden sind, eher traditionelle und damit schlechter bezahlte Frauenberufe wählen und häufiger in Teilzeit arbeiten und immer wieder Familienphasen einlegen. Die hier erwähnten, geradezu horrenden Unterschiede erklären sich dadurch, dass hier Männer und Frauen in den Berufsgruppen in ihrer Gesamtheit betrachtet werden, also der Geschäftsführer mit der durchgängigen Berufsbiografie mit der Geschäftsführerin kurz nach dem Wiedereinstieg verglichen wird.

Zieht man diese erklärbaren Prozentpunkte von den 22 Prozent ab, erhält man die »bereinigte Lohnlücke«. Sie lässt sich nicht auf erklärbare, strukturelle Merkmale zurückführen, sondern bedeutet, dass Frauen mit der gleichen Qualifikation am gleichen Arbeitsplatz pro Stunde weniger verdienen als Männer. Laut Statistischem Bundesamt von März 2012 liegt die bereinigte Lohnlücke derzeit bei rund acht Prozent. Siehe dazu: http://www.equalpayday.de/statistik/, https://www.destatis.de/DE/PresseService/Presse/Pressemitteilungen/2012/10/PD12_345_621.html (beide abgerufen am 5. Juni 2014).

7 BMFSFJ (Hrsg.), *Entgeltungleichheit zwischen Frauen und Männern. Einstellungen, Erfahrungen und Forderungen der Bevölkerung zum »gender pay gap«*, Berlin 2010, S. 13.

8 Elke Holst und Anne Busch, *Der »Gender Pay Gap« in Führungspositionen der Privatwirtschaft in Deutschland*, in: SOEPpapers 169, Berlin 2009.

9 BMFSFJ (Hrsg.), *Entgeltungleichheit zwischen Frauen und Männern*, a.a.O., S. 10.

10 Holst und Busch, *Der »Gender Pay Gap«*, a.a.O.

11 Statistisches Bundesamt (Hrsg.), *Frauen und Männer auf dem Arbeitsmarkt*, a.a.O., S. 46.

12 Bascha Mika, *Die Feigheit der Frauen: Rollenfallen und Geiselmentalität – Eine Streitschrift wider den Selbstbetrug*, München 2011.

13 Jutta Allmendinger, *Verschenkte Potenziale? Lebensverläufe nicht erwerbstätiger Frauen*, Frankfurt am Main 2010.

14 A. T. Kearney, *Wie familienfreundlich sind Unternehmen in Deutschland?*, a.a.O.

15 Roland Jäger und Ulrike Hauffe, *Debatte um Work-Life-Balance. Ist eine Führungsposition in Teilzeit machbar?*, http://www.zeit.de/karriere/beruf/2011-02/debatte-familie-fuehrungsposition (16. Februar 2011, abgerufen am 11. April 2014).

16 BMFSFJ (Hrsg.), *Familienreport 2012*, a.a.O., S. 75f. So würden vor allem teilzeitbeschäftigte Frauen gern ihre Arbeitszeit ausweiten. Nach Daten des Sozioökonomischen Panels (SOEP) wünschten sich 42 Prozent dieser Frauen eine Wochenarbeitszeit von weniger als 30 Stunden, 58 Prozent aber eine wöchentliche Arbeitszeit von mehr als 30 Stunden. Der Familienreport berichtet weiter: »Bei Vätern liegen demgegenüber die tatsächlichen Arbeitszeiten deutlich

höher als die gewünschten.« Lange Arbeitszeiten (41 Stunden und mehr) und Überstunden seien für jeden zweiten Vater die Regel.

17 Einige Beispiele für den Nutzen von Wertguthaben findet man etwa in der dazugehörigen Broschüre: Bundesministerium für Arbeit und Soziales (Hrsg.), *Arbeitsleben aktiv gestalten. So profitieren Arbeitgeber und Beschäftigte von Wertguthaben*, http://www.bmas.de/SharedDocs/Downloads/DE/PDF-Publikationen/a861-1-wertguthaben-broschuere.pdf?_blob=publicationFile (abgerufen am 27. Juni 2014).

18 BMFSFJ (Hrsg.), *Neue Wege – Gleiche Chancen, Gleichstellung von Frauen und Männern im Lebensverlauf*, Erster Gleichstellungsbericht, 2011, S. 125.

19 Carsten Wippermann, *Frauen im Minijob. Motive und (Fehl-)Anreize für die Aufnahme geringfügiger Beschäftigung im Lebenslauf*, Hrsg.: DELTA-Institut für Sozial- und Ökologieforschung, Bundesministerium für Familie, Senioren, Frauen und Jugend, Oktober 2012.

20 Rede von Prof. Dr. Carsten Wippermann zum Equal Pay Day 2013, Katholische Stiftungsfachschule München, DELTA-Institut für Sozial- und Ökologieforschung, Berlin am 19. März 2012, S. 8.

21 Wippermann, *Frauen im Minijob*, a.a.O., S. 17.

22 Christiane Funken, *Managerinnen 50plus – Karrierekorrekturen beruflich erfolgreicher Frauen in der Lebensmitte*, Hrsg.: BMFSFJ, Berlin 2011.

23 Ebd., S. 9.

24 Carsten Wippermann, *Frauen in Führungspositionen. Barrieren und Brücken*, Hrsg.: Bundesministerium für Familie, Senioren, Frauen und Jugend, Heidelberg 2010.

25 Herminia Ibarra, Robin Ely, Deborah Kolb, *Aufstieg mit Hindernissen*, in: Harvard Business Manager, Oktober 2013, S. 24ff. Schwerpunkt der Ausgabe: Emotional, zickig, zu brav. Welche Klischees die Karriere von Frauen behindern – und was Unternehmen dagegen tun können.

26 Wippermann, *Frauen in Führungspositionen*, a.a.O., S. 37ff.

27 Wobei der überwiegende Teil (72 Prozent) der weiblichen Führungskräfte ohnehin ohne Kinder (im Alter bis zu 16 Jahren) im Haushalt lebt. Kinder bis drei Jahre haben Frauen in Führungspositionen sogar so selten, dass ihre Zahl nicht valide dargestellt

werden kann! Vgl. Elke Holst, Anne Busch, Lea Kröger, *Führungs-kräfte Monitor 2012, Update 2001 – 2010*, Deutsches Institut für Wirt-schaftsforschung, S. 8, http://www.diw.de/documents/publika-tionen/73/diw_01.c.407592.de/diwkompakt_2012-065.pdf (2012, abgerufen am 25. Februar 2014).

28 Elke Holst und Anja Kirsch, *Managerinnen-Barometer 2014*, DIW Wochenbericht Nr. 3/2014, http://www.diw.de/documents/publi-kationen/73/diw_01.c.435166.de/14-3.pdf (abgerufen am 26. Feb-ruar 2014).

29 Elke Holst und Julia Schimeta, *Managerinnen-Barometer: Unter-nehmen*, DIW Wochenbericht Nr. 3/2013.

30 Holst und Kirsch, *Managerinnen-Barometer 2014*, a.a.O.

31 2013 waren das vier Frauen in den Top-200-Unternehmen gegen-über 190 Männern, die einen Vorsitz innehatten.

32 Holst und Kirsch, *Managerinnen-Barometer 2014*, a.a.O.

Lüge Nummer 5: Anderswo ist alles besser

1 Lässt man mal die Tatsache außer Acht, ob Frauen Kinder haben oder nicht, sind in Deutschland sogar mehr Frauen berufstätig als in unserem Nachbarland, vgl. Harun Sulak, *Frauenerwerbstätigkeit in Deutschland und im europäischen Vergleich – aktuelle Entwick-lung und Hintergründe*, in: Bevölkerungsforschung – Mitteilungen aus dem Bundesinstitut für Bevölkerungsforschung, Jg. 34/Mai 2013, Abb. 1, S. 12. So lag der Anteil erwerbstätiger Frauen im Alter von 25 bis 59 Jahren in Deutschland im Jahr 2012 bei 77 Prozent, in Frankreich dagegen nur bei 74 Prozent. In beiden Ländern hatte die Quote im Jahr 2002 noch bei 69 Prozent gelegen.

2 Ein Drittel der 1960 geborenen Frauen haben mindestens drei Kin-der. Dieser hohe Anteil ist ein Ausgleich für alle kinderlosen oder Ein-Kind-Familien. Vgl. Anne Salles, *Die französische Familienpoli-tik zwischen Wandel und Kontinuität*, in: DGAPanalyse Frankreich, Forschungsinstitut der Deutschen Gesellschaft für Auswärtige Po-litik, Nr. 6, S. 5f., *https://dgap.org/de/article/getFullPDF/17833* (Oktober 2009, abgerufen am 7. April 2014).

3 Er lag nach Angaben des Statistischen Bundesamtes 2012 bei 42 Prozent (2002: 40 Prozent), Statistisches Bundesamt (Hrsg.), *Geburtentrends und Familiensituation in Deutschland*, 2012, S. 50f.

4 Dr. Melanie Staats, *Das Gesetz zum Elterngeld und zur Elternzeit im internationalen, insbesondere europäischen Vergleich*, Vergleichskapitel 2008, Hrsg.: BMFSFJ, S. 7, https://www.bmfsfj.de/RedaktionBMFSFJ/Abteilung2/Pdf-Anlagen/beeg-vergleichskapitel,pro perty=pdf,bereich=bmfsfj,sprache=de,rwb=true.pdf (abgerufen am 7. April 2014).

5 Anneli Rüling, Karsten Kassner, *Familienpolitik aus der Gleichstellungsperspektive. Ein europäischer Vergleich*, Friedrich-Ebert-Stiftung, 2007, S. 21.

6 BMFSFJ (Hrsg.), *Das Gesetz zum Elterngeld und zur Elternzeit im internationalen, insbesondere europäischen Vergleich*, Länderstudien 2008, S. 105.

7 Ebd.

8 Ebd., S. 22.

9 Da die Dänen und Däninnen da allerdings schon viel weiter waren, wurde von der Möglichkeit nur sehr wenig Gebrauch gemacht. Zum Glück, muss man heute sagen, denn kurz darauf sprang die Wirtschaft wieder an, und alle waren froh, dass die Frauen noch gut im Arbeitsmarkt vertreten waren. Vgl. dazu: BMFSFJ (Hrsg.), *Das Gesetz zum Elterngeld*, a.a.O., S. 28f.

10 Salles, *Die französische Familienpolitik*, a.a.O., S. 7.

11 Wobei »Krippe« ein Überbegriff ist: So gibt es klassische Krippen, in denen die Kinder ganztägig abgegeben werden können, in der Regel werden hier nicht mehr als 60 Kinder betreut. Dazu kommen flexible Einrichtungen, die Kinder ab zwei Wochenstunden betreuen, aber auch ganztags. Des Weiteren existieren Mini-Krippen, in denen lediglich maximal neun Kinder sind, sowie »Kindergärten«, die Kinder ab zwei Jahren aufnehmen und einen Übergang zur Vorschule bilden. Dazu kommen mehrere Zehntausend Plätze beim »familiären Betreuungsdienst«, d. h. bei Tagesmüttern, die von den Kommunen bezahlt werden und bis zu drei Kinder bei sich zu Hause betreuen, und Betriebskrippen (vorwiegend in Krankenhäusern). Vgl. dazu: Salles, *Die französische Familienpolitik*, a.a.O., S. 8.

12 Corinne Maier, *Bonjour Klischees*, Nido, Ausgabe 5/2013, S. 62.

13 Vgl. Salles, *Die französische Familienpolitik*, a.a.O., S. 9.

14 Ebd., S. 12.

15 Sie besuchen 99 Prozent der französischen Kinder. Vgl. Angela Luci, *Frauen auf dem Arbeitsmarkt in Deutschland und Frankreich*.

Warum es Französinnen besser gelingt, Familie und Beruf zu verein-baren, Friedrich-Ebert-Stiftung, März 2011, S. 7, http://library.fes. de/pdf-files/id/ipa/07901.pdf (März 2011, abgerufen am 31. März 2014).

16 Holger Bonin et al., *Evaluation zentraler ehe- und familienbezoge-ner Leistungen in Deutschland*, Endbericht des Zentrums für Euro-päische Wirtschaftsforschung, 3. August 2012, S. 226.

17 Organisation für wirtschaftliche Zusammenarbeit und Entwick-lung (OECD), *The balance of family policy tools – benefit packages, spending by age and families with young children*, in: Doing Better for Families, S. 6of., http://dx.doi.org/10.1787/9789264098732-4-en (2011, abgerufen am 27. Juni 2014).

18 Bonin et al., *Evaluation zentraler ehe- und familienbezogener Leis-tungen*, a.a.O., S. 220.

19 Französische Botschaft in Berlin, *Familienpolitik für das Kind*, http://www.ambafrance-de.org/Kinder-Die-Betreuung-von (2. Juli 2012, abgerufen am 30. Juni 2014).

20 Das Kindergeld ist jedoch deutlich niedriger als in Deutschland. Für zwei Kinder gibt es 127,68 Euro, für drei 291,27 Euro und für vier Kinder 454,86 Euro (Stand 2013). Vgl.: http://www.lexsoft.de/ cgi-bin/lexsoft/tk_sec.cgi?chosenIndex=UAN_nv_1005&xid= 229673,0 (abgerufen am 27. Juni 2014).

21 Von den Frauen in Frankreich mit drei oder mehr Kindern arbeitet nur noch jede zweite, in Deutschland tun dies knapp über 40 Pro-zent. OECD: *Maternal Employment Rates*, Social Policy Division, Directorate of Employment, Labour and Social Affairs, S. 3, http:// www.oecd.org/social/family/LMF1_2_Maternal_Employment_ July2013.pdf (31. Juli 2013, abgerufen am 31. März 2014).

22 Statistisches Bundesamt (Hrsg.), *Frauen und Männer auf dem Ar-beitsmarkt, Deutschland und Europa*, 2012, S. 61.

23 BMFSFJ (Hrsg.), *Das Gesetz zum Elterngeld*, a.a.O., S. 111.

24 Das Betreuungsgeld für Kleinkinder hat ein mehrstufiges Prinzip: Zu Beginn gibt es eine einmalige Geburts- oder Adoptionsprämie im siebten Schwangerschaftsmonat von knapp 900 Euro (Rechts-stand 2010). Dazu kommt eine Grundleistung von rund 180 Euro monatlich bis zum Monat vor dem dritten Geburtstag (ab dem ers-ten Kind). In einer zweiten Stufe wird das Erziehungsgeld in Höhe von über 550 Euro fällig. Das gibt es, wenn mindestens ein Kind

unter drei Jahren in der Familie ist und die Arbeit vollständig unterbrochen wird. Selbst wer 50 bis 80 Prozent Teilzeit arbeitet, erhält noch über 300 Euro. Allerdings muss man vorher beschäftigt gewesen sein. Gezahlt wird das Erziehungsgeld für sechs Monate beim ersten Kind und 36 Monate für weitere Kinder. Dazu kommt noch – abhängig von Einkommen und Kindesalter – die Betreuungszulage (Bestandteil der Stufe zwei des Betreuungsgeldes für Kleinkinder). Sie übernimmt teilweise die Betreuungskosten für Kinder unter sechs Jahren, evtl. gibt es noch die sogenannte »Zulage für elterliche Präsenz«; der Staat übernimmt die Sozialabgaben für geprüfte Kinderpfleger/-innen, wenn man die Kinder dort betreuen lässt, und er übernimmt die Hälfte der Sozialabgaben, wenn jene zu Hause beschäftigt werden. Diese Leistungen lagen 2010 zwischen rund 170 und 441 Euro im Monat ab Geburt bis zum Alter von drei Jahren, zwischen drei und sechs Jahren wird noch die Hälfte davon gezahlt. Vgl.: Bonin et al., *Evaluation zentraler ehe- und familienbezogener Leistungen*, a.a.O., S. 223f.

25 Ebd.

26 Stand 2011 nach Angaben der Eurostat-Online-Datenbank vom 1. März 2013.

27 Vgl. dazu: Margarete Moulin, *Liebe auf Distanz. Die frühe staatliche Betreuung in Frankreich hat ihren Preis. Frauen fühlen sich zunehmend entfremdet von ihren Kindern*, in: Die Zeit vom 5. September 2013, sowie: Geneviève Hesse, *Mütter in Frankreich: Stillender Protest*, http://www.spiegel.de/panorama/gesellschaft/frankreich-muetter-wollen-mehr-zeit-mit-kindern (26. Oktober 2013, abgerufen am 21. Februar 2014). Hesse beschreibt in dem Artikel eine Gruppe von Frauen, die das Elternmagazin *Grandir Autrement* (GA) also »Anders aufwachsen« herausgeben. Sie bekennen sich dazu, ihre Kinder zu stillen und propagieren Nähe und Zärtlichkeit. Von ihren Kritikerinnen im eigenen Land werden sie abfällig »hyper mères«, also Übermütter, genannt und sind dem Vorwurf ausgesetzt, sie seien unmodern und unemanzipiert. Von sich selber sagen sie allerdings, sie sehen sich durchaus als Feministinnen, sie wollten nur den Aspekt der Mütterlichkeit hinzufügen. Berufstätig wollen sie sein – aber eben nicht immer und den ganzen Tag. Die Diskussion wird in Frankreich also durchaus auch – und zum Teil heftig – geführt. Aber genau andersherum – hier wird

darüber gestritten, wie viel Mütterlichkeit Mütter sich selber zugestehen können und leben dürfen.

28 Vgl. Luci, *Frauen auf dem Arbeitsmarkt in Deutschland und Frankreich*, a.a.O.

29 Ebd., S. 6.

30 Vgl. Europäische Kommission (Hrsg.), *Frauen in wirtschaftlichen Entscheidungspositionen in der EU: Fortschrittsbericht*, http://ec.europa.eu/justice/gender-equality/files/women-on-boards_de.pdf (abgerufen am 31. März 2014).

31 Ohne Frankreich stieg nämlich der Frauenanteil im höchsten Entscheidungsgremium der größten börsennotierten Unternehmen in den EU-Mitgliedsstaaten zwischen Oktober 2010 und Januar 2012 nur um 1,1 Prozentpunkte. Insgesamt besetzen Frauen im Durchschnitt nur 13,7 Prozent der Sitze in den höchsten Entscheidungsgremien, und das Tempo dieses Anstiegs ist schneckengleich: In mehr als acht Jahren lag er bei 5,2 Prozentpunkten (2003: 8,5 Prozent. Quelle für alle Zahlen vgl.: Europäische Kommission (Hrsg.), *Frauen in wirtschaftlichen Entscheidungspositionen*, a.a.O. Bei einem Fortschritt im gleichen Tempo würde es mehr als 40 Jahre dauern, um ein ausgewogenes Geschlechterverhältnis (mindestens 40 Prozent beider Geschlechter) in den Unternehmensspitzen zu erreichen, schreibt die EU-Kommission weiter in ihrem Women-on-boards-Bericht.

32 Salles, *Die französische Familienpolitik*, a.a.O., S. 10.

33 Berthold Franke, *Das Bullerbü-Syndrom. Warum die Deutschen Schweden lieben*, Merkur 2008, Heft 706, http://volltext.online-merkur.de/?m=v&link=/daten/www.online-merkur.de/mr_2008_706_0256-0261.pdf&session=6D4DF9047BA57B1599EC8D854BAD9AA2 (abgerufen am 10. April 2014). Der Artikel sorgte auch in Schweden für Aufsehen, hier erschien er unter dem Titel *Tyskarna har hittat sin Bullerbü Svenska* im »Dagbladet«, siehe: http://www.svd.se/kulturnoje/understrecket/artikel_671003.svd (9. Dezember 2007, abgerufen am 23. März 2014).

34 Siehe dazu auch ein längeres Interview des deutschsprachigen Magazins NORR aus Stockholm mit Berthold Franke: Gabriel Arthur, *Die Unschuld Schwedens*, NORR 2014, http://www.norrmagazin.de/kultur-lebensstil/unschuld-schwedens/ (abgerufen am 5. Juni 2014).

35 Obwohl die Gehaltsunterschiede laut einer OECD-Studie von 2011 auch in Schweden seit der Wirtschaftskrise 2008 stark ansteigen, sind sie immer noch moderater als in allen anderen Industrienationen, siehe: OECD, *Crisis squeezes income and puts pressure on inequality and poverty*, Income Distribution Database, http://www.oecd.org/els/soc/OECD2013-Inequality-and-Poverty-8p.pdf (2013, abgerufen am 28. März 2014).

36 Richard Wilkinson und Kate Pickett, *The Spirit Level: Why equality is better for everyone*, London 2009.

37 Vgl. Stefan Empter und Daniel Schraad-Tischler, *Soziale Gerechtigkeit in der OECD – Wo steht Deutschland?*, Studie der Bertelsmann-Stiftung, https://www.bertelsmann-stiftung.de/bst/de/media/xcms_bst_dms_33013_33014_2.pdf (2011, abgerufen am 6. März 2014).

38 Christoph Mayerl, *Das nordische Modell – ein Vorbild für Europa?*, in: euro/topics, Bundeszentrale für politische Bildung, http://www.eurotopics.net/de/home/presseschau/archiv/magazin/wirtschaft-verteilerseite-neu/skandinavisches_modell_2007_10/debatte_skandinavisches_modell/ (31. Oktober 2007, abgerufen am 20. März 2014).

39 Silke Bothfeld, Sebastian Hübers, Sophie Rouault, *Familienpolitik in der Wirtschafts- und Finanzkrise – Lehren aus dem internationalen Vergleich*, Studie im Auftrag des BMFSFJ, Hochschule Bremen, Bremen 2010, S. 25ff. Nicht verschweigen sollte man dabei, dass die Jugendarbeitslosigkeit in Schweden seit 2008 ständig steigt und noch kein schlüssiges Konzept dagegen vorliegt.

40 Werner A. Perger, *Sind die Schweden noch normal?*, http://www.zeit.de/2006/38/Schweden (18. September 2006, abgerufen am 24. März 2014). Das Buch von Lars Trägårdh heißt im Original *Är svensken människa? Gemenskap och oberoende i det moderna Sverige* und ist 2006 in Schweden erschienen.

41 Jörg-Uwe Albig, *Klassenbeste*, in: GEO, Ausgabe 3/2014, S. 72.

42 Ebd., S. 75.

43 Die Zahlen beziehen sich auf: Europäische Union/Europäische Plattform für Investitionen in Kinder, *Schweden: Erfolgreiche Vereinbarung von Beruf und Familienleben*, http://europa.eu/epic/countries/sweden/index_de.htm (abgerufen am 23. März 2014).

44 Bothfeld et al., *Familienpolitik in der Wirtschafts- und Finanzkrise*, a.a.O., S. 28.

45 Lisa Frieda Cossham, *Der Preis ist heiß*, in: Nido, Ausgabe 4/2014, S. 108. Die Autorin nennt eine Preisspanne von 240 bis 625 Euro je nach Kommune. Die Zahlen beziehen sich auf den höchsten Gebührensatz und die längste Buchungszeit. Elisabeth Niejahr beschreibt in ihrem Artikel in der *Zeit* sogar den Fall eines gut verdienenden Ehepaars, das in Düsseldorf 845 Euro im Monat für die Betreuung seines einjährigen Sohnes bezahlen sollte. Ihre Heimatgemeinde im Landkreis Viersen hatte für den Platz stolze 575 Euro verlangt. Vgl. Elisabeth Niejahr, *Das Kita-Glücksspiel*, http://www.zeit.de/2013/35/kinderbetreuung-kitaplatz-kitagebuehren (22. August 2013, abgerufen am 4. April 2014). Als Hintergrundinformation: In Deutschland können die Kitagebühren nicht zentral vom Bund festgelegt werden, denn schließlich sind die Länder für die Bildung zuständig; Kinderbetreuung ist Sache der Kommunen. Und so legt jede Gemeinde ihren Beitrag selber fest – von gratis bis exorbitant ist dann alles dabei.

46 Ann-Zofie Duvander und Tommy Ferrarini, *Schwedens Familienpolitik im Wandel: Vergangenheit, Gegenwart, Zukunft*, Internationale Politikanalyse der Friedrich-Ebert-Stiftung, Berlin 2013.

47 Die meisten Eltern erfüllen die Voraussetzungen, vor dem Erziehungsurlaub mindestens 240 Tage gearbeitet zu haben. Eltern, die diese Anspruchsvoraussetzung nicht erfüllen, erhalten einen niedrigen Festbetrag von zurzeit knapp 26 Euro pro Tag.

48 Natürlich schöpft so gut wie niemand diese Tage bezahlter Freistellung für die Pflege bzw. Betreuung kranker Kinder aus. Im Durchschnitt sind es 6,7 Tage pro Elternteil pro Kind im Jahr. Aber sie baut Hemmschwellen ab, und die Schweden gehen mit dieser Möglichkeit der Freistellung selbstbewusst um. Eine ungefähre Angabe, wie viele Tage tatsächlich pro Jahr und Kind genommen werden, gibt: Janneke Plantenga und Ivy Koopmans, *Freistellungsregelungen für Sorgearbeit und ihre praktische Bedeutung im internationalen Vergleich*, WSI Mitteilungen 3/2002, http://www.boeckler.de/wsimit_2002_03_koopmans.pdf (abgerufen am 5. Juni 2014).

49 Bothfeld et al., *Familienpolitik in der Wirtschafts- und Finanzkrise*, a.a.O., S. 25.

50 Einer ihrer Klassiker ist heute noch interessant zu lesen: Alva Myrdal und Viola Klein, *Die Doppelrolle der Frau in Familie und Beruf*, London 1956.

51 Im Folgenden beziehen wir uns auf: Hanne Martinek, *Schweden: Vorbild für die Förderung individueller Existenzsicherung von Frauen*, Working Paper Nr. 2 des Forschungsprojektes »Ernährermodell« der Freien Universität Berlin, Berlin 2006.

52 Zu Folgendem siehe auch: Anita Nyberg, *Hintergründe zur Individualbesteuerung in Schweden oder warum das Ehegattensplitting in Schweden schon lange Geschichte ist*, Beitrag aus dem Referat Westeuropa der Friedrich-Ebert-Stiftung, Stockholm 2012.

53 Barbara Klingbacher, *Die letzten ihrer Art. Die Hausfrau – Verklärt, verkannt, verschwunden*, Neue Zürcher Zeitung vom 7. Februar 2011.

54 Deutsch-schwedische Handelskammer: *Warum verdienen Frauen weniger als Männer?*, http://www.handelskammer.se/de/news/warum-verdienen-frauen-weniger-als-manner (21. März 2014, abgerufen am 3. April 2014).

55 Ingrid Jönsson, *Vereinbarkeit von Berufs- und Familienleben in Schweden*, WSI Mitteilungen 3/2002.

56 Matthias Hannemann, *Mama, Papa, Vabba*, http://www.brandeins. de/archiv/2009/fuehrungunterschied/mama-papa-vabba.html (April 2009, abgerufen am 23. März 2014).

57 Bothfeld et al., *Familienpolitik in der Wirtschafts- und Finanzkrise*, a.a.O., S. 27.

58 Duvander und Ferrarini, *Schwedens Familienpolitik*, a.a.O., S. 7.

59 Jönssen, *Vereinbarkeit von Berufs- und Familienleben*, a.a.O., S. 179.

60 Die Zahlen schwanken je nach Umfrage, siehe: demos/Berlin-Institut für Bevölkerung und Entwicklung, *Vorbildliche Familienpolitik: Das schwedische Doppelverdiener-Modell*, http://www.berlin-institut.org/newsletter/Ausgabe_26_01_2011.html.html (26. Januar 2011, abgerufen am 2. April 2014).

61 Jönssen, *Vereinbarkeit von Berufs- und Familienleben*, a.a.O., S. 179.

62 Originaltitel: *Förvärvsarbetande småbarnsmödrars vardagsliv – strategier, lösningar och ampassningar*, zit. nach: Jönssen, *Vereinbarkeit von Berufs- und Familienleben*, a.a.O., S. 178ff.

63 Ebd., S. 182.

64 Statistisches Bundesamt, *Ergebnisse des Mikrozensus 2011, Alleinlebende in Deutschland*, Wiesbaden 2012, https://www.destatis.de/

DE/PresseService/Presse/Pressekonferenzen/2012/Alleinle-bende/begleitmaterial_PDF.pdf?__blob=publicationFile (abgerufen am 28. März 2014).

65 Albig, *Klassenbeste*, a.a.O., S. 75.

66 Tilmann Bünz, *Unruhen in Stockholm. Schweden ist nicht Bullerbü*, http://www.zeit.de/gesellschaft/zeitgeschehen/2013-05/schweden-gesellschaft (29. Mai 2013, abgerufen am 28. März 2014).

Wie wir leben wollen

1 Alexandra Borchardt, *Die Familien-AG Krippe, Kita, Altenheim – auf dem Weg in die Betreuungsgesellschaft*, Süddeutsche Zeitung vom 26./27. Oktober 2013, S. 6f.

2 Siehe sämtliche vom Familienministerium in Auftrag gegebenen und finanzierten Familienberichte, Familienreports und Gleichstellungsberichte der vergangenen zehn Jahre.

3 Hans Bertram, *Familienleben – Neue Wege zur flexiblen Gestaltung von Lebenszeit, Arbeitszeit und Familienzeit*, Gütersloh 1997, S. 170.

4 BMFSFJ (Hrsg.), *Zeit für Familie*, S. 94.

5 Wir haben das ausgerechnet: zehn Jahre 25 Stunden und 30 Jahre 45 Stunden ergeben im Durchschnitt genau 40 Stunden. Das ist auf jeden Fall ein Modell, das es ermöglicht, im Lauf des Lebens 40 Jahre lang durchschnittlich 40 Stunden zu arbeiten.

6 Sie heißen zum Beispiel: Sozialerbschaft (grob vereinfacht sieht das Konzept vor, dass jeder junge Erwachsene ein Startkapital bekommt, mit dem er im besten Fall Bildungsinvestitionen tätigt. Das soll Chancengleichheit herstellen), Modell der Übergangsmärkte (darunter versteht man institutionalisierte »Brücken« zwischen zwei verschiedenen Tätigkeiten oder etwa den Übergang von Voll- zu Teilzeitbeschäftigungen. Mit diesem Modell sollen Risiken zwischen verschiedenen Lebensphasen sozial abgesichert werden) beziehungsweise Arbeitslebensversicherung (statt einer reinen Arbeitslosenversicherung) und Konzept der Ziehungsrechte. Alle diese Modelle »setzen konzeptionell innerhalb der Erwerbsphase an und ermöglichen innerhalb dessen flexibel handhabbare und abgesicherte Freistellungsmöglichkeiten ... Ihnen allen ist gemeinsam, dass sie einerseits die individuelle und gemeinschaftliche Lebensplanung erleichtern wollen und andererseits Arbeits- und

Beschäftigungsmarktpolitische Chancen, wie eine gerechte und solidarische Verteilung der Arbeitsplätze und Beschäftigungschancen ermöglichen wollen«. Siehe: Franziska Scheier und Eckart Hildebrandt, *Arbeitszeit – eine wichtige Dimension für die Lebensverlaufsperspektive?*, Wissenschaftszentrum Berlin für Sozialforschung, Discussion Paper SP I 2010-506, Dezember 2010, S. 24f., siehe zu Übergangsmärkten auch: Günther Schmid, *Soziales Risikomanagement durch Übergangsarbeitsmärkte*, http://bibliothek.wzb.eu/pdf/2004/i04-110.pdf (Dezember 2004, abgerufen am 27. Juni 2014).

7 Nach Angaben des Bundesministeriums für Arbeit und Soziales, Stand 2012, waren es gerade mal zwei Prozent der Betriebe. Und wenn Mitarbeiter das nutzen, dann noch zu oft, um den Übergang in den Ruhestand zu gestalten und nicht für Familien- und Pflegezeiten. Denn auch dafür bedürfte es einer anderen Arbeitskultur, die auf monatelange Abwesenheiten von Mitarbeitern wegen anderer Verpflichtungen vorbereitet ist und damit umgehen kann.

8 Marco Nink, *Engagement Index Deutschland 2013*, Gallup GmbH, http://www.gallup.com/strategicconsulting/168167/gallup-engagement-index-2013.aspx (31. März 2014, abgerufen am 13. Juni 2014).

9 Das viele im Detail übrigens gar nicht verstehen, auch das eine Erkenntnis der Evaluation – und von dem ja auch nur bestimmte Familien stark profitieren.

10 Siehe: Zukunftsforum Familie e. V., *Kinder brauchen mehr! Unser Vorschlag für eine Kindergrundsicherung*, http://zukunftsforum-familie.de/_data/ZFF_Broschuere-endg.pdf (abgerufen am 24. März 2014).

11 Siehe dazu auch: Berlin-Brandenburgische Akademie der Wissenschaften (BBAW) und Nationale Akademie der Wissenschaften Leopoldina, *Zukunft mit Kindern. Mythen, Kernaussagen und Empfehlungen zu Fertilität und gesellschaftlicher Entwicklung*, Berlin-Brandenburg 2012, http://www.familieundberuf.at/fileadmin/user_upload/Studien_und_Literatur/BBAW_Broschure_Zukunft-mit-Kindern_PDF_1a.pdf (abgerufen am 25. März 2014).

12 Wichtiger erscheint uns da die Frage nach dem Lohnniveau in Deutschland. Denn viele gering qualifizierte Arbeitskräfte, Männer und Frauen, können selbst in Vollzeit von ihren Löhnen nicht mehr leben, geschweige denn eine Familie ernähren. Ihren »Rückzug« in die sozialen Sicherungssysteme muss man auffangen – und zwar

nicht nur durch Appelle an die Wirtschaft, sondern durch gesetzliche Regelungen.

13 Beziehungsweise 14 Monate, wenn die zwei zusätzlichen Partnermonate genommen werden.

14 Stefan Deerberg, der Chef des Versandhauses für nachhaltig produzierte Mode »Deerberg«, etwa hat eine Waschmaschine für die Mitarbeiter angeschafft. Familienbewusste Personalpolitik betreibt er sowieso. Das heißt aber nicht, dass Mitarbeiter sich ihre Arbeitszeiten wünschen können. Arbeitszeiten müssen mit Vorgesetzten abgesprochen werden. Aber es wird immer versucht, einen Ausgleich zu finden zwischen den Belangen des Mitarbeiters und denen des Unternehmens. Vgl. dazu den Artikel von Anja Tiedge, *Viel Platz für die Familie*, in: Change, Das Magazin der Bertelsmann Stiftung, Ausgabe 1/2014, S. 16 – 25.

15 UNICEF etwa bezieht sich auf die Definition von Bradshaw (2006), in der kindliches Wohlbefinden in sechs Dimensionen gemessen wird: 1. materielles Wohlbefinden, 2. Gesundheit und Sicherheit, 3. Bildung und Ausbildung, 4. Verhaltensrisiken, 5. Beziehungen zu Gleichaltrigen und zur Familie, 6. subjektives Wohlbefinden. UNICEF hat 2013 noch die Dimension Wohnsituation und Umweltbelastung hinzugefügt.